大学生创新
创业教育新模式研究

白云莉 著

天津出版传媒集团
天津科学技术出版社

图书在版编目（CIP）数据

大学生创新创业教育新模式研究 / 白云莉著. -- 天津：天津科学技术出版社，2020.6
 ISBN 978-7-5576-8246-0

Ⅰ.①大… Ⅱ.①白… Ⅲ.①大学生－创业－教育模式－研究 Ⅳ.①G647.38

中国版本图书馆 CIP 数据核字(2020)第 114969 号

大学生创新创业教育新模式研究
DAXUESHENG CHUANGXIN CHUANGYE JIAOYU XINMOSHI YANJIU
责任编辑： 陶 雨

出版： 天津出版传媒集团
　　　天津科学技术出版社
地址：天津市西康路 35 号
邮编：300051
电话：（022）23332400
网址：www.tjkjcbs.com.cn
发行：新华书店经销
印刷：北京宝莲鸿图科技有限公司

开本 787×1092 1/16 印张 11.5 字数 260 000
2021 年 4 月第 1 版第 1 次印刷
定价：68.00 元

前 言

培养高素质的创业人才是当前我国社会与教育发展的当务之急。究其原因，主要有两方面：一方面，随着创业型经济社会的发展，各行各业对创业型人才的需求日益迫切；另一方面，高等教育大众化带来的就业压力加剧了大学生创业的现实诉求。在这个大背景下，我们必须加强创业教育研究，提高创业教育效益。

大学生创业教育是提升大学生创业能力的关键。近二十多年来，无论是国际组织还是世界其他国家都高度重视高校创业教育需求和大学生创业教育体系的构建。中国高校创业教育经过十多年的发展已经取得了重要成绩，但是在教学过程中出现的重知识轻技能、重理论轻实践的现状使得创业教育效果存在较大争议。大量研究表明，尽管各地大学生面临丰富的创业机会，但是创业技能薄弱却严重阻碍了大学生自主创业。提升大学生创业技能、建立良好的创业教育体系是解决我国大学生就业难问题、促进经济转型升级以及高等教育改革的重要策略。

本书试图在剖析国内外高校大学生创业教育现状的基础上，分析中国高校大学生技能发展现状；提出大学生创业教育的若干观点；探索大学生创业技能的核心构成要素；剖析大学生创业技能提升的理论基础；挖掘大学生创业技能培养的经验、教训；提出当前我国提升大学生创业技能的策略。

全书共包含七个章节的内容，阐述了我国高校大学生创新创业教育、发达国家高校创新创业教育模式分析、高校大学生创新创业教育具体方法分析、高校大学生创新创业教育课程体系的构建、高校创新创业教育实践教学体系的构建、高校创新创业教育师资体系建设研究、高校创新创业教育外部环境建设研究等内容。

本书在写作和修改过程中，在理论性和综合性方面下了很大功夫，皆参阅了国内外教科书和相关资料，在此谨由衷地表示感谢。对于书中的缺点和不尽如人意之处，恳望读者同仁和专家学者批评指正。

目 录

第一章 高校大学生创新创业教育 ... 1
- 第一节 大学生创新创业教育的认识 ... 1
- 第二节 我国高校大学生创新创业教育现状与分析 ... 2
- 第三节 国外大学生创新创业教育经验 ... 7

第二章 发达国家高校创新创业教育模式分析 ... 10
- 第一节 美国高校创新创业教育模式分析 ... 10
- 第二节 英国高校创新创业教育模式分析 ... 32
- 第三节 日本高校创新创业教育模式分析 ... 48

第三章 高校大学生创新创业教育具体方法分析 ... 55
- 第一节 创业者创新创业观念教育 ... 55
- 第二节 创业决策能力教育 ... 69
- 第三节 创新创业教育工作方法探索 ... 75
- 第四节 创业者创新思维能力提升策略 ... 88

第四章 高校大学生创新创业精神培育的研究 ... 106
- 第一节 大学生创业精神培育的内涵及其意义 ... 106
- 第二节 当代大学生创业精神培育的历史发展 ... 111
- 第三节 当代大学生创业精神培育存在的问题及原因 ... 115
- 第四节 国外大学生创业精神培育的经验及启示 ... 118
- 第五节 当代大学生创业精神培育的优化策略 ... 122

第五章 高校创新创业教育实践教学体系的构建 ... 131
- 第一节 我国高校创新创业教育实践教学体系建设现状分析 ... 131
- 第二节 高校创新创业教育实践教学体系建设策略 ... 136
- 第三节 "互联网+"背景下大学生创新创业支持体系构建 ... 141

第六章 高校创新创业教育师资体系建设研究 ... 152
- 第一节 我国高校创新创业教育师资体系建设现状分析 ... 152
- 第二节 高校创新创业教育师资建设策略 ... 156

第七章 高校创新创业教育外部环境建设研究 ································ 163
 第一节 高校创新创业教育外部环境支撑体系现状分析 ·············· 163
 第二节 高校创新创业教育外部支撑体系的构建 ······················ 172

参考文献 ··· 177

第一章 高校大学生创新创业教育

第一节 大学生创新创业教育的认识

一、创新创业教育的概念

大学生创业教育是指开发和增强大学生的创业基本素质，培养大学生的创业意识和创业能力，以催生大学生敢于和善于把握时机自主创业的教育，是以能力为导向而非学历为导向的教育，是大学生创新教育的深化。创新创业教育本质上是一种实用教育，其基本特征为创新性、创造性、实践性。

二、创新创业的内容

大学生创业教育以创业教育为研究对象，提倡培养创业人员，其主要内容包括：

1. 意识培养

启蒙大学生的创新意识和创业精神，使大学生了解创新型人才的素质要求，了解创业的概念、要素和特征等，使大学生掌握开展创业活动所需要的基本知识。大学生创业教育应该以包括校园氛围、课程设置、教学方法和实践活动等在内的教育体系作为基础。如果没有这种体系化的支撑，大学生创业教育就只能流于支离破碎的实践，难以制度化，进而影响教育效果。大学生创业教育与其他领域的创业教育相比应该有自己的特色。

2. 能力提升

解析并培养大学生的批判性思维、洞察力、决策力、组织协调能力和领导力等各项创新创业素质，使大学生具备必要的创业能力。

3. 环境认知

引导大学生认知当今企业及行业环境，了解创业机会，把握创业风险，掌握商业模式开发的过程、设计策略和技巧等。

4. 实践模拟

通过创业计划书撰写和模拟实践活动开展等，鼓励大学生体验创业准备的各个环节，包括创业市场评估、创业融资、创办企业流程和风险管理等。

第二节　我国高校大学生创新创业教育现状与分析

一、创新创业教育在我国的发展情况

纵观世界创业教育发展的实际，相关数据显示，西方发达国家大学生的创业人数总比例，有的高于总毕业生数30%左右，而目前中国大学生创业的总比例远不及贫困毕业生总数的1%，创业的平均水平远低于全球创业观察（GEM）统计的平均水平。

发达国家在全民综合教育体系中融入了创业教育，创业教育是终身性地、持续性地贯穿、涵盖于初等教育、高等教育直至于非正规式的终身学习过程，然而，我国创业教育不应仅仅停滞于高等教育阶段进行研究与实施。而且，由于中国发展历史进程的特殊性等，只有部分高校学生接受过创业教育，且其教育体系尚不完整。

1997年，清华大学经济管理学院在工商管理硕士（Master of Business Administration，MBA）项目中，开设创新与创业方向课程，成为创业教育具体标志性事件，这一年成为中国高校创业教育源起之年。在中华人民共和国教育部高等教育司《推进高等学校创新创业教育有关情况》的颁布到目前，中国高校创业教育经历了三个阶段。第一阶段以1997年为起点，到2002年为"高校自发探索阶段"。第二阶段从2002年4月至2010年4月是"教育行政部门引导下的多元探索阶段"。第三阶段从2010年4月至今是"在教育行政部门指导下的全面推进阶段"，以下是各阶段的具体介绍：

1. 高校自发探索阶段

1999年，国务院公布的《关于深化教育改革全面推进素质教育的决定》指出"高等教育要重视培养大学生的创新能力、实践能力和创业精神，普遍提高大学生的人文素养和科学素养"。我国教育部制定的《面向21世纪教育振兴行动计划》开始正式回应创业教育这一理念，"加强对教师和学生的创业教育，采取措施鼓励他们自主创办高新技术企业"，国家对这一计划也相应做出了一系列举措，开展创业教育相关活动，鼓励大学生们去创业。与此同时，推动创业教育在我国高等院校中正式开展。同年，清华大学举办了全国第一届"挑战杯"创业计划大赛，使创业教育的理念渐渐走入高等院校，拉开了中国创业教育事业的序幕；高等教育司开始开展创业教育的项目活动，并在全国六个省市基础教育阶段进行试点，当时主要进行了创业教育实践活动，并取得了一定的成绩。

2000年，教育部关于"大学生（包含硕士、博士）可以保留学籍创办高新技术企业"政策的出台极大地推动了大学生的创业激情和梦想。政策在全国高校技术创新大会上出台，进一步推动了学生们的创业梦想与激情。

2002年之前，中国高校创业教育方面尚无直接材料可供参考。清华大学参加"全球创业观察"（GEM）而形成的《全球创业观察2002中国报告》，为我们准确把握2002年的状况提供了重要线索，这是首本研究中国创业活动的书籍。该报告从总体上提出了以下三方面问题：

（1）中国人虽然不乏创业激情，但除少数成功创业者在创业过程中摸索出对创业的科学认识外，多数创业者还处在向科学认识创业活动转变的缓慢过程之中。

（2）中国的创业活动缺乏理论指导，目前尚处于起步阶段，创业领域的研究非常薄弱。

（3）中国的创业教育尚未能为创业者提供创业的基本技能和意识的训练，仍未建立起以教育培训为途径来使学生获得创业技能的体系。

2. 教育行政部门引导下的多元探索阶段

教育部于 2002 年确立创业教育的试点院校 9 所，即：清华大学、中国人民大学、上海交通大学、北京航空航天大学、武汉大学、南京财经大学、黑龙江大学、西安交通大学和西北工业大学，这一年中国进入由政府指引下的创业教育活动的多元化发展阶段。

2003 年，教育部举办了"第一期创业教育骨干教师培训"，全国百余所高校的 200 余名教师参加了培训；同年，国务院公布《关于切实落实 2003 年普通高校毕业生从事个体经营有关收费优惠政策的通知》。当时，我国普通高校在创业教育方面还处在起步或没有实施的阶段，创业教育活动尚未在全面范围内开展，仅限于某些重点院校与重点城市的院校内展开，以中国人民大学、北京航空航天大学、上海交通大学 3 所高校的三种创业模式为代表。这些成绩与国家宏观环境的有力支持和高校教育教学自身的努力密不可分。

2004 年，教育部、劳动和社会保障部联合发文，全国 37 所大学进行以 SYB(Start Your Business，意为"创办你的企业"）创业培训为中心内容的创业教育。2005 年，我国展开《大学生 KAB 创业基础》(KAB，全称 Know About Business，意为"了解企业"）项目，全国有近七百多所高校开展实施这项高校创业教育项目。该项目由共青团中央、中华全国青年联合会与国际劳工组织合作开展。2009 年，新华网的数据表明，我国已有近百所高校开设了《大学生 KAB 创业基础》课程，并在全国 25 个省份、300 余所高校，培训了近 800 名师资力量。

2007 年，党的十七大提出"提高自主创新能力，建设创新型国家"和"促进以创业带动就业"的发展战略。2008 年，在九所高校试点的基础上，通过"质量工程"项目，教育部再次成功申报了 30 个创新创业教育类的人才培养模式创新实验区项目，这些试验地和试点的成功经验，为在全国高校全面推进创业教育起到了重要的示范作用。

2009 年，中国高等教育学会创建的"创业教育分会"正式成立。

2010 年，中南大学与中国高等教育学会创业教育分会联合创办了《创新与创业教育》期刊，此期刊是学术理论类期刊，专门发表与创新创业教育相关的理论知识和对策分析，主要构建创新创业教育学术活动与交流平台，提高学生们创新创业能力，以鼓励高校创新创业教育的发展。

3. 教育行政部门指导下的全面推进阶段

2010 年 4 月 22 日，由教育部组织召开的推进高等学校创新创业教育和大学生自主创业工作的视频会议在北京举行。同年 5 月，教育部正式公布了《教育部关于大力推进高等学校创新创业教育和大学生自主创业工作的意见》，其中提出了"创新创业教育是适应经济社会和国家发展战略需要而产生的一种教学理念与模式"，明确强调创新创业教育对于建设创新型国家和实施以创业带动就业战略实施的重大意义，并对推进工作提出了具体要求。这标志着高校创新创业教育进入到全面推进的新阶段，推进高校创新创业教育和大学生自主创业工作也是高等教育自身改革发展的迫切要求。

《国家中长期人才发展规划纲要》和《国家中长期教育改革和发展规划纲要》中提出了"加强就业创业教育和就业指导服务"。这些都是党和政府从宏观层面对高等教育开展创业教育提出的要求，着重强调了创新创业教育对人才培养的重要作用，并要将其融入人才培养的全过程。

由此可见，2010年成为中国高校全面推进创新创业教育的全新开端。同年，人力资源和社会保障部也相继推出大学生创业引领计划。计划中规定，未来所有胸怀创业梦想和期望，并符合相应要求的学生们均能够受到创业相关内容的引导和培训，预备创业的学生们均能够受到创业相应范畴资助和服务。截至2010年，各地各高校共举办创业大赛、论坛等活动2万余场，参加学生超过300万人。各级政府和高校设立创业资金累计已达16亿元，广泛建设了的2000多个，总面积共计约330万平方米的创业实习或孵化基地。有60多家国家级大学科技园建立了"高校学生科技创业实习基地"。

2012年，党的十八大提出："引导劳动者转变就业观念，鼓励多渠道多形式就业，促进创业带动就业。"同时，报告还提出："推动实现更高质量的就业，就业是民生之本"的理念。此后，将创业教育拓展为"创新创业教育理念和模式"出现在国家教育部的政策性文件中。这些文件的出台标志着创新创业教育由院校试点走向全国、推广至全国。

2012年8月1日，教育部办公厅下达关于印发《普通本科学校创业教育教学基本要求（试行）》的通知。文件指出：在普通高等学校开展创业教育，是服务国家加快转变经济发展方式、建设创新型国家和人力资源强国的战略举措，是深化高等教育教学改革、提高人才培养质量、促进大学生全面发展的重要途径，是落实以创业带动就业、促进高校毕业生充分就业的重要措施。

二、创新创业教育的必要性

我国在创业教育起步与萌芽阶段，应该如何为国家加快转变经济发展方式服务，如何深化高等教育教学综合改革，如何不断提升人才质量，如何促进学生全面发展，如何落实以创业带动就业，实现毕业生充分就业。这些都迫切要求应大力培养学大生的创新精神和创业意识，引领大学生勇于探索、敢于冒险，提升大学生的综合素质和创业技能。这也是建设创新型国家和人力资源强国的战略举措。在创新驱动战略的促进下，对于现在越来越多的大学毕业生来说，培育其自身创新创业能力也有其现实必要性。

1. 培育大学生创新创业能力是建设创新型国家的需要

中共十七大报告提出："提高自主创新能力，建设创新型国家。这是国家发展战略的核心，是提高综合国力的关键。"21世纪的竞争是经济和综合国力的竞争，实际是科技和人才的竞争。创新型国家的建设需要具有创新创业素质的人才。创新创业教育是一种兼顾创业教育和创新教育且以创业教育为重点，注重培养学生的创新意识、创新思维和创新能力，为创业打下良好基础的新型教育模式。大力培育大学生创新创业能力是高校的首要任务和关键环节，能够有效地推动创新型国家的建设。大学生作为社会的重要成员之一，应该承担一定的社会责任。大学生在社会角色中的定位决定了其应该扮演优秀文化的传播者、传统文化道德的捍卫者、社会责任意识的宣传者，进而为我国和谐社会的发展提供示范效应的样本。因此对其进行创新创业教育应当是毋庸置疑的。

2. 培育大学生创新创业能力是缓解就业压力的需要

大学生就业问题的解决既有利于大学生的发展和生活，也有利于社会的和谐和稳定。国家和社会目前广泛关注大学生就业问题。大学生在校期间应努力学习科学文化知识，提高自身实践技能，为就业增加优势。对大学生进行创新创业教育，积极引导和鼓励大学生参与创新创业实践，从而培养大学生的创新意识和创业能力，对其积极创业有重要的推进作用。高校全面开展切实有效的创新创业教育，引导和帮助更多的大学生加入到创新创业队伍中来，不仅能有效缓解不断扩大的就业压力，还能为社会创造更多的就业机会和就业岗位。

3. 培育大学生创新创业能力是大学生自身发展、实现自我价值的需要

自我实现的需要是最高层次的需要，是指实现个人理想、抱负，发挥个人的能力到最大程度，达到自我实现境界的人，接受自己也接受他人，解决问题能力增强，自觉性提高，善于独立处事，要求不受打扰地独处，完成与自己的能力相称的一切事情的需要。

知识经济时代的大学生有着明显的时代特征，他们敢于思想，追求个性发展，有着强烈的自我意识，追求自我价值的实现，对创新、创造的要求也越来越强烈。在就业岗位的选择上，他们有自己的职业目标和追求，希望在就业岗位上能充分展现自己的才华，实现自己的人生价值。

大学生创新创业教育不同于单纯的知识教育和技能教育，它更加注重对大学生综合素质和能力的提升，尤其是对具有创造性的意识观念的培养。因此，培育大学生创新创业能力为他们实现自身的发展提供了条件。在创业活动中，大学生通过选择适合自己发展的领域，以自己独特的思想和优势去突破和创新，最终实现自己的人生价值。

二、大学生创新创业教育问题及面临的挑战

1. 大学生创新创业存在的突出问题

第一，创新创业意识薄弱。很多大学生对创新创业教育感到很陌生，不知道该如何适从，在校期间只知道学习，一般就是参与实践活动或者外出实习，毕业后四处找工作，根本就没想过创业的问题，认为创业离自己很遥远。

第二，创业人数少。国内一些大城市和沿海城市的经济相对来说较为发达，受国外

的一些教育思想影响，人们的思想观念较为灵活，大学生创业逐渐为大家所接受，因此有部分大学生已经开始了自己的创业之路。但是，相对于全国大学生数量而言，这个比例是不高的。

第三，创新成分少，创业成果与自身所学专业知识脱离。就目前的一些大学生创业情况来看，有开网店的、办养鸡场的、成立送水公司的、组建乐队的等。尽管很多人怀疑这样的创业是否符合我国高等教育的目标，更不能确定他们将来是否做大或者改行，但至少反映一个问题，就是创新比例低、创业成果太少。

第四，缺乏创业所需条件。很多大学生毕业后不具备创业能力，更没有创业所需资金来源，毫无社会经验和实践动手能力，只能运用学校所学知识选择找工作。而很多企业招聘时最看重的是"综合能力"，其次是"社会经历"，这就进一步加剧了就业难的问题。

2. 高校大学生创新创业教育的反思

大学生自主创新创业的现状直接或间接地反映了目前我国高校创新创业教育仍存在诸多问题，主要可归纳为以下三点：

（1）对创新创业教育理解不到位，定位不合理。

很多高校目前的教育思想还停留在传统阶段，认为大学生的任务就是接受和学习专业知识，在校期间创新创业就是不务正业。从学校领导、教学主管部门、就业主管部门到一线教育者，他们都认为大学生创业成功者毕竟是少数，是特例，因此没必要开展创新创业教育；也有学校认为大学生创业是因为就业困难，自己学校就业率高而不需要开展创新创业教育。由于对创新创业教育的认识存在诸多误区，绝大多数高校对其定位很不合理，认为创新创业教育是"正规教育"之外的"精英教育"或"业余教育"，不是学校教育教学的主力军。

创新创业教育被视为"业余教育"，表现为很多高校将创业教育置于学校日常教育教学的边缘，没有或缺少专门的创业教育管理机制和相关政策的支持，使创新创业教育无章可循、无法开展。有些高校甚至明令禁止学生经商，更不准其在学习期间创业，严禁其在校参与校内外的各种商业活动。这就加剧了创新创业教育逐步呈现边缘化、业余化和形式化。

（2）缺乏专业的创新创业教育指导教师。

在创业教育过程中，教师扮演着实践者、组织者和研究者的角色。创业教育对教师的创新意识和拓展能力有很高的要求。相关教师除了应具备相关的专业理论知识之外，还要具备一定的创业实践经验，要致力于理论与实践结合，不能在课堂中照本宣科。目前绝大部分高校教师没有创业实践经历，不熟悉企业运营程序，属于典型的"学院派"。对于创新创业教育，大多数教师都是在黑板上跑市场、谈业务、讲运营管理、资金流转等，一切都是纸上谈兵，没有实际的可行性。高校更是缺乏创业研究的前沿学者，对学生创业指导力不从心，不能很好地起到指导作用。虽然部分高校专门聘请了一些企业家开设讲座，但毕竟杯水车薪，不能形成一套完整的创业教育体系，不利于学生创业素质的培养。

（3）没有深层次分析研究创新创业教育内涵。

高校教育长期以来，基本都是以培养学术性人才为目标，近几年来才逐渐向就业教育方向转变。然而对于就业教育本身而言，很多高校也仅仅是在传统学术型教育的基础上，增加一些就业信息的提供、政策法规的解释，开办招聘会和传授一些应聘技巧等，再者就是在课程设置上加上一些管理学知识，没有完整的创新创业教育课程，更没有相关的专业教材和实践教学环节。

创业之路是由很多必要条件组成的，包括创业目标定位、程序设置、理念价值、人员配置、资金流通和物资设备等，而目前高校所开设的管理类课程大都呈理论化、教条化和理想化，对于刚开始创业的大学生来说起到的指导作用不大。很多高校对创新创业教育理论上的研究缺乏专业深度和广度，绝大多数都是对其表层的认知，缺乏对教育教学"创新"的研究，缺乏创新创业教育的目标定位、内容体系、教学方法、质量管控体系、实践教学环节和大学生创新创业支持政策等。

第三节　国外大学生创新创业教育经验

国外高等院校创新创业教育已经发展成熟，各个院校都有自己的特色，自成一套系统，取得了良好的教育成果。其中，美国百森商学院和斯坦福大学的创新创业教育就非常有代表性。下文将着重介绍百森商学院的"创新创业课程"和斯坦福大学的"产学研一体化"的教育模式。

一、以"创新创业课程"著称的百森商学院

百森商学院作为全球最著名的创新创业管理教育及研究的最高学府，在创业学领域一直处于领先的地位。百森商学院以"强化意识"为主要指导思想，帮助学生在创业过程中提升思维方式、冒险精神、进取心、创造能力以及把握市场变化的洞察能力。百森商学院以培养创业意识为主，通过创新性课程教学，以外延拓展计划教学为支撑，倡导创新创业精神，具体体现在以下四个方面：

1. 师资力量的优越性

百森商学院拥有40多名教师专门讲授创新创业课程，同时配备有相当数目的创新创业助教、老师和全职教员。学院要求师资必须有企业方面的经验，包括风险资本家（创业投资家）、创业家和实业家、新创立企业的高级管理层。这些教师不仅拥有参与创业或者企业高管的亲身经历，同时还需要同企业保持积极的联系，通过争取企业支持，为学生带来更多的模拟实践的机会。这些经历帮助教师在教学过程中引用到具体鲜活的案例，通过真实的案例模拟和研究，帮助培养学生的判断能力和分析能力，使学生在创新创业问题上具有更大的实战应变能力和创新思维能力。

2. 课程设计方面的前瞻性

百森商学院的教学理念是创新创业教育，这既是一种教学课程，更是一种教育实践。创业教育不能以追求功利为目的，而应当为青年学生注入创业的"遗传代码"。百森商学院将创业过程必要的创业意识、创新个性品质、创业核心能力等理念整合到创业的社会知识中，并有机结合科学教育、人文思想教育、智力教育和社会教育。在这种整合性课程教育中，学生仿佛置身于创业的社会背景中，在关注创业的同时还了解到与创业相关的经济问题和社会问题。这种教学方式帮助百森学院从 1967 年开设创业课程以来，一直处于该领域的领先地位。以下是百森商学院在本科创业课程方面的设计，百森商学院为本科学生设计了一套著名的创业实践教学大纲，根据大一至大四本科生不同的需求以及不同的知识掌握能力，学院设计了一套符合学生认知的课程，从浅到深，循序渐进。

3. 课程内容体系的完善性

百森商学院创业课程体系被誉为全美高等院校创新创业教育与课程的基本范式。早在 20 世纪 90 年代初，百森商学院就设计了一款成功的创业教学课程体系，受到广泛的好评。这种全新的创业教学体系是将创业中所需的知识融入创业过程中，使得学生有机会学到创业商机识别、企业成长学、融资与风险等基础知识和实战技能。

百森学院学生的商业课程要求学生以团队的形式贷款启动一家公司，并且必须返回本金和利息。对那些完成学业后要开办公司的学生来说，创业强化项目是一个具有高度可选择性、高度完整性和非常有实用性的项目。这种培养方式取代了传统的分散的授课方式，将知识入实践，把原先分离开来的营销管理学、人力资源管理学和财务管理学等经过整合输送给学生。创业实践环节的内容包括创业计划大赛和创业演讲等，从而获得创业体验。

4. 课程教学方法的探究性

创业教育课程的好坏取决于教学方法是否科学，百森商学院的教师们为了给学生们提供集趣味性与知识性于一体的教学环境，以企业所处的社会生态环境作为切入点，将创业过程中每个细节进行现场教学，使得学生们仿佛置身于创业实践中。在这样一个良好的动态学习过程中，学生不仅会关注创业所需的知识和技能，同时还会关注与创业相关的经济问题、社会问题以及其他创业影响因素。根据实践结果所得，百森商学院采用的"以问题为重心"的教学方式深受学员的喜爱。学生能够积极投入到创新创业的学习中去。

二、斯坦福大学"产学研一体化"创新创业教育模式

斯坦福大学被称为硅谷的"心脏"，在硅谷的发展过程中起到了重要的作用。反之，硅谷为斯坦福带来了巨大的财政支持，保证了进一步基础科研工作的进行。斯坦福大学十分重视实践应用和基础科研之间的相互转换，提出"产学研一体化"的模式进行创新创业教育，结合个人能力、专业特长和社会环境，从创业者的角度来规划整个创业系统

流程。以下就斯坦福大学产学研一体化模式的特点进行分析：

1. 追求一流的教学与科研成果

斯坦福大学十分重视教学和科研的基础性工作，重视学术研究，并致力于教学和科研的创新。斯坦福的教授认为，一流的基础研究是达到一流科学研究成果的基石，而一流的科研成果必定能为推动高新技术发展起到巨大作用。斯坦福配备了全球一流的实验设备、教学设备，并聘请各个领域的专家和学者来到斯坦福，为其基础性教学和研究共同努力。这一基础性研究吸引了来自美国政府及企业的资金支持，得到了快速发展，涌现出一批又一批具有重要科学意义的教学和科研成果。

2. 开放互动式的创新创业教育

斯坦福大学一直崇尚学术自由，坚持科学研究的开放性。在这里，教授和学生可以自由选择自己的研究问题。斯坦福管理层认为，高校通过教学和科研相融合的方式培养出来的学生对基础知识和技能掌握良好，并能有效完成知识和技术的转化。通过开放互动式的教学和研究方式，斯坦福大学收获了远远多于科学家们的专利发明。开放互动式的创新创业教育包括多个学科之间的合作交流，将教学和科学研究有机融合，并带动企业，完成产学研一体机制的多方互动，形成一个开放式的、网络式的有效模式。学生在此过程中获得了应用基本原理并进行深入思考的能力，这种能力的培养可以产生更多更优秀的种子。

3. 建立大学与企业的联系

斯坦福大学持续不断地与企业合作交流的传统被保留下来。这不仅为学校进行较高水平的学术研究提供了支持，同时还有助于社会公共服务事业的发展。在企业和学校多种合作模式中，斯坦福大学首创了"科技工业园区"模式，这是一种互动互利式的关系。一方面企业得到了最新的科研成果，促进其高速发展；另一方面，学校得到了企业支持，能够更好、更快地完成科学研究项目，持续为企业服务，斯坦福大学和硅谷之间就存在着这样互利互惠的良性循环。斯坦福大学同企业签订长期的合作计划，不仅鼓励学校内部研究人员的科研成果商业化，而且还为企业提供不同等级和层次的教育培训服务，帮助传播最新科研成果以及培养高等技术型人才。企业通过斯坦福大学引入最近的科学研究成果和尖端的技术人才，使得企业效益得到进一步扩大。

第二章 发达国家高校创新创业教育模式分析

第一节 美国高校创新创业教育模式分析

一、美国高校创新创业教育的发展

在过去的三四十年中，美国创业型经济快速发展。其中，起着中坚力量的中小企业通过创造工作岗位和提供具有创造性的产品和服务，逐渐成为美国经济发展的引擎。有资料表明，自20世纪80年代以来，财富500强企业已经减少了500万个工作岗位，而中小企业却贡献了3 400万个新工作岗位；同时，这些中小企业是美国经济发展中最具活力和创造性的因素。20世纪的重大发明，如空调、飞机、人工合成胰岛素、光纤检测设备、心脏起搏器、个人计算器、光学扫描仪等都是中小企业发明的。创业型经济对提升美国社会整体的创新能力和发展活力，稳固美国在全球化中的地位做出了重要贡献。

创业革命深刻影响高等教育的变革。它是社会发展的必然趋势，也是大学自身改革和发展的内在要求。从1947年哈佛商学院提供第一门创业学课程开始，美国高校的创业教育经历了四个发展阶段：萌芽阶段、起步阶段、发展阶段、成熟阶段，至今已经有六七十年的历史。

萌芽阶段（1947—1970年）。1947年，哈佛大学商学院教授迈尔斯·梅斯（Myles Mace）率先开设的"新创企业管理"课程，被后来众多的创业学者认为是美国大学的第一门创业学课程。通过多年的积累和实践，1967年之后，斯坦福大学和纽约大学在原有课程基础上进一步完善与拓展教学内容和模式，把它应用到MBA创业课程中。第二年，美国巴布森商学院本科生中开设了类似"创业管理"的课程。由于受到美国当时经济条件的影响，一些创业课程还停留在初创阶段。

起步阶段（1970—1990年）。20世纪70年代，美国仅有16所大学开设了创业课程。随着美国经济增长开始减缓，创业教育才被逐渐重视起来。1970—1990年，美国的创业教育逐步得到快速发展，为美国的经济复苏奠定了良好的基础。创业教育在高校中开设的数量逐年增加，在1979年至1989年的10年间，在本科生中开设创业教育课程的学校由127所增加到1 060所。美国创业教育课程的快速发展在一定程度上得益于小企业的快速增长。

发展阶段（1990—2000年）。20世纪末，美国的创业教育得到良好发展，从课程设置到学位授予都走上了正规化的道路。除在本科设置创业教育课程外，还开始在研究生课程中开设创业教育课程。就本科生而言，美国有1000多所大学开设了创业方面的课程，在课程开设的层次上有了大幅度的提升。尤其是把创业课程由本科向研究生发展，这本身就是一个了不起的创举。另外，在专业设置和学位授予上，美国已有140多所大学把创业课程作为专业课程发展，深得学生的喜爱，有近50所大学有了创业学位授予权，这对美国的创业教育发展起到了推动作用。

成熟阶段（2000年以后）。进入21世纪以来，美国的创业教育发展已成雏形，对社会的发展和经济的增长起到了促进作用，也得到了社会的关注和认可，经常被美国新闻杂志作为典型宣传，这些宣传给学校带来了社会效益，还直接给学校带来了经济效益，影响到各校的招生情况和经济收入。同时，媒体排名也成为衡量各大院校工作成效和业绩的重要参考标准。

创业教育要想持续发展，对专业教师的要求就要不断提高。为此，美国创业机构通过建立创业学博士学位和教师终身培训项目来进一步提升和完善创业教育。他们还把教师培训项目作为创业教育者终身学习计划的内容，为美国培养大批的创业学专业教师创造了优越的条件。

二、美国高校的教育模式

美国高校创业教育的迅猛发展，得益于其不断探索与院校发展目标相一致的、行之有效的创业教育模式。从总体上看，美国高校开展创业教育主要遵循两条轨迹：一是以创业学学科建设为目标的发展路径；二是以提升学生创业素养和创业能力为本位的发展路径。前者主要采用聚焦模式，教学活动在商学院和管理学院进行，培养专业化的创业人才；后者主要采用辐射模式，教学活动在全校范围内展开，主要培养学生的创业精神和创业意识，为学生从事各种职业打下基础。磁石模式介于上述两者之间。下面将结合案例阐述这三种典型创业教育模式的运行和管理情况。

首先是"聚焦模式"创业教育模式。"聚焦模式"是传统的创业教育模式。在这种模式中，学生经过严格筛选，课程内容呈现出高度系统化和专业化的特征。哈佛大学商学院是采取"聚焦模式"创业教育的典型代表。作为在世界上最早开设创业教育课程的机构，哈佛大学商学院强调申请者的创业特质，并通过实施相关课程与活动提升学生的创业技能。目前，大约40%的哈佛大学MBA毕业生追求一种创业型职业生涯，如创业者、风险资本家或者创业咨询者。在这种模式中，创业教育所需的师资、经费和课程等都由商学院和管理学院负责，学生严格限定在商学院和管理学院。

"聚焦模式"是专业化的创业教育。商学院和管理学院负责创业教育的日常管理、经费筹措、师资培养、课程设置、学生来源等所有环节。这种纯粹性决定了"聚焦模式"创业教育能够系统地进行创业方面的教学，其毕业生真正进行创业的可能性和比例非常高。该模式的创业教育也促使创业学作为一门独立的学科在商学院和管理学院获得发展。

其次是"磁石模式"创业教育模式。采用磁石模式的创业教育基于这样一种信念，即非商学院的学生也能从创业教育中获益，具有创造性的创业努力并不仅仅来自商学院学生。麻省理工学院主要采取这种模式，其创业中心的使命就是激发、训练以及指导来自麻省理工学院所有不同部门的新一代创业者。学院成立创业教育中心，通过整合所有资源和技术吸引来自全校范围内的、有着不同专业背景的学生。大部分创业教育课程，如创业计划和新创企业等能够适应各种专业背景的学生。在这种情况下，对创业感兴趣的学生既可以修习创业课程，也可以根据自身情况和兴趣辅修创业。整个项目的发展依托商学院和管理学院的资金、师资、校友等因素，创业教育中心负责整个项目的规划和运行。这种模式为商学院和管理学院之外的学生提供创业教育，但不涉及经费和师资等方面的变革。

磁石模式在保证其开放性的同时，也保证了运行的便利性。所有创业教育和活动由统一的创业教育中心负责协调和规划，师资和经费也由创业教育中心统一调配和管理。这样的运行模式整合了有限的资源，有利于打造优质的创业教育项目，有利于吸引新教师的参与，也有利于校友募捐的顺利进行。同时，创业教育的开展增加了商学院和管理学院与其他学院的联系，提升了商学院和管理学院在全校的地位。但是磁石模式也面临极大的挑战：如何在其他专业获得创业教育课程的市场和价值？如何使教师获得更大程度的发展？如何针对不同专业的学生设置课程？这些都是必须回答的问题。

最后就是"辐射模式"创业教育模式。该模式也是一种全校性的创业教育模式，它的发展基于这样一种理念：不仅要创设良好的氛围为非商学专业学生提供创业教育，还应该鼓励不同学院的教师积极参与创业教育过程。它的实施涉及了管理体制、师资和经费筹集等各方面的改革。在管理体制上，学校层面成立了创业教育委员会，负责协调和指导各校范围内创业教育的开展，所有参与学院负责实质性的创业教育和活动，根据专业特征筹备资金、师资、课程等。这种模式与磁石模式的本质区别是突出了不同学院教师的参与。他们需要根据本专业的特征设置课程，从而保证学生能够结合专业背景进行创业。不同学院之间的学生可以互选创业课程，从而打破学科边界，实现资源共享。美国康奈尔大学是采取"辐射模式"创业教育的典型代表。

作为在赠地学院运动中迅速发展起来的公立大学，康奈尔大学特别强调公平的原则。它主张"每一位掌握了创业技能和相关知识的学生，能够对任何工作环境产生重大价值"。这种信念促使康奈尔大学校友、教师、学院院长于1992年成立了"创业精神和个人创业项目"（简称EPE），支持全校学生创业精神的培养和个人创业技能的提升。9个参与该项目的学院院长组成EPE管理委员会，统一协调和指导各学院的创业教育活动。委员会主席每两年改选一次，在所有参与学院之间进行轮换。在实施过程中，创业课程与专业紧密结合，如设置"设计者的创业精神""小型企业与法律"等课程，学生可以进行跨学院、跨专业选课。这种全校性的创业教育模式对教师提出了更高的要求。为了吸引和培养优秀师资，康奈尔大学设置了"克拉克教授职位"，每年奖励对创业教育做出重大贡献的教师。同时，康奈尔大学还通过"康奈尔创业家网络"（CEN），与校友保持密切的联系。

"辐射模式"创业教育的优势相当明显。对大学而言，在不同学院开展创业教育项目既可以广泛吸引校友,也可以赢得学生的信任;对教师而言,不同学院的教师以创业教育为平台开展广泛的交流与合作,有利于促进教师能力的提升;对学生而言,结合专业特征学习相关创业教育知识和技能,能够保证学习的有效性。当然,"辐射模式"创业教育的运行和管理面临着协调、募捐、课程设计和师资等多方面困难。协调是辐射模式所面临的最大挑战。比如在康奈尔大学,9个参与学院提供了很多创业课程,虽然这些课程都与学生的专业背景相符合,但是课程之间缺乏关联性。另外,由于辐射模式利益的分散本质,院校无法为一个集中的创业教育项目募捐。在课程设计上,如何巧妙地将创业知识和技能融入具体专业中也是对教师很大的考验。最后,由于创业教育师资由参与学院自行解决,如何动员更多优秀教师参与创业教育项目对院校来说是一个极大的难题。

三种创业教育模式的比较见表2-1:

表2-1 三种创业教育模式的比较及美国高校创业教育模式的特点

	聚焦模式	磁石模式	辐射模式
管理机构	由隶属于商学院和管理学院的创业教育中心管理	由隶属于商学院和管理学院的创业教育中心管理	全校范围内成立创业教育委员会,由所有参与学院共同管理
资源	商学院和管理学院负责	商学院和管理学院负责	所有参与学院分别负责
师资	商学院和管理学院负责	商学院和管理学院负责	所有参与学院分别负责
学生	只针对商学院/管理学院学生	针对全校学生	针对全校学生

三、美国高校创业教育的特点

1. 开放的高等教育体系是创业教育迅速发展的基础

美国拥有独特的高等教育系统。伯顿·克拉克认为,美国高等教育系统规模庞大、高度分权、机构多样性显著、机构间竞争极端激烈。作为天生的创业主义者,美国高校在面对资源紧缺、竞争激烈的外部环境时,必然能够敏锐感知市场变化,并及时寻求有利于自身改革和发展的途径。创业教育的实施符合大学本身发展的需求,也满足了政府、学生、工业界等不同主体的需要。另外,拓展的资助渠道、开放的入学政策、紧密的大学与工业的关系、产生分支学科的开放性也促成了创业教育项目在美国快速地、独立地发展。这种草根主义的发展路径使得美国高校创业教育能与高校的文化优势和特点紧密结合起来,呈现出旺盛的生命力。

2. 以特色为先导,力求多元发展

美国高校的创业教育得益于市场力量的驱动和高校自下而上的改革。市场化的驱动彰显了无处不在的竞争压力，争取最有潜质的学生、最优秀的师资和基金会的捐赠等成为一个创业项目顺利运行的关键；高校自下而上的改革而非行政化指令促使美国高校创业项目与自身优势、文化紧密结合，并使得创业教育的发展从一开始就具有社会基础、教师基础和学生基础。同时，在各种模式间和模式内部都体现出特色化的发展理念。首先，各高校创业教育模式的发展体现了模式创新与遵循传统的动态平衡。斯特里特教授在考夫曼基金会资助下对美国高校创业教育项目进行研究后发现，排名最靠前的38个项目采用不同的创业教育模式（各种模式的代表性大学如表2-2所示）。其次，选择同一种创业教育模式的高校也在不同校园文化和学科优势的引领下发展特色项目。美国高校创业教育正是在多样化创业教育模式的推动下，既保证了创业教育的广泛开展，又保持了创业教育项目的较高水准。

表2-2 美国主要高校的创业教育模式

模式	代表性大学
聚焦模式	哈佛大学、伊利诺斯大学、宾夕法尼亚大学、西北大学
磁石模式	百森商学院、麻省理工学院、斯坦福大学、贝勒大学、卡内基梅隆大学、马里兰大学
辐射模式	康奈尔大学、仁斯利尔理工大学

3. 以校园创业文化建设为枢纽，推进高校整体改革

创业教育的成功开展需要有良好的创业氛围和文化。它不仅指对学生创新和创业精神的培养，而且还需要使大学本身也成为创业型机构。美国高校在转变文化价值取向、鼓励大学教员创业、保持与工商界的密切联系等方面进行了不懈的努力。首先，在文化价值取向上，倡导学生的创业精神与商业潜能、传统的专业技能和学术研究能力具有同等的价值，鼓励学生创业。其次，高校鼓励大学教师将自身的学术技能和研究成果转化为知识产权、市场化的商品，尤其在工程学、生命科学和电脑科学等学科内鼓励大学教师广泛参与创业活动，甚至创办新公司，将新产品和新程序商业化。最后，校友通过资助创业中心的建立、担任高校的兼职教师、参与创业计划大赛（担任评委或者导师）、提供教学案例和思路等途径有效支持创业教育的开展。

4. 以创业教育为中心和主要形式，提倡跨学科发展

美国目前有100多个创业教育中心，它们的发展往往依托传统院系，从而保证了稳定的师资、经费和课程等供给。创业教育中心能有效地跨越传统的学术边界，成为高校与外界保持联系的重要纽带。这些中心在运行过程中贯彻跨学科发展思路，从而有效地调动跨学科资源，并使得培养的学生能够更加灵活地适应不断变化的需求。如麻省理工学院创业中心附属于斯隆管理学院，通过招收具有技术背景的学生来实现商业和技术的结合。这种跨学科的方式使得麻省理工学院毕业生创办的公司中，约80%能够应对市场

的风险并生存下来。斯坦福创业网络的建立保证了斯坦福大学22个创业相关项目的交流与合作；同时，它还与商学院合作向学生提供跨学科的课程。

四、美国高校创业教育发展原因分析

第一，良好的社会环境使美国高校创业教育兴起。在美国，每年新创建的企业大约有350万家，接近10%的家庭成员中最少有一个人真正着手于创办新企业，并且卓有成效。在这期间，他们积极采取各种创业行动，如向律师咨询、与银行家探讨贷款事宜、与土地所有者探讨厂址等。由于创办的新企业事业发达，发展前景好，给创办者以信心，他们中有1/4的人表示，通过自己团队的努力想把企业发展壮大，使其变成有社会竞争力的企业。这都是源于创办者丰富的经验和创业家庭背景。如在美国，接近一半的家庭有过创业的经历，并且更多的家庭成员在小企业工作过。因此，他们对创办新的企业信心十足，热情饱满，这也是他们良好的社会环境影响和熏陶的结果。

从经济总量来看，美国的所有小企业创造的国内生产总值（GDP）名列全球第三，总量比德国、英国、法国和意大利四国经济的总和还要多。

第二，坚定的创业精神促使美国高校企业教育繁荣。在美国为什么能有如此多的而且出色的创业者呢？美国巴布森商学院威廉·拜格雷夫教授曾说过，美国能做的事情，别的国家也在做，并且做的事情都差不多，但相比较而言，美国能做得更好，其优势在于美国人的创业精神。另外，美国人还善于创新，不是墨守成规，而是在原有基础上把事情做到最好，这就是美国创业精神的关键。创业精神是美国最重要的战略优势，同时也是美国自身的优势，这让任何发达国家都望尘莫及。

美国的创业型企业已经创造了无数的奇迹，创业者在激发美国经济活力、推动美国经济迅猛增长等方面扮演着重要角色，越来越得到全社会的认可。这些都源于美国创业教育的科学规范，因为美国大学的创业教育非常重视实践教学、案例教学和讨论式教学，教学内容丰富，教学组织形式多样，课堂教学灵活，气氛活跃，重视分组讨论和学生课题申请，更加注重学生深入实际，积极参加社会实践。创业教育中心充分发挥它的优势，利用它的职责和工作性质，给大学生提供和创造一切创业实践的机会。同时，创业教育中心特聘一些资深专家、教授和企业高层为大学生讲授创业课程，利用他们丰富的经验和渊博的知识启发和教育大学生行动起来，促使大学生积极投身到创业中来。

五、麻省理工学院的创业教育

麻省理工学院创业教育的使命是"培育能够领导高新技术产业发展的带头人，通过跨学科中心，培育新思路、新方法以及领先的科学技术，孕育持续竞争力，实现国家和全球的繁荣昌盛"。在招生和录取原则上，麻省理工学院体现出了创业教育的培养目标。在录取过程中，除了学习成绩，学校还特别看重学生是否具备成为领导者的潜在特质，例如自信心、影响力和冒险精神，这些特质往往使得学生能够突破传统，并在今后加入或创建公司时能承受住创业风险和创业压力。麻省理工学院特别将冒险精神作为创业成功的必要条件，强调失败是一种经验和机会。学生要承担起创业风险，学习如何从失败中获得经验的能力是创业的关键。这样的培养目标在某种程度上有利于麻省理工学院创业意识的形成。

1. 麻省理工学院的创业教育体系
（1）师资队伍。

师资在很大程度上决定了一所学校的教育水平。麻省理工学院的教授一直以来都有为企业提供咨询服务的传统。虽然在19世纪末学校强烈反对教授对外从事企业咨询工作，但最后还是形成了"1/5原则"，即在保证教师教学和学术活动的同时，鼓励他们5个工作日中有1个工作日可以参与企业咨询活动。这使得教授向企业出售知识的行为得到了学校的官方认可。而教授们的这些行为习惯也日益发展成了麻省理工学院教师队伍的创业素养，越来越多的教学科研人员开始走向市场。"对于那些能够抽出部分时间为企业效力，能够为学生找到工作又能同时继续自己的研究的教授，已经成为典型的麻省理工学院的学者"。麻省理工学院的凡尼佛·布什（Vannevar Bush）教授的职业生涯规划历程就是从教授、企业咨询师发展到公司创建者，利用教学研究的业余时间将自己的研究成果推向市场。对于创业教育教师的角色，他总结道："我曾经是一个教授，也是公司的顾问。两者相结合可以让我走出象牙塔，为我的教学注入一股全新的活力，并且也能够帮助我的家庭积蓄财富。"

对于教师的聘用、晋升和考核，麻省理工学院的标准也不仅是要求有高层次学术造诣的一流专家，还要考量这些教师在教学研究之外是否积极参与到企业的发展或者自己能否创建公司。在麻省理工学院，已经形成了一种院系文化，教授们尽可能少地在科研上向学校寻求帮助，因此宽松的科研环境使得教授能较自由地与企业合作，同时也开阔了学生的视野，提高了教育质量，创业形势方兴日盛。

因为麻省理工学院的教授亲自为公司提供咨询服务，献计献策，所以能够更深层次地了解创业的过程。他们将这些认知、理念和经验纳入创业教育课程中，有效提升了创业教育理论和实践结合的高度，解决了创业理论与实践脱节的问题。

在麻省理工创业中心，也有一批经验丰富的终身教职员和兼职教师队伍。1993年，麻省理工学院就将首批全职教师队伍纳入到创业计划之中，并拉开了创业教育"双轨型教师"的帷幕，逐渐扩大课程与教师队伍供应，将创业学者与成功企业家和投资家联系在一起，为潜在的创业者提供课堂教学和咨询辅导。这些专业教师不仅有着深厚的学术背景，而且都有过在公司咨询的经历或者创业经历，有着创业领域的前瞻性，对创业教育的研究热点和发展方向等有良好的预见力和洞察力，并且他们的创业教育理论造诣深厚，学术成果颇丰。"从1996年到2001年，他们在《自然》等权威刊物上发表有关创业的文章至少18篇，出版相关著作至少8本。"与此同时，创业中心也注意吸收校外一些创业家、企业高管和风险资本家等具有创业或企业实战经验的资深人士，以短期讲座的形式来做兼职教师。麻省理工学院还非常重视创业教育的师资队伍培训,定时组织研讨交流会,根据创业教育的最新需求及时更新和开拓教师的实践培训和研究领域。创业中心的教师为学生搭建信息沟通的平台,实现创业知识的共享,侧重对学生创新精神、领导潜质、创业意识和理念的培养,正是因为这样的教师队伍,麻省理工学院的创业教育和实践活动才得以蒸蒸日上。

（2）课程设置。

麻省理工学院创业教育开始的标志是理查德·莫斯（Richard S.Morse）教授在1961年开设的第一门创业教育课程——"新企业",这门课为新公司的成立奠定了商业计划发展的基础。1996年,麻省理工学院设置了创业中心,为学生提供创业课程以供其自由选修,不限于院系,也不限于主修课和副修课。麻省理工学院创业课程的愿景是培育新一代创业领导和精英,通过十几年的建设和发展,创业中心在35门创业课程的基础上,每年还增设2~5门新课程,这些课程是"新企业""创业实验""生物医药企业的战略决策""创业组织的设计和引领""发展型创业"等。具体课程的分类如表2-3所示。

表2-3 麻省理工学院部分创业教育课程体系设置

序号	课程类型	课程名称
1	学术类创业课程	无国界创业（Entrepreneurship without Borders）、管理技术创新与创业（Managing Technological Innovation &Entrepreneurship）、企业创业（Corporate Entrepreneurship）、创业组织的设计和引领（Designing & Leading the Entrepreneurial Organization）、创业金融（Entrepreneurial Finance）、生物医药企业的战略决策（Strategic Decision-Making in the Biomedical Business）、软件企业商务（The Software Business）、电信竞争（Competition in Telecommunications.）
2	实践类课程	新企业（New Enterprises）、技术销售与销售管理（Technology Sales and Sales Management）、早期资本（Early Stage Capital）、社会创业（Social Entrepreneurship）、发展型创业（Developmental Entrepreneurship）
3	团队项目型创业课程	创业实验（Entrepreneurship Laboratory）、全球创业实验（Global Entrepreneurship Laboratory）、创新团队（Innovation Teams）

麻省理工学院的创业中心的创业课程体系涉及面非常广,都是当前创业学和创业教育研究与实践的前沿课程,涵盖了创业过程的周期,打破了专业之间的界限,实现了跨

学科和多学科的相互渗透。学术类创业课程为学生提供了一个创业教育的基本学科基础理论，形成了纵横交错的知识网络构建，如"没有边界的创业""创业金融"等；此外还包括某些行业领域内的创业教育课程，在专业领域内探讨如何创建企业和资金募集等问题，如"生物医药企业的战略决策""软件企业商务"等。实践类创业课程是让学生在课堂上将创业想法形成创业计划，并为准备创业的学生配备创业所需的策略、财务、管理和销售等技能方面的指导和培训，如发展型创业课程邀请相关人士到课堂上演讲有关创业方面的最新动态和课题研究，打开了学生的创业视野，此外还有最早开设的"新企业""早期资本""技术销售与销售管理"等。除了以学术和实践为导向的创业课程对创业主体有重要影响外，还有第三种团队项目型创业课程，如"创业实验""全球创业实验"等。在这类课程中，学生以4~5人组成一个团队，最可取的组合包括管理、科学和工程领域的成员，最终解决在创业组织中的实际问题，同时也为学生提供在国内外公司企业实习和操作演练的机会，使学生亲身参与到企业管理和实践中去，体会公司建立和运转的过程及出现的问题，这类课程很大程度上是依靠成功的创业家和风险投资家发展起来的新兴课程。这三种类型的课程构成了创业教育领域中的基础，每年三种类型的课程都会有所增加。

从以上创业课程的开设来看，一方面体现了麻省理工学院所秉持的增强学生创业意识、启发学生创业思维、培养学生独立探索和自主创业能力的理念；另一方面也体现了课程设置的实践性非常强，将课堂的理论知识与校内外各项创业活动联合建成巨大的网络构架，与产业界形成积极合作的联盟关系，加强教学与实践的紧密互动，学生的创业能力在其中得到了充分的发掘和调动，学生也能够获得许多有价值的经验和启示。创业课程的师资也很明显地体现了其实践性——目前创业中心的教学团队分别由17个以学科为基础的资深的学术教授以及17个具有成功企业家和创业资本家性质的实践讲师来向管理学、经济学、文学和农学等多个领域的1 000余名本科生和研究生教授30多门创业课程。

1. 麻省理工学院创业教育教学体系

在教学授课方面，麻省理工学院突出的特色就是教学方法多样，并且非常注重邀请校友分享创业经验。麻省理工学院开展创业教育的教学方法会随着其教学内容的变化而做出相应调整，但最主要的还是以案例教学法为主。

案例教学在创业教育理论与创业实践活动之间搭建了一个平台，使理论与实践很容易结合起来。在案例教学法中，教师会将大量成功的创业案例引入课堂，为学生创业树立典范，同时学校也会邀请企业家来为学生提供指导和交流，模拟创建公司，对学生进行实战演练，将学生引入到企业运行的真实环境中，帮助学生解决在创业实践中可能出现的各种问题，如法律、公司运作、专利产权、市场营销和财务管理等，加强学生的表达能力、谈判能力、说服能力、处理问题的应变能力和对新事物的敏感度等。在课下，学生必须每天晚上研读2~3个案例，每个案例准备的时间至少2个小时以上，并要做好笔记，这都需要学生具备超强的学习能力和毅力。最后，学生还要独立完成一份商业策划书，以一种真实的意境培养学生的创业意识和创业能力。这样的案例讲授方式，使学生在课堂上不是填鸭式地、消极地接受教师单方面的知识疏导，而是积极参与课堂的讨论，将各方面的知识调动起来，这样留在学生脑海里的知识便不会轻易被忘记。案例教学为学生提供了真实的商业环境和训练，以帮助他们在更高层面上形成对商业问题的判断、制定创业行动计划，从而解决创业困境，可以说这样的教学方式是非常行之有效的。

2. 麻省理工学院创业教育实践项目和社团

麻省理工学院的创业教育坚持理论课程和创业活动的良性互动，在校园内形成了越来越多与创业相关的实践项目、组织和学生社团。如果说单凭系统的课堂理论知识，学生们很难碰撞出创新和创业的火花，很难解决现实的创业困境，那么通过这些特色鲜明、丰富多样的第二课堂开展各项活动，可以将学生已有的创业知识转化为在现实案例中解决问题的能力。

麻省理工学院创业教育的实践项目有很多，具体见表2-4，其中最著名的就是麻省理工学院10万美金创业大赛。这些项目或者社团组织为那些对创业感兴趣的学生、校友或其他创业者提供了一个广阔的交流、竞技和分享的良性互动平台。

表2-4 麻省理工学院创业教育实践项目或社团

序号	实践项目或社团名称	核心内容
1	10万美金创业大赛	激励师生和科研人员参与创业竞赛，挖掘创业新点子，建立储备的优秀公司
2	全球创业工作室	为学生搭建起创业资源分享与信息交流的平台
3	创业者俱乐部	为现有和潜在的创业者提供招商引资的机会，促进学术界和产业界的联盟
4	风险投资与私募股权投资俱乐部	为俱乐部成员提供与产业界高管、专业投资人员交流互动的机会，深入了解风险投资和私人直接投资
5	创新俱乐部	鼓励学生创新创业，帮助他们产生新的想法，并付诸实践
6	科学工程与商业俱乐部	为科学工程领域的学生提供与产业界交流的机会和业务拓展网络，了解关于产业发展的趋势和商业运行机制
7	房地产俱乐部	为对房地产感兴趣的学生提供与产业界交流的机会和业务拓展网络，了解关于产业发展的趋势和商业运行机制

（1）麻省理工学院10万美金创业大赛。

美国高校的创业大赛最早源于1983年德州大学奥斯汀分校的两名学生发起的首届创业计划大赛，至此，创业大赛风行于世界各个大学，现在以麻省理工学院10万美金创业大赛最负盛名，表现出了极大的商业价值。在麻省理工学院，学生们之间打招呼都会问及是否参加了创业大赛，创业氛围非常浓厚。

麻省理工学院10万美金创业大赛开始于1990年，由麻省理工学院创业论坛和斯隆管理学院的新企业协会创办。在第一届比赛中共有54支队伍进行冠军的角逐，获得冠军的队员得到了1万美元奖金，亚军和季军分别获得了3 000美元和2 000美元，比赛的奖金发展到现在是10万美元。创业大赛的整个过程由经验丰富的企业家、风险投资家和法律顾问来评判、指导和监督，比赛分三个阶段进行：一是"电梯演讲竞赛"，即产生创业想法的过程；二是"执行摘要竞赛"，即竞赛团队的组建和磨合过程；三是"商业机会竞赛"，即通过培训、指导和完善创业计划后准备进入市场的过程。学生通过创业大赛的平台，将具有市场前景的创业想法通过深入、广泛的市场调研，继而形成可行性的商业报告，在竞赛人员之间组成学科交叉、优势互补的竞争团队，并接受创业大赛组织提供的融资、法律、管理、公关、人脉和媒体宣传等方面的指导、培训和支持。从某种程度而言，创业大赛实现了高校、企业和学生之间的良性互动，此外还为新兴公司提供了重要的创业资源，例如，成功创业人士的专业辅导和信息反馈、潜在投资者的支持和关注、广泛的创业人脉网络、大量的媒体宣传和报道等。

创业大赛从创办至今已有20多年的历史，培养了众多优秀的创业人才，也获得了令人瞩目的成就。麻省理工学院的学生创建的公司中有许多就是在创业大赛中产生的。"2008年的创业大赛共诞生了超过85家企业，到现在，这些企业为国民提供了2 500份工作，同时也获得了6亿美元的资金投入。"且近年来，从创业大赛中孕育的公司几乎每年都会增加5~6家，甚至有相当数量的比赛项目被一些高新技术公司以上百万美元的价格订购。"这个项目目前已吸引了毕马威国际会计师事务所、汤森路透集团等国际知名企业和机构的赞助，每年奖金总额为35万美元。赞助方的兴趣之高，本身就体现出了这个项目的价值。"并且从创业大赛中直接孵化出来的新兴公司，其发展速度和质量也令人瞩目，年发展率通常在50%以上，一些公司甚至在短短几年中已经发展为资产数十亿美元的领军企业。剑桥的一家咨询公司做了一项调研，结果表明，"在美国表现最优秀的50家高新技术公司中，有46%出自于麻省理工学院的创业竞赛。"根据《创业的影响：麻省理工学院的角色》中的统计数据，"截至2006年，共有105家公司产生于麻省理工学院10万美金创业大赛，其中有22.8%的公司已经成功上市或被收购，23.8%的公司仍作为私人公司经营着，20%的公司已不再营业，34%的公司由于数据缺失而无法统计，但即便我们假设这些数据缺失的公司全部经营失败，那也仍有46.6%（甚至更多）的公司能幸存下来或者被收购，这样的存活比例在全世界的创业公司中都是令人惊异的，麻省理工学院10万美金创业大赛中诞生的公司已经获得了7亿美元的风险投资，至少24家公司被收购，其中

7家公司的收购总额就超过24亿美元。"

（2）其他实践项目和组织。

此外，还有许多其他创业实践项目和组织扮演着知识传授和创业活动之间的纽带。例如创业者俱乐部、全球创业工作室、风险投资与私募股权投资俱乐部等。全球创业工作室是麻省理工学院的学生会主席于1998年创办的，分布于全球多个不同国家。在这个工作室，麻省理工学院的学生团队将自己学到的创业课程带给世界各地的创业学术机构。目前，工作室已经在新加坡、西班牙、澳大利亚、印度、中国、英国、阿根廷等国家开展了活动，通过高校带动创业教育的形式将麻省理工学院的创业教育经验传授出去。与"官方组织"相比，这些社团组织的角色定位相对比较单一，主要是网络组织者通过展开各种各样的活动，他们将对创业感兴趣的、来自不同学科的学生、校友和相关人士聚集在一起，在产生创新和创业的火花的同时形成良好的创业网络。

3. 麻省理工学院创业教育的特点

（1）鼓励创业的大学使命和院系文化。

"一种创业型文化的发展，可以看作是从理念（idea）到信念（belief），到文化（culture），到传奇（saga）的运动。"麻省理工学院创业教育的成功与其追求卓越的创业理念和鼓励创业的院系文化紧密相关。

麻省理工学院的校训是手脑并用，将知识和实际应用相结合，创新世界。麻省理工学院在教学活动中十分注意对实践能力的培养，强调"心智"和"手力"相融合，将学术研究与行为实践完美结合在一起。"投资搜狐第一人"、斯隆管理学院权威教授爱德华·罗伯特在清华大学做演讲的时候说："麻省理工学院以一种重要的独特性培养了麻省理工学院的一种文化，那就是许许多多有才华的学生、教师，甚至行政人员在他们人生当中的下一步会考虑根据自己的愿望创办公司。"在麻省理工学院已经形成了一股自由创业的风气，学校为学生提供各种创业条件，提倡学生将科研成果转化为生产力，最终实现它的经济价值，鼓励潜在的创业行为和创业者。

早在麻省理工学院第一任校长罗杰斯建校之初就积极推进学校与企业的合作与联系，后任几届校长通过努力将罗杰斯的"大学推进区域经济发展"理念付诸实践，"创建了像纽带一样联系学术界和企业界的风险基金公司，为学术公司的创建者提供种子基金和商业咨询"。1979年，麻省理工学院的大卫·伯奇（David Birch）教授通过对当时经济模式发展的深刻洞悉，撰写了《工作产生过程》的科研报告，这份成果具有重要的转折意义，文中以大量真实有效的数据创造性地反驳了只有大型企业才能创造新的就业机会、才是经济支柱的观点，强调了创业可以提供更多的工作机会，以及创业对经济发展的深远意义。这引发了学校和学界对创业教育的充分探讨和重视。麻省理工学院的创业文化也开始逐渐形成起来——从斯隆管理学院的一门边缘学科发展到开始在全校开展系统的创业教育。在学校高层决策和有志于创业人士的长期影响下，麻省理工学院创造了充满活力的创业文化氛围，制造了一个个令人惊叹的创业奇迹。麻省理工学院上任校长苏珊·霍克菲尔德这样描写校园里的创业文化："它是麻省理工学院的特征，并且是通向未来的钥匙，麻省理工学院的强烈创造力、激情、热情和活力激励着这里的一切——创业理念、创新精神和探索的动力。"

另外，麻省理工学院还有许多创业论坛和相关报刊等为学生创业提供信息分享、学习交流的平台，例如全球创业工作室、麻省理工学院企业论坛、《科技创业》《麻省理工学院技术转移工作室建议》《斯隆管理评论》《MIT冲击创新研究报告》等，这些不仅为麻省理工学院创业活动提供最优质的资源共享服务，而且为其浓郁创业文化的形成奠定了坚实基础。

①良性循环的创业生态系统。

最早提出麻省理工学院"创业生态系统"概念的是凯瑟琳·邓恩，她在《创业生态系统》一文中说："麻省理工学院的创业教育和培训已经不局限于斯隆管理学院，而是发展成了培养学生创业精神的几十个项目中心，它们共同致力于创业生态系统的延绵发展，更加深入地促进了高校创业活动，为本地区乃至更广泛区域的经济和社会发展做出了贡献。"创业生态系统建立在麻省理工学院的悠久历史和"手脑并用"的校园文化之上，注重实用性的传统理念让麻省理工学院一直与工业界保持密切联系，包括鼓励教职工在校外做企业咨询，甚至在20世纪初就允许教授创办公司。

麻省理工学院的创业教育体系将校内创业理论课程与创业活动有机地结合起来，加强了校企合作，加快了知识成果的转化，整合了与创业相关的资源和要素，包括创业课程、创业活动、创业项目组织和中心、学生社团等。科研资源丰富、高层领导决策支持、优越的地理位置等基础性资源为麻省理工学院的创业教育奠定了坚实的基础。创业中心开设的聚焦于"技术创业"的35门课程，为想创业的学生和校友提供指导和服务，鼓励学生和院系参与创业活动，输出创业人才。

围绕着创业中心还有许多其他项目中心或学生社团，为创业教育提供可靠的后勤保障，使学校的科学研究、创业人才、外部资源与校外对接起来，形成一个融合了学校、市场、政府的创业聚合体。例如，麻省理工学院技术授权办公室成立的原因是因为学校的创业活动着重以高科技产业的知识型创业为主，所以，专利的申请、保护和转让显得尤为重要。麻省理工学院技术授权办公室持续引领着美国大学创办公司和专利申请，鼓励学生、教师和校友积极、主动地公开专利技术信息，并对专利的市场价值进行估算，然后获取知识产权。麻省理工学院的创业学子们非常注重专利技术的保护。根据该办公室提供的数据，"2011年这里共见证了632项发明诞生、153项专利认证，发放了79家企业许可证、110项商标许可证，同期，该办公室收入达8 540万美元，包括专利费6 960万美元。"创业辅导服务中心为学生提供贴身的创业辅导；孵化基地为学校和企业提供创业风险资本和平台，促进科研成果的转化。

整合的创业文化始终作为一种内在动力机制贯穿于麻省理工学院的创业教育和活动中，为创业者提供了陶冶、凝聚、激励和导向功能。这些资源和要素之间密切联系，不断交错拧成一根绳，形成了彼此关联、良性循环的创业生态系统，从点到面，将创业教育辐射到整个校园。

此外，麻省理工学院在向外界不断输出创业人才和创业成果的同时，也相应获得了优惠政策、资金、人脉和媒体曝光等各方面的社会资源回馈和支持，使得高校创业教育与政府和市场之间展开深度合作，继而形成长期双赢模式，最终实现三者的良性循环。

②积极与企业界保持合作和联系。

麻省理工学院是最早提出并贯彻与政府和企业密切合作方针的大学。建校之初，麻省理工学院校长罗杰斯就强调，学校应加强与社会企业界的沟通和接轨。在麻省理工学院，有一个"企业联络计划"，这是非常成功实现大学与国内外企业合作的一个案例，被学界称为"麻省理工模式"。"企业联络计划"将学校的实验室、跨学科研究中心对外开放，与150多家企业开展技术交流与合作，积极、主动地联络企业界，为其服务。一方面，师生可以通过该计划的各种咨询和培训活动与企业展开广泛的项目合作，得到历练和经验。另一方面，企业的高层管理和成功的创业者也作为应邀专家到学校参与教学和学术交流活动，学校的科研也能获得产业界源源不断的支持。

在麻省理工学院还有两门众所周知的课程，"创业实验"和"全球创业实验"。"创业实验"是学生们从波士顿地区的新公司中选择一些常见的经营问题，如团队管理、项目分析和客户关系等，通过市场调研工具和共享进度报告等方式共同处理难题。通过这种学习方式，学生能够加深团队合作意识并学会如何处理创业初期遇到的棘手问题。"全球创业实验"课程开始于2000年，每年秋季开学后，学生所组成的创业团队便与目标公司就管理目标和经营项目等展开实质性的背景研究。到了麻省理工学院每年1月份的"开放式独立活动"期间，学生团队就去世界其他国家展开为期3周的"团队实习"项目，在2月到3月之间便能完成项目计划和评估工作。这一全球性的创业课程为创业学子们提供了一次国际化的创业实践经验。"在该课程实施的7年内，来自18个国家的185家公司'雇佣'了810名来自麻省理工学院全球创业实验计划的学子们。"

为企业提供咨询和服务也是麻省理工学院坚持下来的传统。学校在20世纪30年代设立了"1/5原则"鼓励教师对外进行咨询活动，这点与其他很多院校同产业界保持距离有很大不同。麻省理工学院电子工程系的主任唐纳德·杰克逊在1910年说道，麻省理工学院"乐于在大制造商和其他商业公司的赞助和支持下，承担一些更有特色的商业研究"。

麻省理工学院积极与企业界保持合作与联系还表现在参与波士顿128公路的建设上，可以说128公路是麻省理工学院与企业保持合作与联系的一面镜子。128公路修建于1951年，是美国马萨诸塞州波士顿西区的一条长108千米的半环形高速公路，沿公路两侧聚集了软件、通信、国家研究所、生物技术和计算机等高新技术产业公司和研究机构，形成了世人瞩目的电子工业中心。麻省理工学院在128公路设立了许多重要的实验室，为这些公司和研究机构提供科研和技术等方面支持。"在20世纪60年代，麻省理工学院的许多工程系和科研实验室至少创办了175个新企业，包括林肯实验室的50个企业和检测仪器实验室的另外30个企业；到1975年，128公路联合体雇用了近10万工人，并组成了一个非常坚实的大学和工业的集团。"在128公路的建设和发展中，麻省理工学院起到了"源泉"和"灵魂"的作用，提供了预备创业领袖和创业骨干，128公路上的许多公司都是由麻省理工学院的师生独立创办的。

（2）完善的创业保障体系。

①美国政府支撑平台。

第一，美国政府在创业教育保障方面提供的支持。

1980年，美国政府制定相关法律法规为高校创业提供良好的政策环境。

1980年，美国政府颁布了《拜杜法案》，其中的条例包括："允许美国各大学、非营利机构和小型企业为由联邦政府资助的科研成果申请专利，拥有知识产权，并通过技术转让而商业化。"这项法案对于美国的创业活动起到了一个举足轻重的推进作用。它将政府所资助的研究成果的专利转让给高校，使得高校能够加快高新技术成果的转化并向市场推广，保护了高校创业的合法权益，促进了产业界与高校之间的联合。

美国政府还积极为创业者提供税收减免的优惠政策。例如1981年修订的《经济复兴税收法》中，"将涉及小企业的个人所得税率下调了25%，规定雇员在25人以下的企业，依照个人所得税税率缴纳，而不是按公司所得税的税率纳税。税法还把资本收益税的最高税率从28%降至20%，后又对创新型小企业减至14%。"此外，还有1974年的《青年就业与示范教育计划法》、2010年的《中小企业税收减免法案》等都减轻了高校创业者的税收负担，有力地催生了高校中小型企业的创建，充分体现了美国政府在支持高校创业中不断做出的调整和努力。

第二，成立相关机构为高校创业者提供全方位的项目支持。

1953年，美国政府成立了专门针对中小企业的管理机构——小企业管理局（Small Business Administration，简称SBA），它是当前美国最大的公共创业风险投资机构，其职责是为中小型企业提供融资、培训和技术服务等广泛而专业化的支持。此外，小企业管理局还通过契约招标的方式帮助中小型企业获得政府采购项目，来支持中小型企业的发展。"1990年美国联邦政府的1 912亿美元的订货合同中，有32.9%是与小企业签订的。"可以说，小企业管理局是美国政府支持高校创业的一个核心机构。

为了为中小企业提供长期债务融资，美国政府还拨款成立了"注册开发公司"（Certified Development Company），可为中小型企业提供最高限额为130万美元的贷款。其中，企业自身提供借款总额的10%，商业借贷机构（如银行）提供50%，小企业管理局提供40%。

此外，美国政府还设立了小企业投资公司（Small Business Innovation Research Program，简称SBIR），为新兴企业提供风险投资和扶持。美国教育部、财政部、内务部和劳工部等10个部委每年从它们的研发经费中拨出2.5%作为支持中小型企业创业的低息援助基金，再加上小企业投资公司募集到的资金，共同帮助新兴企业进行股权或债券投资。"2002财政年度，小企业投资公司提供股本或债权投资总额为266亿美元，向近

2 000 家不同行业的小企业完成 4 000 多笔投资。"

第三，设立创业相关的公共基础设施。

麻省理工学院良好的创业形势与美国政府决议修筑 128 公路并提供研发经费的带动作用是分不开的。在 128 公路发展的高峰期，美国政府就源源不断地投入大量资金，对于麻省理工学院的创业给予了不可忽视的资助。二战结束不久，128 公路仅仅从美国国防部就拿到了高达 60 亿美元的订购合约，此后，128 公路的企业在之前的订单金额上每年又增加了 10 亿美元，并获得了美国政府优先采购权。

②多渠道的创业资金来源。

麻省理工学院创业教育的发展壮大以及师生创业初级阶段都离不开多渠道的财政资助。学校自身在积极寻求资金源的同时，也获得了政府和社会等多方面的经费保障。

第一，政府资助。

美国联邦、马萨诸塞州地方政府设立了多家基金会，并通过创业大赛奖金、论文奖学金、捐赠等多种方式为高校创业者提供新办企业、技术研发所需的创业教育基金。1951 年，科尔曼基金会的成立标志着美国首次以政府的名义设立资助创业教育的基金会。自此，各种基金会相继成立。其中，值得一提的就是考夫曼基金会，它是全球专项支持创业教育发展的规模最大的基金会。"基金会运作的经费近 21 亿美元，是美国第三十大基金会，每年用于资助创业、项目开发的相关支出约为 9 000 万美元，这个项目开展跨校园的创业教育，涵盖美国 19 所不同类型的大学。"

第二，学校创业项目和中心提供的各种赞助。

麻省理工学院创业教育的自身运作也获得了大量的创业教育资金源。例如，"麻省理工学院德什潘德技术创新中心已为 90 余个项目提供了 1 100 万美元的资金，其中 26 个项目已发展成熟，并逐步脱离了中心的扶助，进入实际商业运作层面，目前已吸引了超过 3.5 亿美元的投资。在创业阶段，该中心提供的资金支持少则数千美元，多则数十万美元"。技术授权办公室通过每年的技术许可费提供 7.5 亿美元的创业赞助金，此外还有莱梅尔逊（Lemelson）项目、创业大赛和风险投资机构等也提供了一笔可观的创业基金。

第三，社会捐助和完善的创业融资体系。

社会捐赠是麻省理工学院创业教育资金来源之一，虽然不算是长期稳定的收入，但在经费总额中也占据了不小的比例。麻省理工学院每年都能从企业、校友和私人等捐赠中获得创业教育资金的灵活性收入。

对于高校中融资能力有限的学生来说，创业初期所需要的资金往往很稀缺，并且创业风险也大，因此，完善的创业融资体系就显得非常重要了。美国是世界上创业投资做得最出色的国家之一，拥有成熟的资本市场，同时也充分调动了民间风险投资资金。20 世纪 50 年代初，马萨诸塞州的一家国民银行就开始为创业初期的公司提供可谓是高风险的融资贷款。20 世纪 80 年代后，马萨诸塞州陆续成立专业的风险投资公司。

美国的金融机构可以为创业初期的中小型公司提供两种金融赞助方式。第一种是贷款计划，货款额度在 100 万美元以下的，全国有大约 7 000 家商业银行为这些中小型公司提供利率不超过 2.75% 的贷款；第二种是"一条龙资本商店"，即为早期的创业提供资金援助、战略支持和信息服务等方面的资助。此外，高校学生还可通过信用卡借贷来为创业融资。

六、斯坦福大学的创业教育

斯坦福大学创业教育的蓬勃开展与其大学的历史和使命是密切相关的。培养师生的创业精神是斯坦福大学的重要使命之一。事实上，斯坦福大学从成立之初就具有西部的先驱精神和创业精神，愿意大胆承担风险。在巨大的社会需求、学校领导的高度重视及外部社会力量的有力支持下，在秉承斯坦福大学注重实业办学理念的基础上，斯坦福大学创业教育得到了蓬勃开展。

1. 斯坦福大学创业教育体系

（1）师资队伍。

为推行创业教育，斯坦福大学十分注重物色最优秀的教师，决不要那种徒有虚名或游手好闲的人担任教授。要成为斯坦福大学的教授必须通过三道大关：第一关是签订为期 3 年的助理教授合同，期满后经过审查，合格的再经过 3 年实践才有资格晋升为副教授；第二关是职位的社会竞聘，往往校内外五六十个竞争者争聘一个副教授的职位；第三关是看竞聘者的业绩能否达到世界一流水平，学校会把教师的个人情况公布给世界各个著名大学和研究机构，只有被认可，才能够开始教授生涯。

在此思想指导下，聚集到斯坦福大学的教师都是一流的。目前，斯坦福大学有教职工 1 534 人，其中 61% 的人取得终身教授资格，208 人为全国艺术和科学院院士，110 人为全国科学院院士，70 人为全国工程院院士，20 人为全国教育院院士，18 人获得过诺贝尔奖，4 人获得过普利茨奖，20 人获得过全国科学金质奖。除了这些精明强干的专职教师外，斯坦福大学还从国内外企业聘请了一批优秀科研人员任该校的顾问教授，让他们承担一部分教学任务，同时还不定期地请创业成功人士和投资家到学校演讲。这种多元化的、精干的师资队伍为创业教育的实施提供了重要保障。

同时，斯坦福大学的教授要负担学生的一部分学费，博士和硕士要协助教授开展教学和科研活动，教授要负担他们的一半学费作为劳动的报酬，绝对不能像一般大学那样无偿地使用学生的劳动成果。这样就要求教授必须千方百计地筹措到足够的科研经费。而教授筹措经费的重要手段就是同企业建立密切的产学关系，不断地接受企业委托的各项研究项目。著名的英特尔公司每年都要向斯坦福大学注入大量的委托研究资金。该公司把 5 年内难以进入实用化阶段的研究几乎都委托给大学，而公司从大学的研究成果中挑选出可以在几年内投入应用的项目深入开发。斯坦福大学的教授通过为企业进行基础性研究不仅聚集了一批优秀的科研人才，同时也保证了科研活动的实践性。

（2）课程构建。

斯坦福大学在课程体系构建中始终坚持三个基本原则，即文科与理科结合、教学与科研结合、文化教育与职业教育结合，这"三个结合"体现了创业教育的基本要求，也为较完善的理论教育课程体系的形成提供了理论基础。其具体内容包括：一是将创业教育渗透到课程设置当中，主要体现在基础课和综合课上。在基础课方面，注重拓宽基础性课程，减少专业课程，打破专业间人为的壁垒，把基础教育与专业教育紧密结合起来，以加强学生的通识教育。例如，在20世纪90年代初，斯坦福大学地质学院的地质系开设了180门左右的课程，为开展通识教育铺平了道路。在综合课程方面，增加综合性课程，即开设科学技术和社会科学等综合性跨学科课程。课程设置充分体现文、理、工相互渗透，鼓励学生选修其他领域的课程。如法学院的学生可以到其他学院学习辅助课程，法学教授可在其他学院兼课，反之亦可。在20世纪90年代初，斯坦福大学有超过34%的本科生和13%的研究生在文理学院学习深造，在文理学院的选修课占总课程的23%。同时，斯坦福大学也开设了大量的综合性跨学科课程，如非洲和美洲研究、宗教研究、国际关系研究、组合学研究、人类生物学、人工智能和语言研究、生物电子学等综合性跨学科课程。二是单独开设创业课程。斯坦福大学开设的创业课程共有17门，有90%的学生至少上过某一方面的创业课程，其课程已涵盖了建设一个企业应涉及的方方面面，包括融资、组织资源、招聘员工等一系列问题。

形成了较完善的教育实践体系。该实践体系主要注重科研能力和职业技能的培养。在学生的科研能力培养方面，主要通过两种途径加以实现：一是每周安排各类研究讲座，其中有些讲座可以登记学分；二是鼓励学生参加科研活动，允许学生参加校外的协作项目，目前有很多学生和教师在规模最大的斯坦福电路系统研究中心工作。而对学生职业技能的培养则是通过以下四种途径加以实施：一是重视实验教学和现场模拟教学。二是各学院都安排学生承担一些配合正课学习的工作任务，此外，大部分学生至少还有一项额外工作。三是建立社团，为学生提供各种锻炼机会，如法律资助协会，让学生为学校附近地区的贫困居民提供法律上的帮助。这为学生提供了锻炼的机会，也使其进一步了解了社会，类似这样的团体有很多。四是重视产学研合作教育，并把产学研合作教育作为一项制度加以贯彻实施。通过产学研合作建立起来的硅谷为斯坦福大学提供了充足的实训，在这里，实验基地和研究开发基地为师生创业搭建了一个广阔的平台。教授们可自办公司或在各公司兼职，学生们也可在各公司实习甚至自己创办公司，而且师生的研究成果很容易迅速转化为成果或产品。就是这种真实的创业环境极大地激发了师生的创业热情，增强了其自信心，提高了其创业技能。

斯坦福大学的主要院系都开设了创业方面的课程，其中商学院和工学院的创业教育最为完善，已发展成为非常有特色的专门项目。斯坦福商学院将MBA学生的培养目标定为：领导力（Leadership）、创业精神（Entrepreneurship）、全球视野（Globalawareness）、社会责任心（soeial accountability）。为了更好地实现该目标，斯坦福商学院于1996年发起成立了创业研究中心，以整合商学院已有的创业课程和研究资源，这成为斯坦福商学院后续成立的研究中心的参考模板。目前，斯坦福商学院创业研究中心已经开发了21门创业学课程，特别热门的课程有"创业管理""创业机会评价""创业和创业投资""投资管理和创业财务""管理成长型企业""高科技企业的战略管理"等。这些课程主要面向MBA学生，同时也有一小部分课程对其他院系开放。中心每年还开发不少新的教学案例。

另外，医学院、法学院和教育学院也开设了1~3门不等的创业方面的课程。斯坦福大学的美国—亚洲技术管理中心也开设了"在面临亚洲的国际化挑战下，高技术产业的跨地区合作"系列讲座性质的课程，该课程对所有师生和社会人士开放。讲座结束后，该中心还为大家提供茶点，给大家提供进一步交流的空间。

斯坦福大学创业教育方面课程的特点非常鲜明：理论与实践紧密结合，学院与业界良性互动。例如，"创业管理"课程每节课都由2位老师（正式的教授＋有丰富创业和企业管理经验的客座教师）一起上，而"创业机会识别"和"技术创业"则由3位有丰富创业和企业管理经验的客座教师共同开设，其中"创业机会识别"的任课教师还专门为选课同学组成的商业计划开发团队聘请有丰富创业和创业投资经验的业界资深人士担任指导，后者每月定期和团队成员见面，并提出具体建议和指导。"创业管理""管理成长企业""高科技企业的战略管理"等MBA课程全部是案例教学，而且，案例的主角（创业企业家或者创业投资家）通常都会来教室，最后30分钟以自己当年实际的经历和决策过程对同学的案例讨论进行点评。有的课程，如"创业管理""管理成长企业"，在课程结束后会安排企业家或创业投资家与同学一起吃午餐同时进行交流，这在美国绝大多数MBA院校是难以做到的，对此，斯坦福的教授和学生倍感自豪。

为了鼓励不同学科的同学交流合作，不少创业课程允许不同院系的同学选修，"创业机会评价"这门课更是积极鼓励MBA学生和其他院系（尤其是理工科的研究生、博士生）联合组队开发商业计划。一些讲座性的课程开课方式更是灵活，如"创业思想领导者讲座"，学生可以在多个学期内完成这门课，只要听了一定数量的讲座并上交相应的讲座总结，即可获得学分；该课程也对社会开放，常常吸引很多业界资深人士和创业者来旁听交流。

（3）非课程活动。

除了正式的课程以外，学生积极组织和参与相关的课外活动。以斯坦福商学院为例，其MBA俱乐部非常活跃，每个学期各个俱乐部都有详细的活动安排，MBA学生积极参与，平时活动十分丰富。斯坦福商学院创业研究中心直接指导的MBA俱乐部有创业俱乐部、高技术俱乐部和创业投资俱乐部。斯坦福商学院每年举办一次年度创业者大会，主要由MBA学生发起和具体运作，商学院创业研究中心负责指导。斯坦福学生还举办斯坦福创业者年度大会，邀请业界人士参加。斯坦福大学创业计划大赛也是完全由学生发起和组织的。

①师生的创业活动。

师生的创业活动是在学校的支持下进行的，这种支持表现在三个方面：第一，制定政策鼓励师生创业。首先，给师生提供一个宽松的创业环境。例如，允许教师和研究人员每周有1天到公司兼职，从事开发和经营活动；允许他们有1~2年的时间脱离岗位到硅谷创办科技公司或到公司兼职；教师在学校获得的科技成果，由发明者本人负责向公司转移的，学校与其签署许可合同，所得的知识产权收益学校只提取10%~15%；学校的应用性成果在1年之后仍未向企业转移的，发明者可自主向企业转移，学校一般不再收取任何费用；对于创业的学生给予2年时间，无论成败都可以继续学业。这些灵活的政策造就了斯坦福师生，使其成为硅谷中活跃的创业力量。其次，学校制定了灵活的专利政策。为了鼓励创业，学校制定了以利益共享为原则的专利许可收入分配制度：技术许可办公室从专利许可毛收入中扣除15%作为专利申请费和办公费用，其余的由发明人和发明人所在的院、系三方分配。这一方面鼓励教师不断披露自己的发明，以配合学校的专利申请和许可工作，另一方面也提升了发明人所在院、系的地位和声望。第二，设置专门机构为师生创业提供方便条件。例如，设有知识产权办公室负责合同的签署和管理，设置技术许可办公室负责办理师生的专利申请和许可等相关事宜。第三，学校设有孵化资金，亦称种子基金。主要有三种形式：一是研究激励基金，即为支持具有创新性的研究想法而设的基金；二是鸟饵基金，即资助已初步成型但尚未获得许可的技术，不过每项技术的资助不会超过2万美元；三是缺口基金，即资助那些有商业前景但较难获得许可的发明。

②创业成为一种校园文化。

学校通过各种鼓励创业的政策营造了一种宽容失败、推崇创业、宽松、自由的环境，这极大地激发了师生的创新精神和创业欲望，鼓励冒险，人人都去开创自己的企业，创办自己的公司成为每个斯坦福大学人的奋斗目标。在这种精神激励下，从教授到学生都积极投入创业的第一线，使斯坦福大学出现了一大批创业家和层出不穷的创业人才。比如，著名的惠普（HP）、雅虎（Yahoo）、升阳（Sun）、硅图（SGI）和思科（Cisco）等公司都是由学校师生创办的，像谷歌（Google）这样的新兴企业更是在不断诞生。正如在求学期间就创办了谷歌公司的首席执行官拉里·佩奇所说："在大学里，我们同学之间就常在一起讨论如何利用掌握的本领创办自己的企业。那时，我看到雅虎的成功，心里就想，我绝对能开发出更出色的搜索引擎来超过它。"这样，师生就在潜移默化中形成一种崇尚创新、崇尚创业的良好风气，这种风气渗透到校园的每个角落，并逐渐提升成为一种校园文化。

③研究支持。

斯坦福大学是一个高水平的研究型大学，在创业学科方面的研究处于领先地位。斯坦福大商学院创业研究中心组织了相关教授进行创业领域的研究，如布格曼教授对英特尔公司的组织和战略进行了长期的跟踪研究，开发了一系列的英特尔案例，并在此基础上提出了公司组织和战略方面重要的理论分析框架（如战略分析的"钻石"模型等）；汉耐和鲍若等教授则对170多家高技术创业企业的组织蓝图及其演进进行了多年的跟踪研究，取得了重要的研究成果。斯坦福技术创业项目的相关教授也在高技术创业企业的组织和战略研究方面做出了有影响力的研究。

④国际交流。

斯坦福技术创业项目在美国发起了"创业教育圆桌会议"（Roundtable on Entreprneurship Education，简称REE），最初其主要目的是推进全美各大学的技术创业教育，后来，他们进一步把这个研讨会推广到更大的范围，目前除了每年在斯坦福举办一次创业教育美国会议（REE USA）外，还分别在亚洲、欧洲和拉丁美洲开一次这样的地区性会议，其中第二届创业教育年度亚洲会议（REE Asia 2005）于2005年7月在清华大学成功举办。这些努力有力地推动了世界各国创业教育的发展，产生了很大的影响力。

其他一些研究机构或项目也常常举办相关的国际研讨会，如斯坦福亚太研究中心的斯坦福地区创新和创业项目（SPRIE）组织相关研究，并出版专著，组织研讨会。这些活动对于推动创业教育的国际合作都产生了积极的影响。

2. 斯坦福大学创业教育特点

斯坦福大学的创业教育构成了一个开放、互动的网络，具有以下几个显著的特点：

（1）师生的积极参与。

斯坦福大学创业教育的良好发展离不开师生的积极参与。主要的相关院系教师开发了一系列的创业课程，很好地满足了学生的各种需求。斯坦福商学院中，91%以上的MBA学生至少选修了一门创业领域的课程，每年约有2 000名同学参加斯坦福技术创业项目的课程。"创业课程的课堂普遍互动性很强，学生参与积极。"

另外，学生还积极组织和参与相关的课外活动，包括学生发起组建各种俱乐部，组织各种创业论坛，参观硅谷的企业，与企业家和投资家座谈。在老师的指导下，学生发起和具体运作了斯坦福大学创业者年度大会和斯坦福大学创业计划大赛。

（2）大学内部各个创业项目、组织之间的有效沟通合作。

在学校内部，各个项目、组织之间进行了十分有效的沟通合作。斯坦福大学内所有的创业相关研究中心或项目、学生协会、技术授权办公室等联合组建了斯坦福创业网络（Stanford Entreprneurship Network，简称SEN），目的是连接斯坦福的所有创业"社区"（community）。他们定期每两个月开一次会，通报各自的新工作和活动，并创建了一个为斯坦福所有创业活动服务的网站。这个组织为所有的斯坦福"社区"服务，包括各院系的同学、教师、员工和校友；另外，它还努力帮助斯坦福大学各院系及其师生与硅谷的其他创业"社区"建立联系。

（3）吸引外部力量参与并形成有效互动。

为了充分发挥斯坦福大学所在地的特殊地理优势，斯坦福大学对外采取了开放互动的办学方式，吸引了大量企业家和创业投资家及其他产业界人士、机构积极参与大学的创业教育。他们的具体参与方式有以下几种：

第一种，担任客座讲师。企业家担任客座讲师，在斯坦福商学院是比较普遍的现象，但同时商学院对此有严格的筛选要求，主讲教授通常也非常认真，采取渐进方式，邀请企业家参与课堂教学，并帮助企业家尽快适应课堂。工学院的创业课程常常吸引那些有丰富技术和创业经验的创业企业家来担任客座讲师。

如英特尔的创始人之一、前任首席执行官、现任董事长安迪·格鲁夫（Andy Crove）每年秋季到斯坦福商学院与布格曼教授共同开课，这种方式已经坚持了15年之久。也正是基于这种合作，使得安迪·格鲁夫对信息技术产业的发展和英特尔公司的组织战略进行了深刻的思考，写出了著名的《只有偏执狂才能生存》；而布格曼教授则在第一时间开发出了一系列的英特尔公司案例，并写出了《战略就是命运》这样的研究力作。"创业管理"课程的授课教师之一迈克·莱斯利，曾经5次创业，3次成功，2次失败，他最后创建的唯理（Veritas）公司成为世界第五大软件公司，市值达到150亿美元。他在课堂上和学生一起分析案例，分享成功和失败的经验教训，并邀请企业家和学生一起午餐，这些给MBA学生很多启迪。

第二种，担任课堂嘉宾。斯坦福创业课程的案例讨论基本上都能够邀请到案例的主角。斯坦福商学院和工学院每年都开发不少新的创业教学案例，这也大大方便了教师邀请案例中的企业家主角来课堂。

第三种，来斯坦福大学演讲、参与各种论坛。如斯坦福大学创业者年度大会等常常吸引大批的创业者、企业家和创业投资家参与。

另外，相关的创业项目或者研究中心与各种机构（包括企业）积极合作，寻求外部的各种支持。如斯坦福技术创业项目的董事会成员包括：斯坦福工学院、商学院、医学院、法学院的教授，创业企业家，创业投资家，学生和校友。他们每年定期开董事会，为该项目的发展战略、资金支持、具体的讲授课程或讲座、相关网络的建立提供帮助。

不少斯坦福大学的教授则通过参与创业企业的咨询服务、担任创业企业董事等方式帮助企业发展，同时更深刻地理解创业。相当多的毕业生和在校学生参与了硅谷的创业活动。

3. 斯坦福大学的创业活动

斯坦福大学允许教师和科研人员每周有1天时间到公司兼职，甚至允许他们有1~2年的时间离岗创业，同时允许企业的管理层、经理和职员在不离开企业的情况下到斯坦福大学来进修。斯坦福大学还积极支持学生把自己的发明推向市场，倡导和支持毕业生开办自己的公司。早在20世纪30年代，在美国西海岸占有一席之地的地方电信公司大多数是斯坦福大学毕业生创办的。当今赫赫有名的惠普公司也是由斯坦福大学毕业生威廉·休特利和戴维·帕卡在硅谷的一间车库里创建的。在硅谷中与斯坦福大学有关的企业达1 200多家，占硅谷产值的50%~60%。

被学生和教授称为农场的斯坦福大学是硅谷最重要的天才锻造厂，学生的锦绣前程都是在这片过去饲养牛马的土地上开始的。斯坦福大学的毕业文凭，尤其是该校商业研究生院的工商管理硕士文凭，每年为数百名大学生打开通往新网络世界的大门。斯坦福大学的毕业生成为微软、思科、戴尔等公司争夺的目标,1999 年毕业的工商管理硕士(MBA)目前有 1/8 在自己的公司里面工作,他们中很大一部分从事高科技领域的创业。

斯坦福大学的学生有很多是在自己还没有毕业的时候就开始建立自己的新公司了,人际关系网是斯坦福毕业生重要的资本,早在学习期间,这些被精挑细选出来的斯坦福精英们就紧密结合成了一个团结的集体。这些极大地推动了斯坦福大学创业教育的开展。

第二节　英国高校创新创业教育模式分析

一、英国高校创新创业教育的发展及其模式

英国高校创业教育发展趋势比较良好,尤其在年轻人中更是突出。调查显示,有 30% 的年轻人有自主创业的想法,53% 的在校学生希望能够成为企业家。年轻人对创业成功的欲望比较高,认为创业成功既能够使自己有较高的社会地位,又有一份比较好的收入。英国有一股创业热潮,这种良好的氛围会激发更多的人创业。调查显示,有 93% 的初创企业通过自己的认真经营、合理规划,最后都创办了知名企业。

为什么英国人的创业热情如此高昂?为何英国的初创企业存活率如此之高?究其原因还是要回到英国的高等创业教育上来。随着 20 世纪 80 年代高等教育的继续扩大,英国高等院校的数量也在不断增加,因此也就有大量的毕业生涌向了英国的就业市场。为了限制高校的入学人数,英国从 2001 年开始增收大学的学费,然而这也只是暂时缓解了高校的入学率,随着学生们经济负担的加重,学生们发现获得学位只是他们人生职业生涯的第一步,因此,毕业生的就业能力就成为人们越来越关心的问题。在英国的就业市场上,对毕业生的综合能力要求越来越高,高校毕业生的就业问题是英国高校要面对的重大问题。因此,英国政府鼓励高校开展创业教育,也鼓励发展小企业。创业教育为国家和社会培养了一部分高素质人才,他们的创业减轻了社会的就业压力,也为政府解决了实际困难。因此,创业教育在英国政府的支持下,开展得有声有色,形成了良性循环,既提升了大学生能力,又解决了他们的就业问题。

英国创业教育的发展也经历了一个艰难曲折的过程。其创业教育起步较早,积累了丰富的经验,取得了明显的成效,逐步形成了相对完善的创业教育体系。英国的创业教育开始于 20 世纪 60 年代,兴盛于 20 世纪 80 年代。英国是当今世界上创业教育比较成功的国家之一,它起初只是为了培养和解决大学生就业问题,而到后来,随着大学生创业成功,大学生的思想发生了很大的变化,在价值取向上带有明显功利性质。因此,英国政府把培养大学生的创业品质、意志和创业精神作为创业教育的主要工作来抓,使大学生能够通过创业教育提升自己的心理素质和职业技能,以便更好地适应社会的变化。

为了使创业教育在高校中得到升华和发展,英国政府将创业和创业教育作为优先发展领域,在政策上给予支持、引导和规范,从人力、物力、政策导向上为创业教育的发

展提供了保障。这意味着创业教育已经纳入正规教育，成为高校的一项根本教育任务。高校采用了一些办法，研发了创业课程，强化实践教学，鼓励大学生广泛参与创业教育和创业活动等，这些既保证了高校创业教育的顺利进行，同时也极大地培养了学生们的综合能力。通过对英国大学创业教育的研究发现，英国高校开展的创业教育是在经济时代大背景下顺应时代的一个选择，同时，英国的创业教育既注重创业意识和创业通识教育，又注重创业技能的提高，而且把创业精神和创业意识的培养作为英国高校创业培养的重点，把创业教育作为终身教育来抓。总体而言，英国大学创业教育的发展轨迹如表2-5所示。

表2-5 英国大学创业教育的发展轨迹

发展阶段	发展状况
创业教育萌芽期（20世纪80年代早中期）	1982年，斯特林大学启动大学生创业项目；1983年，苏格兰8所大学开始实施创业项目试点；1984年，项目遍及英国所有高校
创业教育快速发展期（20世纪80年代末到90年代末）	1987年，高等教育创业计划启动；1997年，《迪尔英报告》发表，提出应该扩大创业教育；1998年，英国白皮书《我们的竞争——建设知识经济》出刊，倡导更多高校要开展创业教育
创业教育走向成熟期（21世纪以来）	1999年，12个科学创业中心在英国高校成立；2001年，高等教育创业基金启动；2004年5月，科学创业中心正式成为全国性组织；2004年9月，全国大学生创业委员会成立；2005年，《人力资源开发和高等教育》发表

英国的创业教育主要呈现两类模式：一是商学院主导型模式，二是大学主导型模式。大学主导型模式比商学院主导型模式更占优势。这两种模式的具体特点如表2-6所示。

表2-6 英国高校创业教育的发展模式及其主要特点

教育模式	区分	主要特点
商学院主导模式	分离式模式	除了学校规定之外，教师们在创业教学和学术研究上彼此分离，不与其他人合作，形成独立的教学和研究领域
	融合式模式	从事大学生创业课程教学的教师彼此不再独立，而是打破单一性、形成有机融合、打造互通有无的合作团队
	嵌入式模式	这一模式下的团队比融合式更具系统性和专业化，团队成员可以面向全校，涉及面更广
大学主导模式	大学嵌入式模式	在已有组织中加入创业教育的功能
	大学主导式模式	有一套单独的本科生和研究生培养计划，有独立的经济管理权和参与创业研究活动的自由。学生可以选择辅修创业课程，获得双学位
	学院主导式模式	融合了前两种模式的特点，但主要由多所学院联合管理，协同负责这几个学院的创业教育

二、英国高校创新创业教育的特色

1. 教育理念

20世纪80年代，英国开展了高等院校创业教育启动项目（enterprise in higher education initiative），在大学课程体系中融入创业教育内容。许多课程是围绕如何建立小企业或者如何自我雇佣（self-employment）展开的，传授一般的就业技能（generic employabilities skills），目的是为了降低就业压力，减少失业者数量。目前我国大部分高校创业教育理念还停留在这个阶段。后来英国政府认识到，创业教育不仅是为了传授建立小企业的知识和技能，更是为了全面提高学生素质，更好地培养创新性人才。1996年的《迪林报告》（Dearing Report）和2003年的《兰伯特校企合作评论》（The Lambert Review Of Business-University Collaboration）都强调高校全面开展创业教育的重要性和必要性，目的是培养学生形成独立、自信、勤奋、勇敢等良好品格与创新精神，培养学生的创业技能和开拓精神，提高学生分析问题和解决问题的能力，让他们具备企业家的眼光，学会战略性地思考问题，以适应全球化知识经济时代的挑战。

2. 教学与师资

（1）专门机构。

英国大部分高校都设立了创业中心，为本校师生的创业提供场地支持和指导，使得创业者的创业活动具有针对性和成功的可能性。同时，各个高校设立专门机构进行教学管理以及实施教学。比如位于苏格兰的斯特拉斯克莱德大学（University of Strathclyde）设立了亨特创业中心（Hunter Center for Entrepreneurship），该中心作为独立机构实施创业教育的研究、教学和培训，为学生甚至教师提供很多便利条件。例如，组织团队进行创业教育理论研究，为创业者提供相应的技术支持、提供低息贷款等。高校成立专门机构开展创业教育的好处在于，能够节约教育管理成本，能够更加有效地整合、利用教育资源，提高经济效益。

（2）课程设置。

目前，英国将近67%的高校开设了创业方面的课程。英国的创业教育形式多样，无论文科学校、理科学校还是综合性高校都已经具备比较完善的课程体系。课程主要分为两种："为创业"和"关于创业"。在"为创业"课程中，教学内容不仅注重创业知识的传授，更注重实践能力的培养和经验的积累。在课堂学习之余，开展丰富多样的创业实践活动。比如，谢菲尔德哈勒姆大学（Sheffield Hallam University）为提高学生的实践能力，在全校推出了带薪实习项目，学生可以一边在课堂学习，一边到企业进行实习锻炼。对于在读期间就要创业的学生，该校创业中心会评估他们的创业项目，并提供指导老师和资金协助。总之，无论是到企业带薪实习，还是自己创业，在谢菲尔德哈勒姆大学都可以转化为学分和成绩。"关于创业"课程则主要传授必要的知识和技能，让学生对创业有一定的认识和了解，开拓学生的视野，在培养创业意识的同时，更注重理论的学习。正如英国大学生创业促进委员会（NCEE）的执行主任保罗·阿农（Paul Hannon）教授所说，并不是所有人都愿意或者都能够成为创业者，创业成功者毕竟是少数，但是培养学生的创业意识和创业精神恰恰是创业教育精髓所在。很多高校开设了网络学习模块，如考文垂大学的创业中心开发了一个互动型的在线学习模块，包括在线调查、资料收集和讨论组等，目的是通过网络学习环境来培养学生的创业技能。总之，在英国高校，教学方法多种多样，在教学方法、手段和教学模式等各方面都讲究从实践中学，从经验中学。

（3）教材编写。

英国各个高校都有专门的教材编写团队，或者几个高校联合编写，学校给予大力支持，提供经济上的支持，编写人员可以享受假期、依然有薪水等。所以，在英国，创业教育方面的教材十分丰富，最新的研究成果层出不穷，比较流行的教材如由培生教育（Pearson Education）出版社出版的《掌握创业学》(Mastering Entrepreneurship)和《创业与小企业》(Enterprise and Small Business)等，在英国高校中颇受好评和欢迎。

（4）师资队伍。

创业教育成败与教师的执教水平密切相关，教授创业方面课程的教师不但应该有丰富的商业管理知识，掌握丰富的创业知识，而且还应该具备丰富的创业实践经验，具有良好的创业意识和创新创业思维。在讲授"为创业"课程的教师中全职教师占到79%，21%是兼职教师；他们中98%曾经有过商业管理经验，70%的教师曾经创办过自己的企业。教授"关于创业"课程的全职教师占93%；其中有61%的教师有过商业管理经验，36%的教师创办过自己的企业。

3. 支撑体系

（1）组织与法律支持。

为推进大学生创业，英国政府拨款建立了英国科学创业中心（UK-SEC）来管理和实施创业教育。该中心的工作主要包括：开展创业教育、密切联系产业界、支持创办企业、鼓励大学师生创办知识型企业、鼓励技术转化。目前，科学创业中心下设13个创业中心，涵盖了英国80多所高校，与当地企业和社区建立了良好的合作关系，为大学生创业教育提供了优质的资源平台和资金支持。

英国还出台了相关法律，建立了良好的法律环境。英国大学知识产权法规定，大学无权自动拥有产生于学生的知识产权，这一点确保了英国大学生自主创新创业的积极性。

（2）资金支持。

英国在创业资金支持方面也别具特色。创业经费80%来源于政府设立的科学创业挑战基金（The Science Enterprise Challenge Fund）和高等教育创新基金（Higher Education Innovation Fund）。政府为创业教育提供了有力的资金保障，对于支持大学开展创业活动和改革创业教育课程起到了巨大的推动作用。学校创业基金或金融机构提供发展创业启动金，它们是小额信贷，大学生在申请资助时不需要任何财产抵押和担保，且手续简便，利息很低甚至没有，并且可以分期还款。此外，英国政府还设立了很多奖金来鼓励大学的创业教育，还有很多资金是来自社会团体、企业和慈善机构的捐助。

三、英国高校创新创业教育的实施路径

1. 提供创业教育的资金保障

与美国依靠私人和企业捐赠获得创业教育资金不同，英国政府是创业教育资金来源的主渠道。为了提高国家的创业水平和创新能力，促进大学知识的转化，英国政府自20世纪80年代以来，为大学生创业提供了大量资金，有80%的资金来源于公共资源，通过高等教育创新基金、科学创业挑战基金等基金会转到大学。英国政府还依托各种机构如网站、企业等，为大学生创业提供资金支持。同时，英国科学创业中心和全国大学生创业委员会成为国家层面的创业管理机构，表明英国已将创业教育提高到"发展国家经济驱动力"的高度。

2. 提供更多的创业机会和平台

为了不断激发在校学生的创业热情，许多高校在开设创业课程和实施创业项目的基础上，定期举办各类创业竞赛，并设立竞赛奖金激励获奖者，鼓励他们将奖金用于创业，从而达到"以赛促创"的效果。如利兹城市大学的商业计划比赛获胜者奖金的是2 000英镑，获胜者还可以代表学校参加区域的比赛，优胜者可以获得5 000英镑奖金，还可以进入高校企业孵化器，将自己的创新计划孵化成企业。作为一项国际性创业竞赛，"牛津大学21世纪挑战"2007年竞赛奖金总额高达6.5万英镑，该竞赛旨在通过奖金激励，将学生的创新研究转化为经济生产力，培育更多具有可持续发展潜力和巨大经济效益的新企业。

3. 联动全社会支持的网络资源

英国许多高校有效利用社会和互联网资源，为学生创业提供各种便利。高校联合了政府机构、社区、成功创业者、中小企业、专门服务机构等多方面力量，为大学生创业提供各种援助。社会关系网络成为大学生创业的社会资源，拥有较强的社会资源意味着有更多提供创业资金的渠道，能够获得政策上的支持，从而降低创业风险。牛津大学赛德商学院设立"创业赛德"项目，整合实践教学、研讨会和网络资源，为有志于创业的学生提供广泛的专业支持和人脉资源。

4. 充分利用多功能的研究中心

为了给学生创业提供专业师资力量以及各种咨询服务，英国大学成立创业中心、企业中心、创新中心等机构，为学生提供场所、资金，帮助他们联系企业，获取技术方面的支持和实训平台，为学生的实践活动提供有效指导，帮助成果孵化。牛津大学赛德商学院在内部设立科技企业中心，引进业界资深的成功人士，以短期讲学的方式培训新企业，主要传授创业过程中所需的创业技能，培训内容具有较强的实用性。该中心还推出"创业与商业技能"免费课程，专攻科技创业领域。5年之中，科技企业中心共培训学员4 000多名。

5. 着力探索教与学的创业教育课程模式

随着高校创业教育传递范围的扩大,创业教育面临重新定位的问题,即面临如何将创业理念融入大学的文化和核心价值体系建设中、如何将创业内涵整合到大学的其他课程之中的新问题。为提高大学教与学的质量,谢菲尔德大学、约克大学和利兹大学合作成立"白玫瑰创业教与学优异中心",利兹首都大学设立"创业协会",诺丁汉大学成立"综合学习进步中心"。英国高校以价值取向和教学目标为切入点探索新的教学模式,即不再局限于知识的传授,而是让学生在接受理论知识熏陶的同时能够有更多的实践机会和更大的发展空间来发展创新思维、创业精神和能力。为了促使教与学课程教育模式有效形成,英国高等教育基金委员会启动了教与学优异中心基金,对在教学实践中做出巨大贡献的优秀教师予以奖励和肯定,以带动和影响其他教师致力于有益的实践教学。

四、英国创新创业教育发展原因分析

如今,英国的创业教育已经从商科向各学科拓展与渗透,全方位地覆盖英国的高校。据统计,至少有45%的大学开设1门或多门创业教育课程。创业教育课程不仅在英国的开放大学中丰富多彩地实施,而且在以保守著称的牛津大学、剑桥大学中也广泛开展,如牛津大学的商业计划大赛、硅谷进牛津大学等活动。英国创业教育的快速发展,究其原因主要体现在以下三个方面:

第一,英国经济竞争日趋激烈,雇主日益希望大学毕业生具有创造性解决问题的"干事业的能力",要求学生以"与工作相关的学习"为理念,具备可迁移性的技能。

第二,英国高等教育大众化,毕业生的就业压力加大,进一步推升创业教育需求,如2010年5月英国全国失业率为7.8%,其中青年人占有相当大的份额。

第三,伴随着社会环境变化,整个社会文化日益推崇企业家精神,许多大学毕业生不再甘心"被雇佣",而是希望拥有自己的企业。但是,英国大学毕业生"自我雇佣"(Self-employment)比例明显低于美国,毕业生创业能力低下已经影响英国的经济发展。英国开始意识到,大学毕业生需要具有创业精神、创造能力和创业素质才能应对未来的不确定性。

于是,在20世纪80年代,英国政府在政策上给予创业教育支持、引导和规范,并且明确提出,大学必须更有效地为经济社会发展服务,必须在重视基础科学研究和人文学科研究的同时,把服务社会作为学校的重要职能,并且发起实施"高等教育创业计划"(Enterprise in Higher Education Initiative)。在这种背景下,英国大学逐步转变办学理念,对培养创业人才也日益重视,一些高校开始朝着"创业型大学"(The Entrepreneurial University)发展。

五、牛津大学的创新创业教育

牛津大学是世界著名大学,在世界大学中的地位很高,创业教育工作更是成绩斐然,最具典型的是赛德商学院。赛德商学院创立于1996年，是牛津大学成立最晚的一个学院，严谨的治学态度、超前的创造思维和教师踏实敬业的精神造就了赛德商学院，它只用了10多年时间就跻身于世界商学院前列。虽然学院的起步较晚，但它在牛津大学这所世界顶级大学里成长发展，条件极为优越。牛津大学有800多年的历史沉淀，文化底蕴深厚，人文环境优良，为赛德商学院的健康发展创造了良好的条件。又由于牛津大学拥有世界一流的教学设备和师资队伍，以及丰富优质的校友人脉资源，为赛德商学院的发展提供了很好的资源，这些资源为学院的创业教育奠定了坚实的基础。

赛德商学院注重培养和塑造学生在商业方面所具备的核心能力，把培养未来商业领袖和企业家作为学院的目标，依托名校社会声誉和战略计划，向世界一流学院的行列迈进。另外，学院围绕创业的一系列活动，加强与欧洲联盟的合作，使自己成为最具创业精神的学院，为世界培养了一流的创业型人才。

1. 牛津大学赛德商学院的创业中心

牛津大学赛德商学院的创业中心是以"创业"和"创新商业教育"为理念的教育中心，为牛津大学创造良好创业文化作出了突出贡献，为学生提供了一个创业平台，并为学生在创业的同时提供学术支持和人脉支持。

牛津大学赛德商学院有两个最具影响力的创业中心：一个是由美国易趣公司创办的斯克尔社会创业中心（Skoll Centre for Social Entrepreneurship），一个是牛津科学创业中心（Oxford Science Enterprise Centre）。

斯克尔社会创业中心是由美国易趣公司创建者杰夫·斯克尔创办的。创业中心开办于2004年，是支持和帮助创业者的学术机构，运用牛津大学一流的学术资源为具有创新能力的创业者提供支持和帮助。斯克尔社会创业中心每年都召开斯克尔全球大会。在社会创业研究方面，该中心每年提供5个关于MBA的斯克尔奖学金，以此鼓励学生创业的热情。英国《泰晤士报》《卫报》对斯克尔社会创业中心为社会贡献力量培养企业家的做法给予了很高的评价。

牛津科学创业中心是牛津大学以赛德商学院为中心所设置的创业中心。中心在2001年成立，主要鼓励学生在科学和医学领域进行创业。中心主要在创业者应具备的商业洞察力和创业技巧方面给予其帮助，经常开展创业和商业技能课程、著名专家讲座以及很多创业实践课程。

2. 牛津大学赛德商学院创业教育的师资队伍

师资力量是牛津大学赛德商学院创业教育教学质量的有力保证。牛津大学赛德商学院的教师大部分都处在各自学术领域的最前沿。

首先，牛津大学的师资学历、学术层次高，一直把建设一流的师资队伍作为办学的基本理念。牛津大学的教师队伍中有科学院院士105人、皇家学会会员76人。至2000年，牛津大学共有18名教授获得诺贝尔奖。除了专职教师外，牛津大学还从国内外知名企聘请科研人员作为学校顾问，为创业教育的实施提供了重要保障。比如，霍华德·琼斯教授毕业于牛津大学，曾在德意志银行、巴黎银行等主管全球股权融资，并且是欧洲议会专家委员会成员，主要从事首次公开募股（IPO）、投资银行等研究。

其次，牛津大学教师主体来源多样化。牛津大学 MBA 创业教育的授课教师大多数是著名教授和学者。一些授课教师来自于世界著名大公司。相当一部分客座教师同时为欧盟委员会、世界银行和欧洲组织管理学院提供管理方面的咨询和指导。比如，雷·洛夫里奇（Ray Loveridge）是赛德商学院研究员。他主要研究跨国公司、比较管理、知识管理等项目。雷·洛夫里奇在进入赛德商学院之前曾经在伦敦经济学院和伦敦商学院任教授，也曾拥有飞机工程的职业生涯。目前，他获得了剑桥大学经济学荣誉学位和个人防护装备硕士文凭。他丰富的教学经历，为创业教育积累了宝贵的经验。

再次，牛津大学的教授教学覆盖面广。牛津大学赛德商学院的教师在各个方面都很优秀，尤其是在电子商务、运营管理和科技领域的师资非常强大。在管理学的领域，牛津大学赛德商学院拥有世界上最好的师资力量。在研究方面，牛津大学赛德商学院在会计学、市场学、组织行为学、创业和国际商业、科学和科技的管理等领域也非常强大。比如，牛津大学赛德商学院副研究员理查德·帕斯卡尔（Richard Tanner Pascale）是牛津大学的协同院士，也是圣塔菲研究中心（Santa Fe Institute，简称 SFI）的访问学者。理查德·帕斯卡尔曾经在多个全球 500 强的公司任职，参与公司组织转型工作，被誉为"全球 50 位管理大师之一""影响世界进程的 100 位思想领袖之一"。

3. 牛津大学赛德商学院创业教育的课程构建

牛津大学赛德商学院为期一年的 MBA 专业培训的培养目标主要是使学生能够成为未来商业的领导者。因此，牛津大学赛德商学院给学生提供了一个良好的创业环境，同时鼓舞学生在各个领域创造奇迹。在良好的创业氛围当中，创业课程成为培养学生创业的基础。一流的创业教育离不开一流的创业教育课程。牛津大学赛德商学院的 MBA 学生毕业时，有超过 1/10 的学生开始自己创业。牛津大学赛德商学院 MBA 课程主要分三大类。

（1）核心课程。

牛津大学赛德商学院创业教育的核心课程共有 8 门：金融 I（Finance I）、判定科学（Decision Science）、财务报表（Finance Reporting）、战略 I（Strategy I）、管理经济学（Managerial Economics）、培养有效率的经理人（Developing Effective Managers）、运作管理（Operations Management）、市场调研（Marketing Research）。

（2）选修课程。

牛津大学赛德商学院的 MBA 创业课程设计灵活，选修课共有 27 门。多种多样的创新课程满足了不同水平、不同专业学生的需求，拓展了学生学习的方向。选修课的知识涉及多个领域，如：私营企业（Private Equity Firm）课程，使学生对私营企业的创立、管理、发展有了清晰的认识；筹资技巧（Capital raising Techniques）课程，教会学生如何应对自己创立企业时遇到的资金问题；有新科技的风险管理（Risk Management of New Technology）以及竞争、战略和运营（Competition，Strategy and Operation）等课程都对学生在创业过程中遇到的实际问题给予指导和帮助。牛津大学赛德商学院实行自由选课制度，学生根据自己的需要选择课程，有效地满足了学生创业的需要。

（3）项目实践课程。

项目实践课程是指在实践中开展一个创业项目，学生在实践中学习相关经验。牛津大学赛德商学院的 MBA 课程强调在实践中的应用。因此，在赛德商学院学习 MBA 的学生都必须参加两门实践课的学习，学生在学习的同时会得到斯克尔社会创业中心和牛津科学创业中心的指导和支持。

①创业项目。

创业项目是牛津大学赛德商学院在项目实践课程中的一个主要的课程。该课程要求学生完成一个商业计划并且进行鉴定。这个专家团成员必须有风险投资人和企业家，具有一定的权威性。学生做出的商业计划必须能够做到以下几点：首先，吸引到投资人的眼光，商业计划要完整和周密；其次，商业计划中要有学生自己研究的专利；再次，学生自己规划出长期的营销战略和管理战略。

②战略性参考项目。

该项目要求学生针对某一企业进行 2 个月的小组项目工作。学生根据自己的兴趣进入到多种企业。战略性参考项目对不同的团队下达的任务也不同。根据企业的发展，学生选择适当的项目学习研究。学生团队的任务就是评估所选的公司的新产品能否在市场上立足，是否可以为该企业产生经济利益。有的小组则是去别的国家的偏远地区完成一项有关社会创业的任务，比如企业是否适合创立、是否能够适应社会的发展、人们是否可以接受等等。

4. 牛津大学赛德商学院雄厚的校友人脉

英国牛津大学培养了大批社会精英。在英国，有几十位诺贝尔奖获得者出自英国牛津大学。英国 41 位首相中，有逾半数毕业于牛津大学。牛津大学赛德商学院的校友人脉资源雄厚，校友们组成校友会，互相提携。成为一名牛津大学赛德商学院的学生就意味着能够接触到社会的有名人士。在牛津大学里，校友人脉资源主要是由两个机构主持：一个是牛津大学商业校友会（Oxford Business Alumni），另一个是牛津大学商业网络（Oxford Business Networks）。牛津大学，作为世界一流的大学，培养了许多商业方面的奇才。为了利用这个校友的资源优势，在 1998 年，牛津大学成立了商业校友会。校友会是母校与学生、学生与学生之间沟通的桥梁。凡是从牛津毕业的学生都可以参加到商业校友会当中，同样，他们也不断地为牛津大学的学生提供各种各样的支持和帮助。

牛津大学赛德商学院同样也成立了校友网络。网络分为 9 个分支，这 9 个不同的网络组成了牛津大学商业网络资源，分别为牛津大学消费者与市场网络（Oxford

Consumer & Marketing Network)、牛津大学能源与资源网络（Oxford Energy and Resources Network）、牛津大学创业与风险投资网络（Oxford Entrepreneurship and Venture Capital Network）、牛津大学金融网络（Oxford Finance Network）；牛津大学管理咨询网络（Oxford Management Consulting Network）、牛津大学媒介与传播网络（Oxford Media and Communications Network）、牛津大学房地产网络（Oxford Real Estate Network）；牛津大学科学与技术网络（Oxford Science and Technology Network）、牛津大学社会创业网络（Oxford Social Entrepreneurship Network）。每个网络相关的创业内容不同，各个网络都是在校大学生和校友共同参与主持的。每个在牛津大学赛德商学院学习创业教育的学员都可以参加其中一个自己感兴趣的网络。在各个网络中，学生可以经常组织学习和讨论，到各个大公司进行访问和学习。

5. 牛津大学德赛商学院创业教育活动

创业教育活动是创业教育理论教育的延伸，有利于提高学生的创业热情，提高学生创业的实践能力。牛津大学赛德商学院重视创业教育活动。其中最引人瞩目的是"硅谷走进牛津大学"活动和"牛津大学商业计划大赛"。

（1）"硅谷走进牛津大学"活动。

牛津大学赛德商学院组织的"硅谷走进牛津大学"活动每年都会举行一次，活动开始于2002年，至今已有18年的历史。在每年的活动中，赛德商学院都会邀请硅谷的高科技企业领袖来参加活动。硅谷走进牛津大学活动内容主要包括三个方面：有经验的商业领袖给赛德商学院硕士项目的学生传授创业经验和商业活动经验；领袖人物还要参与学生和教师之间关于创业和商业的各种各样问题的讨论；为想要独立或者合作创业的学生提供面对面的辅导。在以往的硅谷走进牛津大学的活动中，曾邀请到美国易趣公司总裁杰夫·斯克尔（Jeff Skoll）、美国贝宝（PayPal）公司的合伙创建人麦克斯·莱勤（Max Ievchin）、美国谷歌（Google）公司的高级经理雷蒙德·纳斯尔（Raymond Nasr）等。世界顶尖高科技公司领导者的创业指导为学生带去了最前沿的、最直接的创业实践。

（2）"牛津大学商业计划大赛"。

由牛津大学赛德商学院组织的"牛津大学商业计划大赛"每年都会在不同时间和不同地点举行不同主题的创业大赛，参赛项目的资金可多可少，有时候可以是1万英镑的小项目，有时候则可以是超过150万英镑的大项目。参赛者可以是牛津大学赛德商学院的学生、教师，也可以是社会各界人士，包括企业家、创业人士，有时候参赛人员还可以是全球范围内的参赛者。大赛的评委一般为国内外的著名的企业家、风险投资人、学术权威的教授以及大公司具有创业经验的经理。大赛的标准之一就是能否获得风险投资，包括项目的可行性、是否具有创新性、是否能占有未来的市场、项目的管理计划和管理团队是否能为社会创造出效益。奖金一般约为6万英镑，不管参赛者能否得到奖金都可以得到著名企业家和风险投资人在创业上的帮助。因此，"牛津大学商业计划大赛"每次都会吸引很多学校和社会各界致力于创业的人士参加。

除此而外，牛津大学赛德商学院每年还会开办上百个创业的实践活动。这些创业实践活动大大提高了学生创业的热情，有利于学校创业教育的开展。

6.牛津大学赛德商学院创业教育特点

牛津大学赛德商学院（Oxford Said Business School，简称 SBS）成立于1996年，在15年之内，赛德商学院成为全球一流商学院。牛津大学赛德商学院的创业教育成为世界高校学习的典范，具有以下几个显著的特点：

（1）大学内部的创业环境。

牛津大学内部积极营造创业环境，学校内所有的与创业有关的项目，如创业研究中心、学生协会、校友网络等联合组建了一个优越的创业教育环境。它们之间的合作与沟通为教师和学生提供了更多的创业资源，给学生提供了一个更好的平台，为学生今后实现自身创业提供了更好的创业资源。大学整体氛围为鼓励和支持大学生积极创业，以培养学生自身创业素质和综合素质为主，加快创业学生自身的成长。

（2）师生的积极参与。

牛津大学赛德商学院为学生创业参与度高，创业课堂互动性强。教师在创业教育中担任举足轻重的角色，除了在课上积极地投入、教授学生创业知识外，还主动参与到创业知识学习中去，丰富了自身创业的素质。学校通过各种方式调动全体教师和学生的创业积极性。学生和教师的积极参与有利于牛津大学赛德商学院创业教育的发展，给予学生创业活动有力的指导和帮助。

（3）吸引外部力量。

牛津大学赛德商学院积极引进大量的企业家和投资商，从他们那里得到更多有关创业的有效资源。

牛津大学赛德商学院寻求企业家担任客座讲师，邀请企业家参与到教学当中，把企业家的创业的经验与教师和学生进行分享。在课堂上，企业家和学生一起讨论案例，谈论经验和教训，以此增加教师和学生的实战性；与学生分享创业成功的经验和失败的教训，给学生更多关于创业的指导和帮助。

牛津大学赛德商学院创业课程中有关创业的案例分析，一般都会邀请到创业案例中的主角。主角面对面地讲述，能够更加吸引学生参与到课堂当中来，这样学生和教师就能更加融入创业环境当中去，大大提高了教学效率。

六、剑桥大学的创新创业教育

1209年，一群为躲避殴斗而逃离牛津大学的老师创办了剑桥大学。剑桥大学历史悠久，至今它和牛津大学仍保持着独特的学院制。剑桥的31个学院错落有致地分布在只有10万人左右的城市里。这些学院建于不同的时代，最早的已有七八百年历史。每个学院都有各自的风格和独立的个性。大学与学院虽相辅相成，却是不同的实体，在经济上也是独立的。大学为公有制，由国家拨款，而学院则为私有，自负盈亏。大学负责研究生的招生，学院负责本科生的招生，数量由大学统一规划。所有学生的教学由大学负责，而学院负责学生的生活和本科生的业余辅导。每年年底，大学按照各学院本科生的成绩，按一定规则打分，把学院排队，促使学院之间相互竞争。

剑桥大学的创业教育主要由其成立的创业中心负责，其宗旨是弘扬创业文化、培养协作精神，科学规范地制定创业教育教学计划，设置创业教育课程，使计划和教学具备针对性和实效性，引导和培养学生的创业意识，从思想上动员，给予学生帮助和指导，让学生在轻松的环境中从事创业教育活动。从创办开始，创业中心就把这种理念上升到剑桥人际网络，体现创业中心对创业教育的重视，同时，大力宣传经验丰富的企业家对新企业家的强有力的支持。创业中心经常邀请一些商业投资者、银行家和管理高层，从事学生教育和学生互动活动，效果显著，通过这些专家的现场指导和影响，使大学生热爱创业，为他们今后走向创业之路奠定了良好的基础。

1. 创业教育理论支持

（1）创业学习过程模式。

本质上，剑桥大学的方针是发展学生的自信和自我效能感。有更高水平的自我效能感将导致更高水平的创业意向，而如何将它转化为长期的受益是一个时间的问题。让学生学习创业技能，增进学生对创业的理解，侧重点在于行为。创业教育中心一直在努力建立一个核心课程，就是让企业家无偿来授课。企业家是教学最合适的人选，同时可以与学生互动，并提供了一种激励学生对创业有更积极态度的方式。

剑桥大学创业中心在 1999 年成立。其目的在于提高有关创业教育的教学和培训的水平，鼓励创业文化，为那些有创业想法的学生提供实际的支持，帮助其启动业务。创业中心有 10 位全职人员，他们负责课程的开发和编制，将目前市场的现状与学生的实际情况恰当地结合起来，邀请企业家和创业者将这些想法传递给学生，提高学生的兴趣和参与性，尤其是对于某些没有学分的课程。创业中心的指导思想里首先就是建立协作的精神，这种精神已经存在于剑桥人际网络中有经验的企业家对新生创业者的大力支持中。创业中心已先后邀请了大约 200 名企业家和相关从业人员（风险投资、商业天使、银行家和其他专业人士）进行教学和与学生互动。创业中心邀请的发言者提供无偿的演讲，并且不超过 2 次，每次大约 1 小时。同时，创业中心注意确保他们演讲的内容是根据课程和反馈认真对待的。

创业中心将创业教育分为三个部分。第一部分是激发学生看到自己拥有创业的能力；在第二部分中，当学生拥有了创业的雄心后，为他们提供将想法变为事实的信息；第三部分，通过辅导和协助，寻找资源和其他形式的支持，最终将想法实现。有时，可以通过商业计划竞赛的形式将想法进行实践。这种模式是由两名作者制定的创业过程。由摩尔第一次（1985年）根据人的行为表现，将创业变成由开始的想法到获得发展并最终实现经济增长的一个线性描述的过程。同时，摩尔也认识到人的个性和能力以及其他一些宏观环境的重要性。摩尔描述的创业过程如图2-1所示。

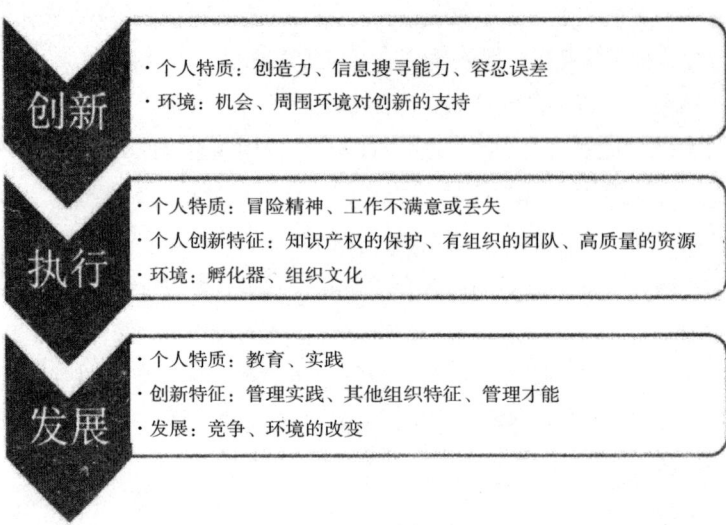

图2-1　摩尔的创业过程

剑桥大学借鉴了摩尔的创业过程的理论，把技能培养重点放在以下方面：

创意与商业机会，寻找资源和解决方案。

寻求信息，以验证想法和机会。

产品专利的保护和对其他战略清醒的认识。

团队意识，让学生明白创业的工作是一个多样化的活动。

在创业学习的过程中，要对以下方面进行深入的理解：

容忍模糊和承担风险，以测试自己的决心。

在企业创建和生长的初期阶段如何组织团队和资源。

管理能力，具备与之相关的专业知识，如市场营销、财务知识和运营。

在自我意识方面，要有动力、有能力去建立团队，去承担责任。

对整个商业环境有宏观的认识，对自己的竞争力和经营理念有清晰的认识，以便机会来临时能够将想法实现。

创业中心还借鉴了蒂蒙斯的创业过程模型（如图2-2所示）。不同于摩尔把创业学习看作一个线性的、单向发展的过程，蒂蒙斯把创业看成一个机会、创业者或创业团队、资源相互作用、相互联系的系统。

创业中心借鉴蒂蒙斯模式中的下列部分：

在创业技能方面：

交流与制定商业计划。

提供思路清晰、与市场需求衔接的想法。

能够编写商业计划。

团队合作完成商业计划和执行的早期阶段。

网络和销售技巧——主要是信息和资源如何获取。

在创业过程的理解方面：

人力资源和资金条件，在风险投资的早期阶段，资源往往是短缺的。这就需要创业者具有创造性，能够节约成本，通过高超的管理保证资源的充足，维护公司的正常运行。

理解资本市场，使得创业者制定的计划和行动能得到资金支持。

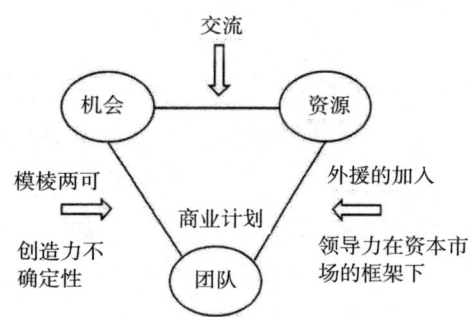

图 2-2　蒂蒙斯的创业过程模型

（2）发展自我效能感对创业教育的重要作用。

自我效能首先由班杜拉在 1997 年提出来，这将有助于解释为什么发展创业技能如此重要。自我效能被定义为：人们对自己能力的判断，组织并执行相应的行为路线，最后得到结果。人们的动机水平、情感状态和行为更多地取决于他们相信什么，而不仅是客观情况是如何。因此，自我效能感在自我创业过程中能够确认并抓住机会，起到中心作用。

在面对一系列情景时，自我效能感的高或低会导致完全不同的结果。高自我效能感与创新、对创业机会的识别和职业持久性这些行为紧密相关。自信与自我效能感对于创业者走上创业道路有着重要作用。加强自我效能感的其他因素也会提高成就动机。

课程和教学计划的完成，对于发展学生的创业技能和意识，从而提高学习者的成就动机至关重要。从这个角度来看，教学形式可作为重要的课程内容，是体验和反思学习的方法，能够提升学生学习的自我信念和成就感。对于创业自信心的提高，可以通过不同的教学方式来加强，比如鼓励学生通过学习别人的创业经验以及自己以往的经验，来拉近与创业的距离，真正体会到创业就在身边，创业并非遥远的目标。创业中心的课程还会鼓励个案研究、邀请企业家和创业者积极参与教学，使学生从企业家那里获得第一手的创新与创业经验；鼓励发展隐性课程，通过个人的、小型或大型的集体活动提供发展自我效能的机会。

2. 剑桥大学创业教育课程设置

剑桥创业课程有两个基本组成部分，这两部分都是以学生为中心的教学活动，包括无学分课程和有额外学分的课程。无学分课程主要针对创业选修课，适合于对创业有兴趣的学生。剑桥大学同时也乐于向其他高校和广大市民开放无学分课程。

（1）无学分课程。

由于学生可以自由地进入或退出无学分课程，因此，学生学习时间的长短就可以作为开设课程是否符合学生要求的一个反映。剑桥创业中心成立以来开设过很多课程，如优秀企业家讲座系列、虚拟学习网络、新兵训练营、大师班、创业学生等。根据学生的期望和反馈的意见，不断在设计、营销和时间管理上调整，最终将课程越来越集中于有限的几个。我们能看到的创业星期二讲座、创业者、暑期学校是开展时间较久、开展课程数较多的几种课程类型。

①创业星期二讲座。

顾名思义，星期二讲座是指每周的星期二，从晚上6：00开始在艺术学院的报告厅里开设的创业教育讲座。讲座分为三个部分：6：00至7：00是讲座，这可以算是讲授式的教学方式。7：00至8：00为交流和建立人际网络的时间。这时，对创业感兴趣的学生可以结识演讲者和其他的创业成功者。同时，7：30至8：30还可以进行小组活动，创业小组内部和创业小组之间可以在这里交流心得，获得老师和创业家的指导。

这个讲座分为三个学期，遵循了从理念到实践这样一个学习的过程。在第一学期，学生要了解创业是什么、自己是否适合创业，算是对创业的理念和自己的创业能力有个初步的了解；在第二学期，学生主要是围绕如何针对创业开展学习；在第三学期，学生就要亲自去参与创业。这一课程与学生的一个创业计划比赛同步，并给那些完成了整个课程的学生颁发证书。为了鼓舞学生，组织者会邀请那些在各自领域做出贡献，并有很高公信力的人来做演讲。在前两个学期，分别会有6个讲座和1个研讨会。到最后一个学期，完全是由学生组成创业小组，教师根据各小组的情况进行个别指导。

第一学期讲座的题目和内容围绕"创业是什么，它是否适合我"展开。包括：第一，对创业有个明确的认识。学生在创业的一开始就应该有足够清晰、足够强大的信念，这样才能在后续的努力中克服困难，坚持下去。这种信念和品质对于创业至关重要。第二，能够看出正确的想法。学生对商业想法能够正确地评估，并把想法转化为机会，还要使这些想法可以量化，在现实中一步步实现。第三，寻求支持。学生对自己所拥有的资源应该非常了解，学会寻找信息，建立人际网络，寻求社会资本的支持。第四，做出艰难的决定。学生对创业中的风险和面临的选择要有所准备，对自己能够承受的风险和不确定性要有所认识。第五，成为一个善于推销的人。成为一个善于推销的人需要热情和坚持，这需要学生发掘自己的个性品质，对自己的个性有更全面的了解。第六，知识创业。创业的技能被应用于大学的科研背景下，而这种创业技能又是可以转化的。

从以上的课程内容看，既有对创业意识、创业理念、创业目标、创业过程等的理解，也有对学生个性方面的发掘。

第二学期的讲座围绕"如何去创业"展开，即对创业的各个阶段进行有针对性的指导。包括：第一，学习重要的经验教训。从公司启动到上市，有5~6个关键因素影响到企业的成败，这几个因素在创业阶段同样起着至关重要的作用。学习已有企业的经验教训，通过隐性知识的传递，对创业有重要的指导意义。第二，寻找资金。这门课通过实践教学，就如何寻找资金和在哪里寻找等典型问题进行回答。学生要学会同天使投资人、风险投资家和企业家进行交流和讨论。第三，建立团队。了解如何在创业最开始建立一支团队，如何针对不同职位选择合适的人，还要知道从哪里可以获得丰富的人力资源。第四，制作简报。务实的图表和活动帮助学生认识和理解他们的创业项目。第五，企业经营。这个题目是要告诉学生如何去真正经营一个企业，使学生认识到创业过程是非常复杂的，涉及很多方面。同时，学生要认真思考如何使自己成为合格的领导者，并获得团队的支持。第六，制定营销计划。这是创业成功与否的关键因素。如何能够用有创造性又结合实际的方法推销自己的产品和服务是这个题目要讨论的问题。

②剑桥—麻省理工研究院（CMI）。

2000年7月，在英国政府和英国企业的支持下，两所世界一流大学——英国的剑桥大学和美国的麻省理工学院开展强强合作，联合成立了剑桥—麻省理工研究院，以推动两国在教育研究方面的合作，并使其转化成生产力为经济发展服务。启动经费由英国贸易工业部出资6 510万英镑，私人企业出资1 600万英镑。剑桥—麻省理工研究院作为一种新型的学术企业，其宗旨是利用建立的剑桥大学与麻省理工学院的永久伙伴关系以及扩展出来的其他参与单位，通过有效地加强大学与企业的知识交流，培养领导者的创新思维，在大学、企业和政府中开展改革项目等一系列措施，来提高英国经济的竞争力、生产力和企业推动力。

剑桥—麻省理工研究院的工作包括：资助创新型科技研究，作为连接企业界和学术界的网络枢纽，通过学生交换以及与有远见的公司的合作来支持知识的传播，并为学术研究和商务市场之间更密切的联系和合作提供机会。其正在进行的工作有：共享理念和研究方法；开发大西洋两岸的教育资源来培育下一代创新人才；为企业提供教育使其采纳新技术，适应更强的竞争环境等。为了培训下一代的科技、工程和商业领域的领头人，剑桥—麻省理工研究院开设了一套新的硕士学位项目。剑桥—麻省理工研究院还设计了一系列的高级讲座，从而在创新者和企业家中营造一种鼓励争论、信息共享的企业文化氛围。讲座对外免费开放，各界有兴趣的人士均可参加。每个讲座结束后，都有一个非正式的活动，参与者可就讲座的内容进行讨论。

剑桥—麻省理工研究院的创业教育课程每次都会围绕一个主题，包括界定和理解创业精神，了解一个人的自我、成就动机、道德和目标；如何启动一个伟大的想法；了解什么是创业者，了解创造力和创意的产生过程，如何制定计划；提高自己的领导力，建立高效的团队；维持自己的创业动机和创业方向，并且庆祝每一次进步。

这些课程的教学方式是多种多样的，教育者为学生创造出各种学习环境。大型的会议为学生提供创业的核心元素的讲座，如创造力、文化行为、个人目标和抱负、道德、社会网络。为了促进参与，参加会议的学生被分为更小的、更利于参与的小组，使得学生之间能互动练习、相互交流。有时也需要学生独立工作，如制定自己的项目构想和目标。

（2）有学分的创业教育课程。

有学分的创业教育课程呈现逐年增长的趋势，自1999年开设第一门创新课程，到2005年已增长到11门。这些课程又分为两种类型，一种是面对MBA的，这占了创业教育课程的很大部分。另一种主要是面对理工科的在校学生。

这些课程通过考试或书面作业的形式监测学习成果，这些学习成果最后都要形成一个商业计划书的点子。不同专业在上课内容和时间上都有所差别，例如生物化学专业4小时，化学工程12小时，物理学和计算机科学16小时。在2004年，剑桥大学总共开设了26门创业相关课程，邀请了200多名企业家进行演讲，至少1 200名学生从中受益。

3. 资金支持

英国的政策一直鼓励大学的创业发展。1999年，科技厅资助了12个科学企业中心，并建立了一个剑桥大学与美国麻省理工学院的联合项目，前者获得2 500万英镑的资助，而后者则得到了6 400万英镑的资金支持。大学被鼓励通过商业活动、知识产权的开发和与产业界的接触来获得资金。之后设立了研究生创业全国理事会，对高等教育创新基金进行了规范，并通过英格兰高等教育拨款委员会来协助发展创业教育。剑桥与大企业的联系从未像此时此刻这样紧密。2000年，微软公司向剑桥投资3.38亿美元，设立了一项英国最大的国际奖学金，每年资助230多个来自世界各地的优秀学生就读剑桥。马可尼公司投资6 400万美元，在剑桥设立研究机构。李嘉诚在剑桥捐资建立了医学研究中心，并设立李嘉诚基金，资助剑桥知名学者来华讲学。

第三节　日本高校创新创业教育模式分析

一、日本高校创新创业教育的发展历程

20世纪60年代，日本经济高速发展，急需高科技人才和技术娴熟的工人，因此日本高校重点培养应用型理工科类专业人才，以大力发展"五年一贯制"高等专科学校为重点，和企业多方联系，开展了多种形式的产学合作教育。随着日本高等教育入学人数的增长，一些高校开始开设帮助技术拥有者实现创业的课程，当时，课程的层次和范围都非常有限。

20世纪70年代，日本的企业数量逐步增多，人才的数量和质量成为一个巨大缺口。高校为企业开展了管理、经营、营销的培训，开设了面向企业人员的MBA、市场营销等课程。许多大学将职业规划教育的理念纳入学校教学、学生的学习和生活实践，将职业规划教育的总体指导和个别咨询相结合，积极与相关企业和社会机构合作，开展联合讲座、专业实践和实习等活动，以学生理解专业教育并能在社会中灵活运用为重点，构筑以语言能力和跨文化交流能力为特色的职业规划教育体系。

20世纪80年代，日本高校的创业教育开始起步，很多高校开设了以创业教育为主题的讲座，培养学生的创新创业能力。20世纪90年代，日本高校创立了见习制度，这对培养学生的职业观念和工作能力有着一定的帮助，但其培训时间短，涉及程度较浅，因此并不能够带来显著和持续的效果。

进入21世纪以来，日本高校以培养学生的创业精神、生存能力、思维方式和创业技能为重点，面向大学生、研究生和社会人士全面开展创业教育，创业教育迅猛发展，至今已有早稻田大学、立命馆大学、庆应大学、大阪商业大学、横滨国立大学、信州大学和东北大学等247所高校将创业教育纳入本科和研究生的必修或选修课程，开展内容和形式各异的创业教育。

二、日本高校创新创业教育的特点

1. 课程体系化

日本高校的创业教育课程涵盖了以创业精神和创业意识为主的创业素养普及课程、以提高创业经营实际技能为主的经营技能演习课程和以创业作为辅修专业的副专业等课程，使学生学到全面的创业知识，方便学生自己创设企业。东京工科大学、日本大学、大阪经济大学、横滨国立大学和广岛修道大学等高校开设创业素养普及课程，培育学生的创业精神，激发学生的创业意识。庆应义塾大学通过开设"SIV教程"（SIV Tutorial）、"新事业创造论"等课程，培养学生实际的创业技能，提高学生的商务策划能力，经常和联系密切的企业家进行交流、讨论，在实际操作中增加创业体验、提高创业技能、制定创业计划书。

2. 教育衔接紧密化

日本自1998年就将创业教育纳入国民教育体系之中，从小学开始实施创业教育。如通过手工制作和理财教育等课程，让学生自然而然地掌握自我负责原则，形成投资意识和风险意识，萌发创业的想法，从小培养学生的创业心理意识和意志品质。在中学阶段，对学生进行简单的理财教育和经营管理教育，让学生参与相关的市场调研、创业计划书的制定，培养学生的社会交往、挑战和冒险、团队合作等技能。在大学生阶段，通过实施综合的创业课程教育，在进一步加强创业精神教育的基础上，对学生开展创业技能的培训。通过三个阶段的创业教育，从少到多、从易到难，渐进地普及创业知识和创业技能，激发学生想创业、懂创业、能创业的潜能，为学生创设企业奠定了基础。

3. 政府、企业、高校一体化

在政府方面，以日本经济产业省、日本文部科学省、日本厚生劳动省为中心的日本中央省厅，把创业教育作为国家发展的重要课题，在简化公司申请程序、提供资金援助方面出台了相关政策，通过设立"中小企业创业综合支援中心"，研究出台"青年自立挑战计划"，颁布《技术专业促进法》，建立高校创业联络员制度，指导、推动、协助、服务高校创业教育。在企业方面，很多大企业向高校提供人才需求意见，为学生创业实习提供实习基地，为有发展潜力的创业计划注入启动资金，联合高校开发创业教育教材和课程，设计创业型人才培养计划和实施方案。高校不断更新创业教育理念，邀请成功的创业家和有丰富创业经历的企业家担任导师，引入政府和企业主导的办学思想，加强创业孵化基地、创业辅助机构的建设，结合本校特色开展创业教育，建立与政府和企业双向交流的制度，不断提升创业教育质量。

三、日本高校创新创业教育的实施途径

1. 培养灵活的创业教育师资队伍

日本高校的创业教育师资队伍主要由两部分构成：校内师资和校外师资。校内师资主要来自经济管理学院、理工科和创业教育专业部门，而校外师资主要是风险企业家、金融机构的专业人士、律师、经营顾问和校友毕业生等。校内教师主要是进行创业教育理论的讲授，包括市场营销、经济学和MBA课程等，主要是为学生创业打下理论的基础；校外师资主要参与正式课程、讲座、讨论、创业计划制定指导及经营理念、战略销售策论等，从实践的角度向学生传授创业知识。

日本的创业教育师资队伍的培训是比较灵活的，围绕教师的理论和实践两方面，开展企业与学生之间的互动交流，主要方式有：社会人讲师派遣制度、教员企业研修制度、企业参观会制度等。教员企业研修制度主要是为了加深学生和教师对创业机会的理解；而企业参观制度主要是创造能到地方企业参观和与优秀风险企业经营者对话的机会，主要方法是选取实施"企业家教育交流促进会"的地区，在工商部门、教育委员会、工业会等部门的协助指导下，以社团法人商业协会为实施主体，派遣教师到风险企业参观，开展风险企业宣讲会。教师在有限的时间内，认真学习企业创业的过程、经营方式、理念等，进一步研究创业者所要具备的素质，并将学到的经验反馈给学生。创业教育师资队伍的培养时间主要是利用长期的假期时间，所以参与的教师人数比较多。此外，为了加强交流与学习，学校之间通过教师互访、经验交流等方式，针对教学方法、手段等进行交流学习，也能够大大提高了创业教育师资队伍的质量。

2. 全方位的创业实践实习机会

创业实践实习是创业教育的重要内容之一，参与创业实践实习能够使学生进一步巩固所学的知识，激发研究欲望，提高学生将所学知识和技能转化为实际运用的能力，还能培养学生的情感和意志，塑造学生的人格个性，使学生树立坚定的社会责任感，进而实现创业所需的综合能力的全面提高。日本高校很重视学生的创业实践实习机会。近年来，为了培养学生挑战新事业的精神以及从事创业的意识和能力，提高学生的创业素质和广泛的社会意识，日本的许多大学导入了德国双元制，尤其重视在校生的实习，为此，日本众多企业为学生提供了多种多样、全方位的见习渠道。

3. 开展众多的创业教育讲座

创业教育讲座是创业教育的一种微型课程，内容丰富、时间短、容量大、信息快捷、

方式灵活、人数限制小，是一种行之有效的创业教育方式。日本高校创业教育讲座开设于 1986 年，1990 年实现本土化。在此之后，众多高校在创业教育讲座方面做了深入的探索，讲座不仅从数量上有了突飞猛进的发展，而且讲座的形式和内容也得到长足的发展。据日本大和总研调查机构针对日本高校创业教育的一系列调查显示，在被调查的 22 所高校中共开设了 71 个创业教育讲座。从讲座的内容和手段上看，71 个讲座中工商管理类占 52%，技术经营类占 20%，其中 28% 的讲座是面向本科生的。近年来，为了平衡两类课程，增加学生的经营技能，技术经营类课程有增加的趋势。面向本科生的讲座主要是为了促进学生拥有多样的人生经历和良好的人格教育。

围绕众多的正规讲座，各高校还衍生出许多附属讲座。早稻田大学风险企业创业基础讲座、高科技风险事业讲座下设大和证券组社内讲座、庆应大学企业家讲座下设日本第一劝业银行（DKB）附属讲座、九州大学风险企业创业计划讲座下设黄氏附属讲座等。这些附属讲座的方式拉近了企业与学校的距离，使在校学生足不出户便能了解一些企业的运作模式和管理模式。企业也可以通过这种形式为公司物色人才。

4. 举办多样化的创业计划竞赛

日本非常重视举办创业计划竞赛，将创业计划竞赛作为检验学校创业教育成效的一个重要手段。一些学校将创业计划竞赛与学校的文化节、科技节相结合，使许多拥有创业意识和创业激情的学生有机会设计自己的创业计划，也使创业计划竞赛中走出了许多的创业家。一些大学定期举办各种不同层次的创业计划大赛、创业想法大赛、发明王大赛等，为创业者提供展示创业构想的舞台。其中，早稻田大学在创业竞赛方面做得最好。1998 年，早稻田大学开始举办创业计划大赛，以帮助创业者完善创业构想，寻找志同道合的创业合作伙伴和支持者。竞赛按专业分为生物化学、金融、软件、电子信息产业和医疗环境等，参加竞赛的大多为大学生、研究生。学校非常重视创业计划竞赛的效果，这种效果不但体现在参与层面、数量层面，还体现在对创业计划付诸实施方面。为此，早稻田大学在创业计划竞赛评比之后，还会举办会议，聘请相关专业人士、技术人员，为获奖的创业计划提供建议，使其创业构想更加完善，从而能够很快付诸实践。通过创业计划大赛，涌现出了大量具有市场潜力的创业想法，而创业计划竞赛作为学校的创业教育的辅助手段也发挥了重要作用。

5. 促进国际创业教育的交流与合作

在全球化竞争合作的趋势中，国际经济、贸易、文化等方面的交往日益频繁，企业经营的国际化趋势影响到企业需求人才能力素质的全球化。具有全球视野、文化适应能力强的人才成为未来社会不可或缺的需要。因此，如何让年轻人不在全球企业竞争中失去竞争优势、积极培养具有企业精神的未来领导人是日本掌握国际竞争优势的关键。通过参加国际合作，学习其他国家优秀的创业教育经验是日本开展创业教育的典型做法。日本在促进青年合作的国际行动方面，做出了积极的贡献。日本引进的国际合作项目主要有联合国"青年就业网"（KAB）、冒险事业实验室（VBL）、国际创新创业发展协会

（Global TIC）三个项目。

联合国"青年就业网"由国际劳工组织、世界银行、著名的青年问题专家组成，目的是为创造青年就业机会和解决青年失业问题提供咨询和支持。项目的内容是教青年怎么经营企业，由一系列培训资料和新的创业教育的教学方法组成。该项目的课程既可单设，也可以纳入其他课程体系如创业俱乐部、暑假集训等。该课程体系以其创新性的创业教育、标准化的质量和培训为课程的科学系统提供保障，加之理论与实践相结合、产学配合、以学生为中心的参与方式，赢得了世界各国的青睐。日本高校引进联合国"青年就业网"合作项目的学校主要集中在私立高校和高等专科学校。

1995年，日本导入冒险事业实验室项目。冒险事业实验室项目旨在推进新兴产业的创业和相关研究，得到科学技术、情报通讯振兴等特别政策费用的支持。截至2006年，日本设立冒险事业实验室项目的学校达到70所。为了配合该项目的实施，各高校还成立了相应组织，如学科联合体、研究生团体等，有的高校还设置了专门的委员会负责。该项目用在日本新材料的开发项目上，在项目的运作上采取灵活的方式，北海道大学结合地域产业和企业合作，共同研究开发新产品；广岛大学与其他大学开展双向横向联合，通过卫星进行项目课程交流；冈山大学将该课程纳入正规课程体系。利用该课程，各高校还邀请关于冒险的企业家、有独创性的发明家、世界文明的学者现身说法，推进项目的开展。

国际创新创业发展协会是由参与创业竞赛的专家、法人团体、企业人士组成的创新创业教育与平台推进组织，由来自美洲、亚洲、中东等地区的多国专业人士参与，日本是参与国之一。协会通过"Global TIC"品牌整合各国既有的创业竞赛、创业课程、社会的能量和资源，促进许多专业学习、创业与实业投资的机会，是全球创新经济成功区域促进新创事业的有效模式，同时也是一种国际型成果展示及发表会。通过多国企业和学术研究单位的共同参与、交流与议题讨论，除获得更多产业的意见回馈、提升国内人士国际化、研究成果技术扩散及跨国产学合作的效果外，更进一步增加了培养优秀青年学子参与专业实习、创业育成和实业投资的机会。

四、横滨国立大学创新创业教育

横滨国立大学下设人类教育科学部、经济学部、经营学部和工学部4个学院。"经营者的领导力和经营理论""风险企业经营管理""我的·项目·创业"是全学部学生都可以选修的综合课程，也是横滨国立大学经营学部提供的"企业·创业教育项目"的实施部分的重要内容。横滨国立大学"企业·创业教育项目"由意识、琢磨·推敲、工作、创作四大部分组成。意识部分以"经营者的领导力和经营理论""风险企业经营管理"两门课程为主，便于学生接触创业者精神和经营者的思想，促使学生把对工作本身价值的思考以及对自己未来的展望作为学习的目的，课程由来自实业界的经营者、创业者讲授。琢磨·推敲部分为"我的·项目·创业"综合课程，采取讲师和少数学生自主学习、相互启发的形式，每个人考虑一个项目想法，反复推敲、探讨，实施项目化管理，培养学生的创业思维及对项目的经营管理能力。工作部分是学生在商务现场通过工作体验进行的，既是对大学所学知识的反馈，同时也有助于学生形成对创业的期待。创作部分由学生自己构思创业计划，学校为学生提供相互竞争、相互切磋的场地，可以发挥学生的主体性，能够培养学生的企业家精神。

横滨国立大学通过"企业·创业教育项目"培养大学生的创业精神和创业思维。"经营者的领导力和经营理论"和"风险企业经营管理"课程由来自实业界的经营者和创业者等以演讲的形式，面向全学部的大一学生进行授课。第一学期的"经营者的领导力和经营理论"课程，以创业梦想和创业精神等为主要内容，向刚进入大学的学生授课，使用浅显易懂的语言，以激发学生的兴趣为主要目的。第二学期的"风险企业经营管理"则从实际经营的角度，通过来自活跃在技术系风险企业、非技术系风险企业、中小企业、风险资本和企业孵化器等各个领域的经营者或支援者的演讲，培养学生的创业思维，使学生了解实际创业的复杂性，理解创办企业的真正含义。"企业·创业教育项目"的工作体验一般历时1个月或更长时间，在学生完成体验后再进行学分认定。学生决定进行工作体验前必须提交学分认定申请书，体验结束后，要附上成果报告书和来自企业的评价书进行学习课程登记，由经营学部创业教育委员会审查通过后，才能取得相应的学分。

五、大阪商业大学创新创业教育

大阪商业大学是一所私立大学，位于日本大阪府"中小企业胜地"的东大阪市，是以培养综合经营和经济学学科背景为主的综合大学，办学使命为"培养对世界有用的人才"。大阪商业大学从2002年开始实施创业教育，经过10多年的发展，已经形成了自己的系统，曾获得过日本文部科学省创业教育优秀实践奖等奖项。

1. 面向高中生开展创业教育

在高中阶段，日本主要对学生开展简单的理财教育和经营管理教育，通过让学生独立开展市场调查、设计创业计划书等形式培养高中生的创业精神。大阪商业大学尤为重视创业教育的一贯性，以创业教育研究会为依托，举办面向高中生的商务创业大赛——全国高校商务甲子园，激发高中生的创业思维和创业灵感。该大赛面向高中生募集独特的创业设想和新奇的商业设计，涉及服务、特色商品、商业街、社会公益事业和生态环境保护等领域，目的在于培养学生的挑战精神、创新能力和沟通交流能力。日本"全国高校商务甲子园"今年已经举办到第13届，自2009年开始，每届大赛都能募集到5 000件以上作品，2013年共有162所高中向大赛提交了作品。除此以外，还在各地举办各种讲座，2010年，大阪商业大学分别在兵库县立姬路商业高等学校等高中举办了"SWOT法（企业战略分析方法）的概要及分析方法"等5场讲座。

2. 面向在校生开展创业教育

大阪商业大学对在校生进行创业教育主要是以创业教育先锋班（Osaka Business Pioneer，OBP）的形式开展的，创业教育先锋班是及时关注社会最新动向，适时更新学习内容的课程学习班，对创业和企业经营管理等实践类科目有所侧重，课程包含公共经营学科、经济学科、商学科和经营学科的内容，目的在于使学生活学活用，让学生成为灵活应对商务挑战的复合型人才。创业教育先锋班主要培养学生的领导能力、组织能力和交流能力，所以对学生人数有严格的控制，每年从一年级新生中选拔出 25 名富有创业意愿和想法的学生组成创业教育先锋班。创业教育先锋班专职师资有 11 名，采取小班教学的方式更能准确掌握学生学习的情况，确保创业教育的质量。学生在学习创业教育先锋班课程时，要兼顾自己的本专业，通过参加校内外的研讨会和企业见习与社会交流，接触实际的案例，增加实地调研的机会，了解企业的运作方式，在实际接触中发现创业机遇，实现创业梦想。

3. 面向社会人士开展创业教育

大阪商业大学对社会人士主要以产学交流习明纳（Seminar）的形式开展，产学交流习明纳始于 2004 年，每年举办 1 期，免费为社会人士提供培训。主讲嘉宾有大阪商业大学的教授、会计师事务所的所长、著名企业的首席执行官、研究机构的研究员等，课程主要有公司经营战略、中小企业面临的挑战、环境变化和企业系统、环保商品开发、中小企业革新、老字号企业组织体制改善等内容，每期习明纳都会安排单独的时间供社会人士和主讲嘉宾交流，为社会人士提供解答和企业诊断咨询等服务。这种产学交流习明纳的形式很受日本社会人士欢迎，每年在课程消息发布后，都会有人争先恐后地预约。

六、日本高知工科大学创新创业教育

日本高校创业教育中比较有代表性的是日本高知工科大学模式。日本高知工科大学在高校建立之初就把培养具有科技型创业人才作为目标，对大学的教育规划做出重新修订，改革了教学方案。1999 年，学校增加了创业工程学科，从全球的目标出发，为大学生提供创业的管理知识，同时结合创业教育对这一学科进行了深层次研究。另外，联合其他高校举办一系列讲座，开展创业工程教学和指导创业实践、探讨学术问题、创业教育与实践教学结合起来的多渠道的开拓型人才培养模式，把培养复合型高科技创业管理人才作为高校的主要目标。学校开通了师生互动网络平台，在这种新型的符合实际的人才培养观的指引下，使高知工科大学步入了日本创新型大学的行列。

高知工科大学首先在专业设置上，按照市场的要求，根据社会发展的趋势制定科技含量高的课程体系，为学生探索科技创业知识铺路。另外，学校充分发挥专业教师的优势，为学生排忧解难、答疑解惑，为大学生的创业做好了基础知识的储备。另外，聘请知名企业的负责人组成就业指导团队。就业指导离不开专业知识的支撑，通过这些专家的解读指导，学生对学好专业知识的方法、思路更加清晰，手段更加便捷。对于学生的学习和实践，高校每学年都制定不同阶段的学习和实习课程，从思想观念到理论学习再到实践操作，每一个环节都有老师的精心指导，保证学生在校学习期间始终保持端正的学习态度和对科技创业的信心。

第三章　高校大学生创新创业教育具体方法分析

高校创新创业教育工作是一项系统工程，要提升创新创业教育质量，就要全方位地做好工作。高校开展创业教育工作的终极目标是提高大学生的创业素质，要实现这一目标需要众多的教育工作者的共同努力。因此，提高创业者的素质十分重要。笔者认为，创业者需要具备的典型素质包括马克思主义哲学素养、政治理论水平、创业观念、创业工作方法、创新能力和创业决策能力。由于马克思主义哲学素养和政治理论水平是高校学生思想政治理论必修课所涉及的内容，因此，本章将从创新创业教育内容选择的角度分析创业观念和创业决策能力，探讨创业方法论，分析创业者创新能力提升对策。

第一节　创业者创新创业观念教育

创业者创业观念教育是一个十分重要但却容易被人们忽视的话题，因为表面看起来这项工作与具体的创业活动无关。然而，如果一个创业者理想不坚定、创业意识混沌、创业三观不正，即便在经济指标上取得成功，也不一定会回馈社会，这样，就很难说是创业教育的成功。因此，创业理想、创业意识、创业观念教育都不容忽视。一个有社会责任感的创业教育工作者，在教学活动开始前要认真研究创业理想、创业意识、创业观念的本质及其相关问题。

一、创业理想

在创业教育工作中，最重要也最容易被忽视的是对大学生的理想进行教育培养。如果说，鼓励等主要手段表现为创业教育者对大学生的外在"激励"，那么，理想教育就是将外在"激励"转化为内在的自我"激励"。只有这样，大学生的创业品德和素质才可能得到普遍提高，团体精神也才可能得到培育发扬，创业教育工作的理想目标也才可能得到实现。

理想作为人类特有的精神现象，是人们对社会发展趋势的一种超前反映和对未来世界的设计、向往和追求。人不同于动物的主要区别之一在于动物没有理性，更无理想，因而它们永远生活在现存的物质世界之中。而人是理性动物，人既生活在现实中，又企图超越现实；既生活在物质世界当中，同时又以理想的精神方式享受生活。自有人类以来，理想就是人们的一种生活方式，是构成人类精神生活的一个重要方面。如果人无理想，就意味着人格的变质和人性的退化。

但是必须看到,理想并非古今一体、千人一面,而是形形色色、多种多样的。从理想的指向分,有所谓社会理想、群体理想和个人理想;从理想同现实的距离分,有所谓长远理想、中期理想和近期理想;从理想形成的途径分,有个人或群体在生活中自发形成的理想和通过理性思考及系统学习形成的自觉理想;从个人理想、群体理想同社会理想的关系分,理想又存在境界高下的区别。此外,假想、空想和幻想也是理想的不同表现形式,甚至宗教也充满虔诚的理想色彩,它们与科学的理想构成了两类不同的理想类型。由此可见,虽人人有理想,但理想各有不同。认为理想只有一种或认为理想一定高尚伟大,是对理想的狭隘理解。只要是生理健康、有理智的人,都有各自不同的理想信念,而且都以不同方式追求着自己的理想目标。

创业教育工作和理想是紧密不可分割的,创业教育工作不能脱离理想。虽然创业教育工作目标的确立立足于现实,是通过分析现实中的种种可能做出规划和计划,创业教育工作计划表现为一个环环相扣的目标链,但是创业教育工作最终要达到的目标之一,就是帮助大学生树立正确的理想,成为一个有理想、有责任感的创业者。因此,支撑创业最终目标和工作计划顺利实现的关键因素之一就是学生工作中的理想和境界。

正是由于创业教育工作和理想有着上述不可分割的内在联系,大学生创业者理想的培育必然成为创业教育工作第一重要的任务。在创业教育工作中,理想培育对于大学生创业者具有以下两方面的激励功能:

一方面,通过理想培育,可以将大学生不自觉、不系统的创业者理想上升为自觉、明晰和稳定的信念,从而获得持续激励大学生主动性的心理效应。创业教育者在创业教育工作中,应当把对大学生进行创业者理想教育作为首要工作,使学生自发的理想变成自觉的理想,使空谈、幻想变成切合实际的、科学的创业理想,使一时的冲动变成稳定的信念,将种种心理故障转化为理智支配的执着追求。当然,这个工作相当艰巨,它是一个比一般激励手段更复杂的工作,需要的是耐心、持久和科学的方法。只要不懈努力、方法得当,就能帮助当代大学生树立正确的理想,学生的主观能动性就会被挖掘出来,被自觉理想所支配的大学生就能激励自己,而且历久不衰、愈挫愈奋。这是其他精神激励无法与之相比的。

另一方面,创业教育工作理想培育的核心、实质和终极目标是社会理想教育,离开社会理想及其教育,理想培育就失去了教育的价值和理想的社会意义。社会理想包括内容和形式两个方面。从内容上说,社会理想就是超越现实社会的理想社会。农民的社会理想,是超越封建土地所有制而对"耕者有其田"的私有社会的向往;无产阶级的社会理想,是消灭私有制和剥削,人人占有生产资料的共产主义公有制社会。在形式上,社会理想是某一社会大多数人对未来社会设想的共识,表现为各种理想的共同面和彼此之间的共通点。由于受个人视野和团体利益的局限,个人在形成自己的理想或者组织对其成员进行理想教育时,往往会因为局限于个人和群体的将来而容易忽视整个社会的前途命运,这样就造成个人理想、群体理想同社会理想的偏离,产生诸如个体意识和各种狭隘的团体意识，显然这是与社会理想冲突的。创业教育者在进行理想教育时，一定要超越团体界限，放眼社会未来，将社会同群体、环境和组织联系起来通盘考虑，帮助大学生树立社会理想。只有当大学生不仅热爱团体，也热爱国家；既关心自己团体的前途，更关注民族命运的时候，才可能投身公益创业、社会创业或在商业创业成功后热心公益、回馈社会；个人和团体的理想才能逐步融入社会理想。也只有这样的理想教育，才能有效地克服团体的狭隘和短视，使理想成为激发大学生内在心灵的活力，实现创业教育工作的最高目标。

二、创业意识

创业意识是社会意识的一种，一切创业活动无一不是在创业意识的指导下进行的。创业意识正确与否，直接影响到创业的效率，关系到创业活动的成败。因此，研究创业意识是我们深入考察创业发生的关键，也是对历史唯物主义社会意识论必要的补充。

1. 意识和创业意识

意识是人脑对客观事物的主观反映。它在社会发展中又逐渐分化为诸如道德、艺术、宗教、政法思想、哲学、科学等各类社会意识形态，共同织造了历史唯物主义所描绘的社会意识理论。

但是，有没有创业意识呢？如果没有，如何解释创业活动中的意识现象？如果有，又应如何规定其内涵、区别它与其他意识形态的不同点？

当下的马克思主义哲学原理著作没有将创业意识作为一种社会意识形态提出来加以研究。创业的相关著作虽然经常涉及创业中的各类意识现象和创业观念，但仍未明确地以创业意识相称并对其进行系统考察。

意识作为与物质相对应的哲学概念涵盖了社会领域的一切精神现象。既然创业活动是一种有目的、有计划的特殊实践活动，就意味着存在一种源于创业实践又反过来指导创业活动的社会意识形态。

那么，能不能认为源于创业实践又反过来影响、指导创业实践的意识就等于创业意识呢？答案是不能。这是因为，第一，创业实践同人类大多数一般实践虽然在逻辑上可以区分开来，但在事实上却难以分开。所以，从根源上看，各种社会意识形态包括创业意识同出一源，这个源就是社会实践，它既包括改造自然、改造社会的实践，也包括以具体组织目标体现的创业实践。从起源来区分创业意识和别的社会意识形态，显然机械地割裂了创业同实践的有机联系，并不科学。第二，同样的道理，也不能笼统认为凡是影响、指导创业实践的社会意识都是创业意识。固然，创业意识对创业实践有反作用，但哪种社会意识形态又不对创业实践发生影响或反作用呢？作为世界观理论体系的哲学不对创业发生作用吗？离开了科学技术能进行创业吗？法律、道德不是作为人们的行为规范对人们创业进行约束和规范吗？即使是艺术，有时也可能参与到创业实践中去。可见，凡是社会意识都对创业实践发生不同方向和不同程度的反作用，都以其特定的方式影响创业实践。以是否影响、指导创业实践来区别创业意识和非创业意识也是不科学的，这样做势必会抹杀整个社会意识对创业实践的能动作用。

那么，究竟什么是创业意识呢？创业意识同别的社会意识应有哪些区别呢？要回答这些问题，必须从创业意识的形成、作用、特点三方面加以分析。

首先，创业意识作为社会意识的一种，固然离不开一般的社会实践，追本溯源，它也是人们在改造自然、改造社会的实践中产生的。但是，培植创业意识的最切近的基础不是一般的社会实践而是人们的创业实践，创业意识只能在创业实践中形成而不能在一般性的改造自然、改造社会的实践中形成。这即是说，虽然创业实践离不开社会一般实践，创业意识同其他社会意识保持着紧密的联系，但创业实践毕竟有别于一般实践，创业意识也不同于其他社会意识。因此，创业意识是对创业实践的直接反映。脱离创业实践的人是无法形成创业意识的。

其次，在创业实践中，各种社会意识都发挥着作用。离开了人类在各类实践中积累起来的社会意识形态，无论是改造自然、改造社会的实践，还是创业实践，都无法进行。但是不同形式的社会意识，其指向又各有侧重和区别。比如，自然科学主要被用于指导改造自然的生产实践；政治法律思想则主要被用于指导人们改造社会的社会实践；宗教、哲学主要指向人们的思想，直接改造的是人的思想观念。创业意识不同，它不是直接指向上述各类社会实践活动，而是指向创业实践活动，用于指导、组织、调整各类创业实践活动。

再次，创业实践是创业主体对创业客体的对象性活动，是创业者的能动性活动。因此，创业意识主要是创业者的意识，不是或主要不是雇员的意识。人们只有作为一个创业者的角色进入现实的创业领域，才可能产生创业的冲动、形成各类创业意识。对于处在参与地位的大多数人来说，也可能形成若干关于自己如何创业的观念或想法，但因置身于创业实践核心活动之外，这种创业意识是模糊不清、片面零散的。所以说创业意识主要不是作为一般社会实践参与者的其他社会意识，而主要是创业实践者所拥有的创业意识。

综上所述，我们可以把创业者在创业实践中直接形成并反过来直接影响、指导创业实践活动的创业心理、创业观念、创业理论、创业方法统称为创业意识。

创业意识作为一种相对独立的社会意识形态，具有不同于别的社会意识的若干特点，主要表现为以下几个方面：

第一，普遍性。社会意识的各类形式都具有一定的普遍性，而创业意识则与人类创业活动紧密相连，普遍存在于社会各类实践领域，具有普遍性。创业意识随着有组织的人类创业活动的出现而产生，随着它的发展而发展，与社会相始终。从各种社会意识形态所反映的空间来看，哲学、道德、创业意识普遍作用于社会生活的各个领域；宗教、艺术、政治思想则只对某一特殊社会实践起作用。科学是个总概念，不同学科的科学技术也只适用于特定的实践活动，这四者都不如创业意识普遍。所以说，创业意识具有普遍性。

第二，综合性。社会意识作为对社会存在的抽象把握和主观反映，都有一定的综合概括性，但各自的综合概括程度又有差别。其中，哲学是对各种知识的最高概括，具有最高的综合性。宗教虽也是一种世界观，但它是用信仰代替理性，谈不上科学的理性抽象和科学综合。道德作为人们行为关系的总规范，对涉及人与人利益关系的方面作出规定，但显然只是从社会特定方面进行某种综合。政治法律也是人们的行为规范，所综合规定的方面比道德还窄。艺术通过形象、情感语言来表现、传达作者的愿望，与概念综合离得较远，综合只是典型的塑造人物性格的"综合"。各门科学对某一特定领域的特殊规律进行抽象反映，是一个方面的综合。创业意识则不然，它要对各类实践活动进行计划、组织和控制，就必须综合运用多学科知识。以生产型企业创业为例，创业者不仅要了解企业生产经营的一般过程，需要掌握相关的科学知识，还需要了解一系列涉及人的生理、心理、伦理、信仰、价值观念、行为规范的知识；不仅要审时度势、发现问题、及时作出战略决策，运用哲学、政治学、法律学知识保证决策能顺利实施，还需要运用诸如数学、统计学、会计学、审计学等知识来制定计划和对计划实行控制。可见，创业需要综合运用尽可能多的各门知识，创业意识是各门知识的综合运用。在社会诸意识当中，如果说哲学是对各门科学知识最高的综合概括，创业意识则是对各门知识广泛的综合吸收和综合运用。

第三，应用性。各种社会意识既是对社会存在某一侧面的主观反映，表现为特定的知识体系，又反过来影响和指导人们的某类实践，具有不同程度的应用性。一般来说，综合概括性越高的意识形态，距离现实越远；其间的中介越多，应用性越弱。反之，综合概括性越低的意识形态，离现实越近；其中介越少，应用性越强。比如，哲学和宗教二者距现实最远，其应用性最不直接；而科学特别是技术科学距现实最近，最易转化为生产力。创业意识作为一种特殊的社会意识，既具有较高的综合性，又具有直接的应用性。这是因为，创业意识是在创业实践中产生并直接服务于创业实践的意识形态，创业活动需要的不是远离现实的抽象理论，而是经过创业者加工过滤过的可以直接进入创业过程的具体意识。也就是说，创业过程一方面必须广泛吸收诸如哲学、科学、政治思想、道德以及艺术和宗教等意识形态；另一方面，这些意识又不能直接应用于创业，而必须通过创业者的过滤加工、选择综合，转换成可以直接用于指导创业活动的创业意识，从而使创业意识具有鲜明的应用性。可以说，创业意识是由抽象层面的社会意识走向具体层面的社会意识的思想通道，在这里意识的抽象性和具体性得以对接。如果看不到这种特点，以为任何社会意识都可以直接运用于创业，其结果必然是目标模糊、计划抽象，使创业者无所作为。同理，如果指令不清、控制随意，那么雇员也会无所适从。

2. 创业意识的形式

对创业意识作纵向划分，即从其发生形态分类，可以划分为创业心理、创业观念、创业理论和创业决策四种相互联系又彼此区别的表现形态。创业决策是创业意识中实际操作性最强的表现形式，本书将在后文结合联合国"青年就业网"课程教学进行分析；

创业理论与创业的教学内容密切相关，在此不再次展开。下面重点分析前两种意识的表现形式。

在创业实践中最初形成的创业意识是创业心理，大致包括需要、动机、意向、情绪、情感、意志、信仰、习惯等形式。创业需要是由创业者的本能和职责引发的创业欲望，同人的其他需要相类似，既具有强烈的内在冲动，但又缺少明晰、单一的目的指向。处在创业需要的心理阶段，创业者主要受长期思考形成的潜化意识的支配，本能地生出多种创业欲望。事实上，这种心理活动不能用生物学来加以解释，它与人们由生理本能产生的生存需要和安全需要不同。大量的创业经验也证明，长期参与商业活动、积累了大量创业实践经验的创业者，它的创业行为在不知不觉中已成为他的潜化意识，成为一种职业的习惯或"本能"的需要。可以说，这类人只要处在创业者的位置（有时甚至不处在创业者的位置）自然而然地就会有这种冲动。

创业需要的定向化是创业动机和创业意向。创业行为需要作为一种自发的内在冲动，是意向不明、不断转移的心理活动。如果没有外部环境起作用，那么创业者将永远停留在这种躁动不安的心理境地。但事实上，这是不可能的，因为创业者不可能将自己封闭起来，而是要受到外部环境各类信息的刺激干扰。一旦某一信息反复刺激创业者而使他将注意力逐渐集中到解释这一信息的时候，便出现人们常说的"问题"或心理学上所说的"情结"，问题是指现实和需要的差异，情结是指反映问题的矛盾心情。这时，为解决问题或解开情结，原有的变动不定的需要心理开始平静下来，交错出现的不明晰的目的指向逐渐转移到问题上，从而形成有明确指向的动机和变成解决某问题的意向。当然，作为创业心理的动机和意向也具有不稳定性。尽管如此，动机和意向又是创业意识形成的一个不可缺少的环节，没有它，就不可能产生出创业的其他意识。动机和意向引导创业者如何看问题，准备选择解决何种问题。如果在动机和意向上出了偏差，比如创业者所期望的目的根本不可能实现，创业者就会走偏方向而使创业实践成为不可能。

创业者作为人，一定有情感和情绪。情感是人在与人的交往过程中形成的心理定式，表现为对某些人的偏爱、信任、同情、感激以至于崇拜信仰。

在创业实践活动中，无论是创业者还是雇员，绝不可能没有情感；任何一类创业活动也不可能完全摒弃情感。诚然，创业者如果仅凭情感而不用理性来处理创业活动中的人和事，或者将私人情感带到公共事务中，对创业将是十分有害的。但是还应看到，情感对创业也有助益。在创业者之间，多一些情感就少一分摩擦。情感在这里是创业团队的黏合剂，具有无可取代的凝聚力。在创业者和雇员之间，情感是沟通上下级之间的心理通道，是创业者了解下情、激励雇员必不可少的武器。大量创业实践证明，凡是情感丰富并善于控制情感的创业者，不仅能团结其他的创业人员，形成一个关系融洽、无话不谈的有战斗力的创业团队，还能在雇员中树立良好的形象，使他们乐于听从创业者的指挥。相反，一个缺乏情感的创业者必定是一个孤芳自赏的人，他既不可能赢得创业合作者的信任，更不会得到雇员的理解和支持。可见，情感是创业者不可或缺的心理因素，创业不在于有无情感，而在于如何培养情感和正确投入情感。

同情感相比较，情绪是另一类心理活动。情感是一种外显的心理倾向，是指人们在长期交往中形成的亲和力；情绪则是一种内隐的心理定式，是由内外环境刺激产生的某种心境或心绪，主要表现为喜、怒、哀、乐。在创业中，不论是创业者还是雇员，常常会受环境的刺激而引起情绪的变化。情绪不同于情感，它对创业弊大于利，特别是创业者千万不能为情绪所左右，不宜带上浓重的情绪来进行创业。这是因为：情绪作为一种心理活动，是一种受环境左右的变动不定的无意识现象，它与理性不相容。尽管喜、怒、哀、乐可能激起一时的激情，在创业中发挥出冷静时无法发挥的积极作用，但它缺乏理智的支配而不可能持久并具有随意性，任其发展不加控制就会将创业者变成情绪的奴隶，使创业归于失败。可见，创业者不可无情，但这个情是指情感而非情绪，情绪型的人是不宜充当创业者的。作为一个创业者，应当尽量避免将个人情绪卷入创业工作，做到范仲淹说的"不以物喜，不以己悲"，学习林则徐的"制怒"。碰到困难不要消极气馁，取得成绩不可妄自尊大、目空一切。要做到这一层很不容易，需要在创业实践中经历长期的修养磨炼，学会一整套现代心理自我调节方法。

属于创业心理的还有意志、信仰和习惯。所谓意志，是指向明确行为目的的心理机制。所谓信仰，是对某人、某事或某种最高存在的绝对信任和无条件服从。所谓习惯，最初是指人们思想行为的常规或定式，这里专指思维定式或习惯思维。

创业作为一种组织目的性活动，决定参与创业的人必然形成实现创业目的的创业意志。创业意志主要有三个特点：一是明确的目的性；二是判断是非的果敢性；三是迎战挫败的坚韧性。在创业实践中，创业意志的积极作用是非常明显的。这是因为，创业是一个步步逼近目标又常常遭受挫折的风险过程，为使创业能按预定目标继续下去而不致中断，创业者必须具有坚强的创业意志。如果意志薄弱，在挫折面前就可能观望退让、对事业丧失信心。只有具备坚强的意志，认准了的目标决不改变，才有希望达到胜利的彼岸。当然，意志是一种缺乏理性自觉的心理机制，单凭意志并不能保证目的正确。如果创业者的意志很坚定而拒绝理性的介入，那么即使当实践证明目的不对，创业者也会顽固地坚持下去。可见，意志在创业中虽很重要，但应使它理性化。创业仅靠个人的坚强意志而不注意根据情况随时调整，那么顽强则变为顽固，果敢将流于武断。

信仰在本义上是相对于理性而言的宗教感情，是宗教徒对神的崇奉膜拜心理。宗教的最高境界是信仰，信仰意味着对神祇无条件的信任、服从和追随。在现代社会，应提倡科学和唯物论。现代社会的信仰不应解释为迷信和盲从，而应解释为对未来目标执着地追求和坚定的信念。从这种意义上看，大至一个民族，小至一个群众团体或企业组织，都应当有自己的信仰。没有信仰这种牢固的心理惯性来约束人们多变的思想，就是离心离德、没有希望的组织。

习惯是在多次实践基础上形成的行为定式和思维惯性，它以固定的经验为根据。当人们主要凭借经验而不是凭借理性来行动的时候，就停留在习惯的心理水平上。所以，经验和习惯是难以区分的。创业者通过多次创业实践，不知不觉中就会形成一套自己的创业经验或创业习惯，其中所包含的难以理喻但又实际发生作用的意识形态为习惯心理。习惯心理在创业中的出现既具有必然性又具有诸多积极作用。首先，它作为一种感性经验，与创业实践最接近，反映创业实践的问题最迅速。创业中许多常规问题主要是通过创业者的经验习惯及时加以处理的。如果创业者缺乏经验而未形成创业的惯性思维，就不可能对纷至沓来的问题做出快速反应，必然事事请示或拖而不决。其次，习惯是理性的基础。大量事实表明，一切创业理论的产生，都不能脱离对创业经验的总结。创业者的创业经验越丰富，对他学习、接受创业理论就越有利。一个没有创业经验的人，尽管他也可以从书本上学到创业理论，但不能真正理解这些理论，更不可能切实运用这些理论。所以，经验习惯对于创业者来说是十分必要的财富。不过，创业习惯毕竟是非理性的创业心理，也有局限性：第一，习惯心理是一种心理惯性，对创业者的创造性思维有一种天然的抑制作用。如果固守经验，由习惯来支配创业，创业方式就只能简单重复，组织也很难得到迅速发展。第二，经验习惯只是对过去创业实践的总结和重复，缺乏对创业发展新趋势的预见功能。如果因循经验习惯，就只能往后看而不会向前看，结果创业者必然因目光短浅而驾驭不了多变的创业环境。

上述各类创业心理的积淀就是创业观念。观念在广义上本来泛指意识，这里所说的观念是狭义的，是指在感性经验基础上形成的融入了若干理性因素的固定看法或根本观点。洛克认为观念来自感觉和反省。莱布尼兹主张观念是人的一种倾向、禀赋、习性或潜能。在心理学上，观念即是表象。马克思主义所说的观念是指反映实践并为指导实践所创造的体现目的计划的社会意识形态。创业观念作为创业意识的一种，是介于创业心理和创业理论之间的一系列关于创业的根本观点，主要包括创业价值观、创业决策观、创业人性观、创业组织观（团体意识）、创业效益观等。同上述各类创业心理相比较，创业观念不表现为纯感性而有一定的理性渗入，包含着对事物的深层理解；不是对客观对象的直接反映而是间接反映，表现为对过去的反思和对将来的向往；不是由刺激引起的间发的、不稳定的心理活动，而是对根本问题的持久、稳定的心态或倾向。因此，创业观念在创业活动中的地位特别突出，它潜存于创业者和雇员的意识深层，从根本上左右或影响着他们的行为。

创业意识的第三类形态是创业理论，这是创业意识的理性表现或逻辑系列。同创业心理诸形式和创业观念相比较，创业理论具有如下特点：第一，它反映的不再是创业活动的表象而是其本质和规律，具有本质的深刻性；第二，它不像创业心理那样多变、易逝，具有相对的稳定性和持久性；第三，它是对创业实践的抽象概括，具有抽象性和普遍性。可见，创业理论是更高级的创业意识。创业者如果仅凭创业心理或创业观念去指导创业活动，那么他终生勤劳也不过是一个经验主义者，不可能达到高度的自觉并作出新的贡献。创业者只有学习科学的创业理论，自觉地以相关的理论来武装自己的头脑、指导自己的创业行为，才有可能成为一名合格的现代创业者。当然，像一切理论一样，创业理论也有它的局限性，这主要表现为任何创业理论只能是对创业实践一个方面的本质或事物某一本质层次的抽象，只能近似正确地反映对象。另外，由于创业理论是以纯概念的逻辑方式来反映创业实践的，二者之间横隔着层层中介，要运用它来指导创业实践，还必须将其转化为创业方法。

所谓创业方法，是各类创业意识的具体化、程序化，特别是应用创业理论的方式或模式。而按照方法的特性来区别，创业方法又可以划分为数学方法、系统方法、经济方法、行政方法、伦理方法、心理方法等。

综上所述，创业意识按其发生、发展的时间以阶段划分，可以区别为最初的创业心理，其后的创业观念，再后的创业理论，最后是创业方法。

三、创业观念

要深入研究创业意识在创业中的主导作用，就有必要对创业中的人性观念、价值观念和效益观念进行专门考察。这三种观念虽不是创业观念的全部，但却从根本上影响着创业者的基本观念。

1. 创业人性观

如前所述，创业的核心问题是人不是物。创业者着手创业时碰到的第一个问题便是：什么是人？由于对人的理解或对人性的看法各有不同，于是就形成形形色色的人性观念。而人性观念上的种种差异，又带来创业目的、创业方法和创业模式的区别。

中国古代学者就对人性问题进行了相当深入的专门研讨，形成了"性善论"和"性恶论"两大对立的派别。以孟子为代表的性善论者认为，人之异于禽兽，不在于"食、色"等生物本能，而在于先天具有与人为善的道德理念。培育、弘扬人性中已有的各种"善端"，则扩充为"仁、义、礼、智、信"这五种道德。以荀子为代表的"性恶论"则认为，人的本性并不是善的，恰恰相反，饮食男女、趋利避害、嫉妒强者、残害同类等恶劣兽性才是人的本能。

与中国古代笃信人性本善、主张以仁义道德治国有所不同，中世纪的欧洲和古代阿拉伯国家却蔑视人而高扬神，神性论是其进行社会创业的基本观念。

随着西欧资产阶级的崛起，近代思想史上涌动着反对封建伦理和反对宗教神学的人性论思潮。早期的资产阶级人性论认为，人是理性的动物，生而平等自由，完全不应依赖上帝的恩赐。相反，人要自己主宰自己，使人成其为人，就必须冲决神学罗网，从传统的迷信、屈从、驯服、愚昧、无所作为中摆脱出来，建立平等、自由、博爱的人道社会。大致从21世纪初开始，随着劳资关系的激化，迫使一批学者重新考察人和认识人。由于对人性的理解不同，相应地出现了不同的创业理论。

泰罗、法约尔等古典创业学家认为，人是经济运动和物质利益的主体。这即是说，将若干不同成员联系起来的纽带不是强权也不是激情，不是宗教也不是伦理，而只是共同的经济目标和个人从中所获得的一部分经济报酬。按照上述理论，创业活动中的人是经济化了的"经济人",人人都为金钱而奔波,"金钱是刺激职工生产的唯一因素",创业就在于如何通过合理的组织计划活动或最经济、省时的操作程序谋求最大的经济效益。

所谓社会人的思想,其历史可以追溯到很久之前,但形成理论,则始于美国梅奥等人的"霍桑实验"。霍桑是美国芝加哥西部电气公司的一个工厂,美国科学院组织一批研究人员围绕工作条件与生产效率的关系进行了长达8年(1924—1932年)的实验,即"霍桑实验"。实验的结果表明,在正式组织中存在着以情感为纽带的非正式组织;决定工人积极性和提高生产率的主要因素不是金钱、物质和生产条件,而是工人的意愿、情绪、受尊重信任程度和民主参与意识等社会心理因素。这个实验的意义在于用事实否定了传统"经济人"观点的片面性,开始将人理解为有多种欲望、有理想有追求、需要交往的社会动物。

行为学派对人性的看法,首先表现为麻省理工学院教授麦格雷戈(1906—1964年)的人性假说——"X—Y理论"。麦格雷戈认为:如果按X理论,人的本性被设想为天性、愚蠢、不诚实、不爱承担责任、缺乏远大抱负、仅把自身安全放在第一位。如果按Y理论,人的本性刚好相反,他们并不厌恶工作而是乐于负责,不愿意接受别人控制而愿意进行自我控制。这样,有效的管理就不应当是强迫命令而应是激励他们的献身精神和创造才能。传统的管理实际上是按X理论设定人性的,因而注定不能发挥人的潜能。只有按Y理论来进行管理,才能摆脱人性偏见,走出传统人性观的误区。

对"X—Y理论"进行修正的是美国洛斯奇和摩尔斯在20世纪70年代提出的所谓"超Y理论"。这种理论指出,对人性不能进行假设而必须通过实验;对人性也不能进行绝对恶或绝对善的分类,人性的善恶是以他们所处的环境为转移的。他们在工厂和研究所所做的实验证明,X理论对工厂工人有效而Y理论对研究所的研究人员有效,这说明工人同研究人员有不同的人性。另外,同一个人的责任感也并非一成不变的,当他们的目标达到之后他们也会由勤变懒。行为学派中成就最大、人数最多的是前文提到的以马斯洛五层次理论为代表的需要层次论。

通过以上当代管理学者对人性的研究可以看出,作为雇员的人绝不是仅仅为生存而奔波的"经济人",而是具有多种需要、多种个性、存在于复杂人际关系当中并富有主动创造性和反抗性的"社会人"。因此,要搞好创业,关键在于管好人。而要管好人,又必须深入了解人的心理活动和行为规律,激励他们的自觉性和创造性。

2. 创业价值观

在哲学中,价值是一个含义广泛的关系范畴,凡是涉及客体对主体的意义关系,就包含人们常说的价值。具体地说,凡是对主体有用的东西,就叫有价值;无用或有害的东西,就叫无价值或负价值。

价值按其客体满足主体的属性,可划分为功用价值、道德价值和审美价值三类。功用价值相当于马克思所说的物的使用价值;道德价值是指人的德行对于他人的精神感召和对社会的积极影响;审美价值是指主体所创造的对象反过来给予创造者的愉悦感,是人对人类自由本质的确证和审视。无论哪类价值，都反映了主体需要和客体功能的肯定关系，都是主体对他所创造的客体的认同或评价。

所谓价值观念，即人们在实践中形成的对客观对象的看法或观点。在实践中，人们对客观对象的看法可分为两类：一类是关于客观对象的本质和规律的看法或观点，这在国外又称为"事实真理"或"事实判断"。另一类即关于对客观事物有无意义、有无用处的看法或观点，即所谓的"价值真理"或"价值判断"。价值观念同事实观念相比，后者侧重于对事物真理的客观性探讨，回答对象是"什么""为什么"一类真理问题；前者侧重于对事物意义的主观评价，回答对象是"好不好""好在何处"之类的功用问题。人在实践中所形成的各种观念（包括世界观、自然观、历史观、人生观、创业观等各类观念），无一不是由这两类观念组成。如人们通常所说的哲学世界观，它既包括人们对世界本质和发展规律的客观探讨，表现为一个知识体系或说明体系；又包括人们对现存世界的主观体认和评价，对理想的未来世界的设计和追求。人生观亦如此，它既包括对人生本质规律的理性探索，又饱含对现世的主观感受和对理想人生的追求。这就告诉我们，人们的观念既不可能是对客观事物的机械反映，其中必然渗透着人的意向目的、定向选择和主观评价；又不可能是纯粹主观任意的，它必以客观事物为对象，以事实为基础。因此，事实观念和价值观念是互为条件的辩证关系。人们为了研究问题的方便，可以而且必须将二者分开来看，但在事实上，二者是分不开的，任何具体的观念系统都是由二者有机组成的。

究竟什么是创业价值观？创业价值观同一般价值观又有什么区别？创业价值观大致包括哪些内容和具有哪些基本功能？笔者认为，所谓创业价值观是创业者关于价值取向和价值评价的观点的总称，是在创业实践中形成的创业主体对创业环境、创业目标、创业客体、创业现状、创业结果和创业未来的体认、选择、态度、倾向、评价和期待等各种观念的总和。说它是创业主体的价值观，并不意味着创业系统中作为创业客体的人没有价值观，因为创业是创业主体作用于创业客体的特殊实践或主体性活动，因而创业价值观是指导创业主体的观念而有别于创业客体的价值观念。当然，在研究创业的价值观念时，不能也不应回避雇员的价值观念，因为凡是人都有自己特定的价值原则和价值判断。不过，创业过程实际上是用创业者的价值观同化雇员价值观的复杂思想过程，或者说是主体价值观和客体价值观之间的求同过程，因此，又可以将创业价值观规定为创业中占主导地位的创业主体的价值观念。

创业系统存在于一定的社会环境中，创业要正常进行、维持和发展，就必须了解、适应环境，同环境进行物质、能量、信息和人员的交换。而在了解、适应环境的过程中，创业者一方面必须搜集整理环境的信息，力求使自己的认识符合外在环境的本来面目；另一方面又要根据自身的目的和需要去筛选信息，并按自己的价值方式去整理信息和评价信息，从而对环境作出好或坏的价值判断。创业者通过多次创业实践逐步形成对环境好坏的辨识能力和判断标准，而这种辨识能力和判断标准即是创业价值观的一种表现。

任何时代的创业或现代任何一类创业,创业者首先要考虑的对象都不是自身的组织系统而是系统所面临的组织环境。只有对环境有尽可能详尽的了解并对之进行了一番"审时度势"的价值判断之后,才可能进行别的思考。比如海外创业投资,第一步要了解、研究的就是该国的投资环境,通过各种渠道掌握有关该国政治制度、法律制度、经济资源、人力状况和市场环境的情况,并根据自身利益进行分析和选择,这种对投资环境的分析和选择就渗透着外国资本家的价值观念。如果觉得投资无利可图或利润不大,或者有利可图但要冒很大的风险,或者虽一时有利可图但对该国政局稳定等因素无信心,创业者都可能会放弃投资计划。

创业价值观还表现在组织目标的选择确立方面。当对环境有所了解并确认了它对组织有无意义之后,接下来创业者便要根据组织的需要和环境的可能确立组织行为的目标。任何一类组织目标的确立既不是任意选定的,也不是自发产生的,而必须依赖可能和需要两个条件。一是目的要有实现的可能性。如果某种目的尽管很有意义但在现实中缺乏根据、无论如何都不可能实现,那么这种目的就是空洞无边的幻想,注定不能实现;二是目的要符合创业者或组织系统的需要。如果不符合需要,尽管在现实中有实现的根据,那么创业者因其对自身需要无关甚至有害,也是不会将其确立为目标的。可见,在确立创业目的的过程中,也有两种观念在同时起作用:分析目的能否转化为现实,要依据事实观念;而确认目的有无意义、哪种目的符合组织的主观需要,要依据价值观念。总之,组织目的既然不是环境强加给组织系统的,而是组织的创业者在分析环境的多种可能性之后进行价值选择的结果。那么,在同一环境中,不同的组织因有不同的价值观念从而产生不同的组织目的,就是很自然的现象。

创业价值观不仅表现为对环境的体认和创业目的的选择,还表现为对组织内部创业客体的态度和创业现状的倾向。具体说来,这种态度或倾向又包括人才观、时间观和道义观等。

所谓人才观,是指创业者按照一定的人才价值标准来选择、使用人才。高明而有作为的创业者,唯贤是举,择才而用,千方百计广纳英才并且用其所长、不求其全。创业者这样做的原因,不仅是他们深深懂得人才对创业成败具有关键作用,而且他们本人就是人才,有一种惺惺相惜的人才价值观在自发起作用。

所谓时间观,是指创业者对时间功用价值的估价。现代创业者不仅要认识到时间的机会价值,还要认识到单位时间的效率价值,从而表现出对时间的爱惜和对时机的准确把握。

所谓道义观,亦称道德观,是指创业者对道德的总看法。在创业活动中,不同的创业者有其不同的道德观点,存在着不同的道德评价标准。根据一定的道德观念和道德标准,创业者不仅从观念上对别的组织成员进行着道德评价和引导,而且常常将这些标准转化为一定的道德规范或组织条例,强制人们遵守。道德价值观在创业中的作用主要表现为三点:一是对组织行为进行善恶评价,引导组织成员为实现组织目标自觉地多做贡献;

二是转化为组织成员的行为规范，以纪律、制度、奖惩等方式强制人们执行；三是调节组织成员之间的利益关系，沟通他们之间的感情，以形成团体凝聚力。

创业价值观最后表现在对创业结果的评价和对组织未来的期望。创业过程的终结，必形成一定形式的创业结果（如产品、服务效果等）。结果是否符合预定的组织目的，创业者必须对之进行评价。一般说来，凡结果符合原先的目的，便做出肯定性评价；而不符合原先的目的，则作出否定性评价。不过在实际创业过程中，参与评价的人存在价值观念上的差异，而创业结果一般又不可能与预期目的完全符合，所以评价创业结果并不像上面说的那样简单，必然充满不同意见和争议。评价创业结果的过程是不同价值观念相互斗争的复杂过程，如何使不同看法统一起来，需要做相当多的工作。当某一创业过程结束而对未来创业进行设想的时候，因人们价值观念的差异和理想期望不同，人们对创业前景的设想和所期待的东西也必然不一致，这种不一致即人们常说的目光有远近之分、境界有高下之别。创业是一个不断深化的循环过程，这种价值观念对于预测未来、掌握创业的主动权比其他观念更具影响力，更需要引起创业者的高度重视。

通过以上分析不难看出，所谓创业价值观，绝不仅限于人们常说的某种观念（比如效益观，或者"企业文化""团体精神"等），而是贯穿在创业各方面和全过程的各类创业意图、创业目的、创业态度、创业倾向、创业评价和创业理想的总和。由于人们的出身经历、文化素质、道德修养、社会阶层地位、职责权限、利益关系、理想情趣各不相同，决定了他们的价值观念是存在差异的。要想使创业有效地进行，就必须设法将这些不同的价值观念大致统一起来。而要做到这一点，仅从个人的价值观念去思考显然是不够的，而应寻找一个组织都可以接受的价值标准，这个标准就是人们常说的效益观念。

3. 创业效益观

效益一词是我国学者的一个创造，要揭示这个概念的内涵，就有必要比较它同效率、效果的关系。

效益一词源于效率。效率最早是一个物理学概念，是指功能转换的比率。比如热效率，指的是所消耗的热能和转换成有用的热功的比率，转换的比率越大，就意味着效率越高；反之，比率越小，则效率越低。

由效率引申出的概念是经济学中的经济效率或经济效果。经济一词含义丰富，而其中一个含义即投入小、产出多。所以，经济或经济效率的意思与物理当中的效率很相近，指的是生产的使用价值和所耗费的劳力、物资的比率。所耗少而产出多就说明经济效果大，耗费大而产出少则意味着经济效果差。

无论是物理学所说的效率还是经济学所说的效果，都是人们对物质转换过程中功用价值的客观描述。某台热机的功率是多大，某项生产活动的经济效果如何，是一个客观存在的事实。效率或效果是自然科学或经济科学的概念，与人们对效率或效果的主观评价无关，效率的大小或效果的好坏绝不以人们的好恶为转移。

而效益则不同。效益既包括客观存在的效率（如行政工作效率）或经济效果，还包括人们按一定价值观对效率或效果进行的主观评价。某种效率如果对人有用，即是效益；如果无用或有害，就是无效益或负效益。可见，效益不等同于效果，不是一个纯粹的科学概念；但又离不开效果，不是一个纯价值概念。效益概念包括人们对客观结果的事实判断和价值判断，可谓集"真""善""美"于一身。

创业作为一种特殊的社会实践，其最终目的就是追求创业的效益。而要提高创业效益，就应对效益观进行专门的研究。

正确的创业效益观首先应关注效率问题。创业作为一种特殊实践，其目的之一就是通过合理的计划、恰当的组织、有效的指挥和及时的调控等方式，实现创业目标。

创业有无效益，首先要看所创业的实践活动的客观效用如何、效率怎样，或者说是否"经济""划算"。如果经济划算，投入少、产出多，就是有效或提高了效率；如果投入多、产出少，就意味着不经济、不划算，或是无效劳动、"赔本买卖"。显然，无效谈不上效益，效益是以效率为前提的。如果脱离效率谈效益，我们的价值判断就失去了事实标准而流于主观。

但是效率又不等于效益，效益是符合组织目的和社会目的的效用。因此，正确的创业效益观还包括对创业效率的肯定性评价，即对这种客观效率进行有益或无益的认定。那么，究竟什么样的效率才称得上效益？抽象地说，凡是人们实践创造的结果，对人总是有益的。但具体分析便可以发现，因为人与人有不同的目的需要，存在着不同的价值标准，对同一客观效果必然会出现评价上的差异，在一部分人看来是有益的效率，另一部分人则可能认为是无益的甚或是有害的；反之亦然。这样，确立正确的评价标准就显得十分必要。

首先，评价某一创业实践活动效率有益或无益，不能以对个人或少部分人是否有益为标准，而应以对组织中的多数成员是否有益为标准。如果某一创业实践活动的效率仅对少数人有利而对多数人无益，这就叫有效率而无效益。反之，只有对多数人有益的效率才可称为"有效益"。

其次，评价某一创业实践活动的效率是否有益，不能单从经济效益着眼，还应考虑它的社会效益、道德效益和精神效益。所谓经济效益，是指对人们物质生活的有益性，它所满足的是人们的物质欲望。但人们除了这种基本的需要外，还有社会的、伦理的、精神的各种高层需要。如果某项创业使人们物欲横流、道德沦丧、精神生活极度空虚，那么它也不能被认为有社会效益。这即是说，判断一个组织的创业实践活动是否有益，不仅要看它的效果是否有益于人们的生理健康，还要看它是否有利于人们的心理健康；不仅要考察人们的物质财富是否增加，还要看人们的道德水平、文化修养、社会责任感是否提高。

再次，判断创业的效益不能只着眼于眼前利益，还应考虑到未来利益。这是因为，地球上的资源有限而非无限，人们对其开发利用不能只顾眼前而不顾子孙后代。掠夺式开发和短期行为的创业方式，所得的只是眼前的高效益，而对于将来的社会和人类的发展却是一种犯罪。创业者如果缺乏这种效益观,即使他可能轰轰烈烈于一时,并受到一部分人的拥戴,但随着时光的流逝和交往范围的扩大,也必将受到历史的裁判和民众的唾弃。

最后,创业的最终目的是为了人,创业实践活动是否有效益,最终还要看是否有利于人的完善和发展。马克思主义认为,一切实践活动都是发展和完善人类自身的手段,人是一切活动的最终目的。因此,凡有利于人的全面发展的创业实践活动就具有最大的效益。反之,一切压制人、摧残人,不利于人的发展的创业实践活动,尽管它具有别的功用价值或政治效益,却不具有最高的社会价值或人道效益。因此,有责任感的创业者应以人为目的,不允许将人当作谋求某种其他效益的单纯的工具。这就要求创业者必须确立崭新的效益观。

可见,创业效益观是一种极其复杂又至关重要的创业观念,涉及创业中"真""善""美"的统一问题。因此,创业者必须以人为目的、以人为中心,正确处理人与人的关系,提高人的创造性和积极性。

第二节 创业决策能力教育

创业意识不仅表现为前文讨论的心理、观念和理论,在创业实践过程中还集中表现为创业决策。心理、观念和理论侧重探讨的是创业过程中从客观到主观的认识评价活动,创业决策则侧重表现为从主观到客观的各类创业意识的综合应用活动。创业决策作为一种特殊的创业意识,主要不是创业者对创业实践的主观感受、心理体验、价值判断和理性抽象,而是围绕创业目的展开的预测、决策、计划和控制等一系列更具体的思维过程。显然,要深刻把握创业意识的丰富内涵和功能,仅仅研究心理、观念和理论等问题是远远不够的,只有进一步掌握创业决策过程及其功能,学生才可能真正将抽象的理论和观念转化为可操作的思想工具。

一、创业预测

决策作为创业的重要职能和创业过程的起点,是由一系列复杂的超前思维活动构成的。它首先表现为创业预测。只有在预测未来的基础上,创业者才可能确定创业的目的,制定、选择和计划实现某一目的的行动方案,从而使创业成为可能。研究预测是考察决策思维的起点。

所谓预测,是指人们运用在以往实践基础上形成的经验、理论和方法,对事物发展未来趋势的分析、论证、推测和预料。创业预测则是创业者运用自己过去的工作经验和理论,通过搜集有关信息,推测、预料创业系统在未来将面临哪些问题,其发展前景如何,有哪些可能发生的情况,以及其中哪一种可能性最大,从而为决策提供依据。

预测作为人类的一种超前思维,是随同认识活动一起产生的,"凡事预则立,不预则废。"随着人类实践能力和认识水平的提高,预测在近代有了质的飞跃。近代科学之所以有高速的发展,是同科学幻想和科学预测直接有关的。门捷列夫利用元素周期表规律对新元素进行预测,就是科学的预测。

预测作为人类认识世界的一种特殊形式,不仅与其他认识活动一起产生和发展,而且具有与其他认识活动不同的特点。

首先,预测具有可靠性。预测同一般的认识活动的不同之处在于,其他大量认识是人脑对客观事物的现场反映;而预测不是对现存事物的反映,而是对事物未来的种种发展趋势做出的推断和猜测,是由已知到未知。任何事物的发展都要经历由可能到现实的过程,现存的事物中都蕴含着未来事物的根据或胚芽。如果人们不是从主观愿望或可能出发而是从现实根据出发,同时又不违背人们在为数众多的实践中所形成的逻辑规则,而按严格逻辑程序对潜在的根据进行科学推导,那么,人们就一定可以从已知推导出未知、从今天预知明天。可见,科学的预测是合乎辩证唯物主义认识论的,具有科学上的可靠性。创业预测是以现实为根据,数据可靠、方法正确的科学预测,其推断的结果大致是可靠的。

其次,预测具有超前性。预测不同于别的认识活动,还表现为它不是事后思维和当下思维,而是超前思维。所谓当下思维,是指人脑对当时刺激自己感官的客观对象的直接反映。所谓事后思维,是对已发生的感觉知觉进行回忆、联想和事后理性加工,包括表象、理性认识和反思等间接反映。这两类思维都是从客观到主观,都以客观事物作为思维的基础。而预测在形式上刚好相反,它既不是对现存事物的现场直观,也不是对过去事物的回忆、整理和反思,而是根据已有的认识去分析现实中客观存在的"根据",推断事物将来发展的各种可能,以构建现实中尚未出现的未来事物的轮廓,为人们的认识活动和实践活动提供先导。预测的超前性,充分反映了人类意识的能动性,使人类认识与动物的心理严格区别开来。预见的准确度和预见期的长短,又将人类不同时期的认识能力区别开来。预见的超前性并不违背唯物主义的反映论原则,也不意味着预见者可以脱离实践,仅由主观去预言未来。在创业中,预见必须以现实为出发点,预见者用以预见的理论、逻辑,预见时所必须搜集的信息,都是实践的产物或是对现实的反映。

再次,预测具有试探性。预测既然是对未来多种可能性的分析推测,就不可能做到准确无误、十分具体,而只能是大致的估计,并带有试探性质。因为,在创业实践中,创业预测主体不可能对未来的发展做出确凿无疑的认识,只能预测到总的趋向。同时预测的客体处在经常的变化之中,尤其是人参与的社会,其变化的随机性更大,不可能使预测准确无误。因此,创业者为了在创业中居于主动,一方面不能不对未来进行预测,另一方面又受主客观的双重限制,不可能对未来预测得完全准确,只能"摸着石头过河",依靠预测对未来进行试探性的认识。因为创业预测带有试探性就断言预测完全不可靠的观点固然不可取;同理,要求创业预测百分之百地可靠,也是不符合科学的。

最后,预测还具有概率性和不精确性。所谓概率性,是指正确的预测与预测方案总数的比率。所谓不精确性,是指预测正确的程度不可能是百分之百,或者说只能预测事物发展的总趋势或大致的轮廓,而不能正确估计到它发生的准确时间、发生的每一步骤和每一细节,预测的概率和精确度是随着人类认识能力的提高而增大的,但无论如何,既然是预测,就必然具有不精确性。预测的这一特点决定了它永远不可能像人类其他认识那样,最终可以用自然科学的精确眼光对之进行定量描述。

预测作为人类认识的一种特殊方式,不仅具有上述各类特点,而且在人们的认识特别是创业活动中发挥着独特的功能。在创业决策过程中,创业预测的作用主要表现为以下几点:

第一,分析创业环境的变化趋势,为创业者确定下一步的创业目标提供背景。创业实践活动是存在于一定的社会环境之中的,社会环境虽有相对稳定的一面,但同时也处在经常的变化当中。这种变化在创业领域更为明显。创业者在制定新的决策以确立下一步工作目标时,不能只从自身的主观需要出发,而应考虑外部环境提供了多大可能。这样,决策的第一步就是要了解环境、预测环境变化的各类趋势,使决策能适应变化了的环境条件,以便提出可行的创业目标。每一个创业组织所处的环境都有所不同,如果不调研分析自身环境的变化,决策所需信息的客观性就很难保证。

第二,分析组织系统的结构功能变化趋势,为创业者制定和选择行动方案提供组织依据。创业系统既有稳定的一面,也处在经常的变动之中。为了确定工作的目标,决策者既要了解、预测外部环境,还要了解、预测内部动向。例如,在即将开展的项目中,雇员怎么想,有多大的积极性,需要多少资源、人力和资金,组织有无能力达到新的目的,等等。因此,只预测外部环境是不够的,还应预测组织系统的未来状况。如果只有对外部环境的了解而无对系统内部的了解,那么这种预测就是片面的。只有充分了解内外因素,才能进行参照比较,从而进行决策。

第三,无论是对外部环境还是对创业系统内部未来发展趋势的预测,都需要全面占有材料、广泛搜集信息,对事物发展的多种可能性做出详尽的分析。首先,根据取得的信息,分析有无实现目标的可能性,如无可能,坚决放弃;其次,分析可能实现的目标有几个,并比较其利弊之大小和实现这些目标需要哪些条件,为决策者择优提供资料;最后,对有利的、成功把握大的可能性,还应进一步区分实现目标所需的时间,为决策者制定创业计划提供依据。

创业预测是一项十分艰巨的认识活动,创业预测的方法很多,有凭经验的预测和凭理论的预测,有定性的预测和定量的预测。当内外环境变动不大,预测的目标时间又很短时,创业者凭经验就可以进行预测。而如果内外环境变化明显,预测目标时间过程较长,就不能仅仅凭个人经验而应集中各方面力量的智慧,严格按科学方法进行。

二、创业决策

预测作为创业决策过程的起点,其功能在于为创业者提供一幅创业系统未来发展的模糊前景图,指出种种可以估计到的可能性。在此基础上,创业者根据可能和需要制定和选择对策的活动过程，即狭义的创业决策。创业预测要解决的是创业的前景，向创业者展现创业组织将面临的种种问题。而创业决策则是针对某一个与创业有关的问题制定和选择对策方案，并以此确定以后创业活动的方向和制定行动原则。

决策也是一种超前思维，同预测相比较，有着以下几个鲜明的特点：

首先，决策具有鲜明的目的性。人的认识活动都有目的性，但不同认识的目的性的明晰程度又有区别。预测的目的是猜想未来工作中的可能性，为决策服务。由于未来充满种种可能性，因而预测只能是模糊的、不具体的，决策则不可能是模糊的。创业决策是针对与工作组织系统未来发展关系最紧密、意义最重大的某种可能的对策性思维活动。因此，决策的目的不是模糊的而是具体的，不是多元的而是单一的。所以，创业决策具有鲜明的目的性。如果进入决策阶段，创业者还未确定具体的组织目的，或者说对决策的目的还不清楚，而处在模棱两可的思维状态，那么决策将无法正常有效地进行。

其次，决策具有选择性。要使预测可靠，一条重要的原则是必须广泛收集信息、全面占有材料，尽量避免以创业者的个人好恶选取材料。决策必须进行选择。一方面，为了将来开展有成效的活动，创业者首先必须在预测提供的种种可能性中进行目的选择，即选择某一种与组织系统未来发展关系最大的可能性进行深入考察。没有这次选择就提不出问题，也无法确定组织目的。另一方面，为了解决某个问题、实现某一目的，创业者还必须通过深入研究，制定各种对策方案，并在此基础上进行择优。没有择优就等于取消了决策，抹杀了创业决策存在的意义。

再次，决策具有思维的明晰性和行动的可行性。决策思维不同于预测思维之处在于，前者是一种模糊性的思维状态，不可能是很明晰的。与计划相比，决策只是为达到某一目的的行动方案，不如计划具体详细，但与预测相比又显得具体明确。预测是对组织环境和系统组织发展未来多种趋势的总体推测和预估，因此只能是大致的，没有必要对每种可能的细节做出十分具体的说明。决策是选取某一种可能性并设计如何解决某一问题、实现某一目标，因此停留在预测的模糊思维水平上是不行的，必须进一步使之具体化，尽可能考虑创业活动的每一个步骤和基本方法。决策思维是较预测思维具体的思维，不仅要选择确立某一目标，还要设想、研究如何实现这一目标的多种办法或方案。这样的决策才能用于制定计划、指导创业实践。

决策是一个发现问题、分析问题、确立目标、研究对策的复杂思维过程。所谓发现问题，是指在预测的基础上，找出哪类或哪个问题与系统组织的未来发展关系密切；所谓分析问题，是指对某问题产生的原因和导致的后果进行分析和研究；所谓确定目标，是指通过解释问题找到"实然"和"应然"之间的差距，确定创业组织今后向什么方向努力；所谓研究对策，是指根据今后的工作目的研制多种实施方案，并在比较论证的基础上进行最佳选择。在发现问题时，创业者不能被表面现象所迷惑，能准确敏锐地找出与创业目标关系最密切、实现的可能性最大的信息。分析问题则要求追本溯源，预想后果，切忌就事论事。确立目标必须比较利弊得失，分析有无可能和可能性的大小。至于制定各种对策和最后选择最佳方案，则需要以仔细的调查研究为基础。

创业决策可分为个人决策和集体决策、经验决策和科学决策、确定性决策和不确定性决策以及风险决策等不同类型。

所谓个人决策，并不是只有一个人进行决策，而是指决策方案的选择权控制在一个人的手中，由一个人作出最后决定。集体决策是由两人以上的集体共同讨论、协商各类备选方案，最后以多数人的一致意见决定某一方案。集体决策是一种民主决策，而个人决策可能不是民主决策。如果决策者个人不广泛吸取专家们的意见，决策方案由个人制定，这就是个人专断，当然谈不上民主决策；而如果是在智囊团独立研究的基础上再由一个人作出最后决断，这也是一种民主决策。个人决策和集体决策各有优劣。个人决策的优点是决策程序简短快速、机动灵活，适用于环境变化太快或环境相当稳定的两种情况，缺点是受个人的主观局限，稳妥性不够。集体决策的优点刚好是对个人决策短缺的补充，因为人员较多，考虑问题自然就会更全面。对创业中重大问题的决策最好采用创业组织核心层集体决策而不是进行个人决策。集体决策的缺陷是决策周期长、环节多、个人责任不明确，容易导致议而不决、互相推诿、延误时机的不良后果。无论个人决策还是集体决策，就选择决定某一工作方案而言，都只由少数人来承担，决策者只能是少数而不可能是多数，否则便无法决策。

经验决策和科学决策是两种比较典型的决策思维模式。经验决策是指创业者主要依赖于经验对多种方案进行比较判断和选择，具有直观性和非定量性等特点。科学决策是创业者以创业相关理论为基础，运用逻辑的思维方法，对各种方案进行系统全面的科学论证，严格按科学的程序办事。随着时代的发展，经验决策的主导地位正在逐步下降，科学决策越来越广泛地被采用。科学决策必须以掌握事物发展的客观规律为前提，以严格的思维逻辑为基础，并借助于数学模型进行定量判断。但是，无论科学如何进步，人类总有未知的领域和未发现的规律。即使掌握规律，有时也不能达到定量把握的高度。因此，在创业中不能全凭科学决策，而仍须借助经验决策，特别是对于情况多变的学生工作，科学决策是难以解决全部问题的。这时，充分发挥创业者的经验、直觉、灵感、知识和胆略的作用，对于做好决策意义重大。

根据创业主体掌握决策信息的多少和实现创业目标的难易程度，创业决策还可划分为确定性决策、不确定性决策和风险决策。所谓确定性决策是指信息占有充分、因果关系明朗、对工作目标有十足把握的决策，这种决策很稳妥、无风险。如果信息占有极不充分，因果关系不明朗，对工作目标结果把握不大但又不得不进行决策，就是不确定性决策。这种决策所冒风险极大，在创业中很少使用。介于上述两种决策之间的决策模式就是风险决策。这里的风险，即指决策主体不可能准确地预测到未来各种可能发生的情况。所谓风险决策就是分析各种可能性，拟出各关键变量的概率曲线，了解选择多类行动方案所冒风险的性质和大小，然后根据风险的大小和所冒风险的价值做出最后决策。风险作为一种客观存在，决策者是无法完全回避的。对待风险可以采取以下四种对策：一是风险太大，加以回避，转而选择风险较小的方案；二是风险太大，收益也很大，值得一试，不惜铤而走险；三是转移风险；四是尽量减少风险。当风险既无法避免又无法转移时，决策者应尽量设法寻找减少风险的措施，在选择方案时应考虑某方案有无减少风险的可能。选择何种对策，不仅取决于决策者对风险的概率测算，还取决于决策者的胆略、魄力和权限。比如，如果某个决策方案成功的可能占60%，有的人敢于冒40%失败的风险选择它，而有的人则不愿冒此风险。这往往与不同创业者的性格有关。

通过对各种决策属性的分析不难看出：创业决策过程不仅是决策者认识客观可能性的认知过程，同时也是根据效益原则优选最佳决策方案的价值判断过程。决策思维既要尽量做到主观符合客观，要对各种可能作出准确的事实判断；又要使客观可能符合主观需要，选择投入少、效益大、风险小的创业方案。

三、创业的计划控制

计划作为广义决策的一个环节，是决策方案的具体化和秩序化。通俗地说，计划就是决策者为实施具体决策方案而对组织成员的各种活动所做的统一部署和具体安排。其作用在于使决策落到实处，将决策转化为可实施、可操作的行为依据，并以此对组织成员的行为进行定向控制。在创业实践中，决策和计划是两种基本职能。事实上，决策和计划是两个既有联系又有区别的范畴。一方面，决策中包含计划的因素，制定任何一种决策方案都离不开对如何实现组织未来目标的谋划和安排。如果没有一定程度的计划，决策就只能停留在抽象的目标设定上，势必不能够成为决策；另一方面，计划本身就是被选定的决策方案，或者说计划是被具体化了的决策方案。当创业处于决策阶段时，需要通过多种决策方案或较抽象的行动计划来表现决策者的想法。而当某一方案被选定并具体化后，就成为计划。决策是计划的根据和前提，或者说是偏定性的计划；而计划则是决策的结果和升华，或者说是细密周详的定量化决策。

但是，计划与决策相比又有质的区别。笔者认为计划的思维特征大致可以包括以下几点：

第一，具体性。与预测思维相比较，决策思维虽有一定的具体性，但仍显得较抽象。决策方案对未来目标的设定和实现目标的方法步骤只能是大致的轮廓。计划则不同，计划是决策的实施方案，不允许方案停留在一般的设想层面上，而必须对组织活动的全过程做出明确具体的规定。因此，计划所要求的不仅是关于组织未来目的和任务的说明，更重要的还在于编制出实现这一目标所应采用的战略、策略、方法、步骤和时限。如果说被选中的决策方案仅仅勾画出组织未来活动的框架，那么计划则是在此框架内添加材料，使之成为可使用、可操作的行动模型。倘若计划停留在抽象的层面而不具体，就无法指导创业组织成员的行为。

第二，程序性。计划既然是组织成员完成创业目标的指南和依据，就必须具有可操作的程序性。所谓程序性，是指事物进行过程中各类活动先后发生的顺序。计划的程序是指计划为组织成员和组织系统预先规定的各类工作顺序及其转换、前后衔接的原则。任何组织为实现某一工作目标，必须对组织行为在时间上加以合理分割并使之紧密衔接。如果不作阶段分割或分割不合理，或虽然分割合理但前后衔接不上，就将导致创业实践活动出现混乱局面。计划的一项重要任务就是编制出合理可行、省工省时的工作程序，对先做什么、后做什么、各项工作花多少时间、投入多少人力物力以及前后阶段的工作如何衔接过渡等细节，尽可能做出明确详尽的规定。

第三，可控性。计划的可控性主要包括目标控制、预算控制、资源控制、时间控制和计划监督。所谓目标控制，就是根据计划确立的创业总目标层层确立各子系统的具体目标，制定创业组织各部门的分计划，使各部门处于具体计划的控制之下，从而保证总计划的落实和总目标的实现。预算控制是一种传统的计划控制方法，是以数字形式将计划分解为各个部分，并通过制定与计划有关的预算表，限制执行计划中偏离计划的行为。资源既包括各类物质资源，也包括人力资源。资源控制就是按计划配给创业组织各部门必需的资源，防止因分配不公造成资源浪费和组织混乱。时间控制是指对创业组织各部门的工作时间预先作出规定，并根据跟踪情况加以调整，使各部门协同工作，使各阶段紧密衔接，从而保证计划在规定的时期内完成。计划监督是计划控制的重要方面，其主要做法是增大创业具体计划的公开性和透明度，树立计划的权威性，引导整个组织人人按计划执行，人人以计划相互督促，使计划转化为一种自觉的组织意识。

计划作为指导具体创业实践活动的依据，具有定向、指导、控制、调整和创新等多种功能。所谓定向，是指计划为创业实践确定了明确的工作方向，规定了一定的任务；所谓指导，是指计划为创业活动规定了基本的操作原则和工作程序；所谓控制，是指计划对组织系统各要素的活动幅度、活动节奏和时机时限起着限制作用；所谓调节，是指通过计划的相应变化或部分修改，对组织各部门的关系、系统的总体结构加以调适，以协同系统和谐、有序地运作。

综上所述，创业意识在指导创业实践的过程中，分别表现为预测、决策和计划三种思维形态。预测是对创业实践多种发展趋势的大致估计；决策是通过深入的比较分析、逻辑论证，并根据组织需要对多种可能性进行的判断和优选；计划则是将决策方案进一步具体化、程序化，使之成为可操作、可应用的活动规则和工作指令，以便引导组织成员参与活动，这个过程既是思维由抽象到具体的升华过程，也是由主观到客观、从精神变物质的过程。

第三节　创新创业教育工作方法探索

方法是主体实现目的的手段，或是主体能动作用于对象性客体的各种工具的总称。无论是认识世界或是改造世界，人们都必须借助一定的物质手段或精神工具，离不开相应的方法。没有方法或方法不当，人们就寸步难行、一事无成。创业教育工作作为高校教育工作领域特有的一种对象性活动，自然也依赖一定的方法，这即是创新创业教育工作方法。不过，究竟什么是创业教育所需要的工作方法，不同方法之间有何联系与区别，以及如何正确选择和恰当运用众多的创业教育工作方法，这些都是十分复杂的方法论问题，需要进行深入分析与探讨。

时代的进步和科学技术日新月异的发展，使得一些前人未知的领域和前人没有采用或无法采用的方法逐步被人认识，并运用于创业教育工作实践。正是因为这些伴随新兴科学技术产生的创业教育工作方法逐步被人类认识和运用，创业教育工作活动才跃升到一个新的水平，并日臻完善和富有时代特征。因此，研究现代条件下创业教育中的技术方法意义重大。本节将在对工作方法进行概括分析的基础上，进一步分析创业教育者应当熟悉和掌握的工作方法。

一、创业教育工作方法及其系统结构

创业教育工作作为一种特殊的教育实践活动，必然有其经常使用的工作方法。但是在如何认识和界定创业教育所需的工作方法的问题上，仍需要进行认真的探讨。

首先必须指出，创业教育工作方法不是创业教育工作活动中人们所采用的一切方法，而只是创业教育者在开展创业教育活动中涉及的工作方法，特别是创业教育工作中如何做好教学工作的方法。创业教育工作作为一种实践活动，是创业教育工作主体和创业教育工作客体的互动过程。在工作过程中，创业教育者和大学生都在活动，两者都有自己作用的对象，同时也都借助于一定的方法。那么，是否可以认为创业教育工作活动过程中人们所采用的方法就是创业教育工作方法呢？笔者认为这种观点是不正确的。因为，大学生在创业教育工作过程中虽然也在活动，但他们是在教师的引导下参与创业教育工作的。创业教育者的工作才是创业教育工作的重点，是引导大学生树立"三观"、提高创业能力的特殊实践活动。因此，只有创业教育者的行为方式才具有教育的属性，其方法才是严格意义上的创业教育工作方法。如果将创业教育工作过程中所有成员所使用的方法都看成创业教育工作方法，就会模糊创业教育者与大学生的关系。

创业教育工作方法既然是指创业教育者进行创业教育工作所采用的各种工具和手段，就说明创业教育工作方法是多种而不是一种。那么，创业教育工作方法究竟包括哪些种类？这些不同的方法彼此之间又有何关系？这就涉及方法的系统问题。因此，需要从哲学角度分析、研究、探讨创业教育工作的方法系统。

创业教育工作方法作为一个系统，是由多层次、多侧面的不同方法按照一定结构有机组成的。从方法的总体特征来分类，创业教育工作方法可以划分为创业教育者的认识方法和实践方法；从创业教育工作方法的普遍性程度来分类，又可划分为哲学方法、技术方法和专业工作方法。关于创业教育工作的认识方法和实践方法，前文已有论述。本章重点介绍创业教育工作的哲学方法、一般方法和技术方法及其关系，揭示创业教育工作方法系统的一般特征。

所谓哲学方法，是指创业教育者运用某种哲学观点来研究、观察和指导创业教育工作活动的方法，包括创业教育者如何理解创业教育工作的社会本质和一般规律；如何确立创业教育工作的最终目标和进行价值判断；如何评价教师和大学生的能力以及两者的基本关系；如何在宏观上把握组织和环境、团体和社会之间的关系；等等。总之，凡是涉及创业教育工作的根本路线、战略决策、基本原则和用人宗旨等重大问题，都需借助哲学方法，有关基本信仰的一系列思想价值的问题，也离不开哲学方法。这种方法最具普遍性也最抽象，初看起来似乎不能直接解决创业教育工作中任何具体问题，因而常常被人们所忽视，似乎哲学与学生工作无关。实际上，创业教育者是摆脱不了哲学的，哲学左右着创业教育者的思维方式和行动路线，自觉或不自觉地影响着各种创业教育工作活动，甚至决定着创业教育工作的成败，为创业教育者提供了必不可少的方法论原则。

与哲学方法相关但又有所不同的另一类创业教育工作方法是一般方法。同哲学方法相比，这类方法没有哲学方法那么广的普遍性和形式上的抽象性，显得比较具体、容易操作，但与更具体的各门技术方法相比，它又具有相当大的普遍性，可以称之为"一般方法"。比如行政工作法、物质刺激法和行为控制法等方法就属于一般方法。各类创业教育工作都离不开行政命令、利益激励和行为控制，这类方法普遍适用于各类创业教育工作。再比如进行决策的常规原则、用计划控制监督创业教育工作全过程的目标监管方法等，也因其在一定范围内具有通用性而成为一般方法。

创业教育者特别是基层创业教育者常用的创业教育工作方法是具体的技术方法。这里的"技术"不是指工程技术，不是人们常说的各种技术工具，而是指作为个体的学生工作人员进行创业教育工作的具体方法和技巧。技术方法是最具体、最易操作的方法，也是最直观、最丰富的工作手段。这类方法为创业教育者提供了明确的创业教育工作工具和具体的创业教育工作手段。

创业教育工作方法之所以是一个系统，正是由于创业教育者所采用的不是一种方法或一类方法。一方面，上述方法分属于创业教育工作的不同层次，各有自己的特点和功能，彼此不能取代。另一方面，上述方法又相互制约，相互影响，互为补充，综合运用于创业教育工作。哲学方法是属于最高层次的方法，侧重于宏观决策和总体控制，多为高层创业教育者（如学校分管学生工作的领导）所采用；属于中间层的一般方法，因其通用性和一定范围的规范性，被部门创业教育者和中层创业教育者所采用。至于技术方法，因其具体而实用性强，主要是基层创业教育者采用的创业教育工作手段。当然这并不是说，高层创业教育工作人员只需要懂得哲学方法就够了，可以对一般创业教育工作方法和必要的技术方法一无所知；也不是说中层创业教育工作人员可以抛开哲学方法；更不是基层创业教育工作人员无须掌握必要的一般方法和学会哲学方法。而是说不同层次的创业教育工作人员首先应当学会与自身工作关系最密切的主要方法，同时应该掌握其他方法，不能主次不分或平均使用力量，否则一样方法都掌握不好也使用不好。从创业教育工主体群体来看，因为创业教育工作方法是一个系统，各类方法单独使用都不能发挥最佳的组织创业教育工作效用，只有三种方法兼用、互相配合，才能在大学生创业教育工作中发挥作用。这就要求各级创业教育者树立系统观念，既能熟练掌握某一种创业教育工作方法，又做到互通信息、上下配合；既注意克服方法上的单一化倾向，又杜绝不同方法的混淆和错位。

二、现代技术方法的类别和特征

现代技术方法是在现代创业教育工作中应用的各种现代数学方法、定量化方法和先进技术手段的统一体。广泛应用现代技术方法，是社会发展的客观要求，也是学生工作现代化、科学化、与时俱进的必然趋势。

随着社会发展和科学技术的进步，社会分工日趋精细，各部门之间的联系日益密切，影响学生工作的因素更加复杂多变，因而学生工作相关的信息量和工作量激增，对创业教育工作的要求也就越来越高。在这种新情况下，除认真总结各种行之有效的传统学生工作方法外，还必须广泛应用适合于现代社会的技术方法，以便能更准确地描述和分析问题，深入研究各种因素多方面的数量关系，及时处理大量的创业教育工作信息，并对拟订的计划方案和政策规定进行科学论证。同时，现代数学、信息科学和系统科学等学科的产生以及电子计算机的广泛运用，也为现代技术方法在包括学生工作在内的各领域中广泛运用提供了必要的条件。

现代技术方法是指按照现代社会发展规律和适应现代科学技术进步的客观要求，运用现代自然科学和社会科学的最新成果，对各种工作对象进行有效控制的一系列新技术和新方法。它是在继承和发展一般方法的基础上运用现代科学技术成果，经过不断探索、科学试验、精心优选逐渐形成的。同传统方法相比，创业教育工作现代技术方法具有以下三个明显的特征：

首先是系统性和择优性。一般说来，每一种现代技术方法都有内在的系统性，包括明确的目标、一定的约束条件、达到目标的程序和方法、信息反馈等，从而为科学地解决问题提供一定的模式或模型，使复杂的工作实现科学化。例如，在创业教育工作实践中，引进并建立数学模型进行求解的过程也是优化的过程。又如在一定的约束条件下，对多元学生工作目标选择最佳的组合方案，或在一定的目标要求下，对各种约束条件进行选择和组合，都存在择优的过程。

其次，现代技术方法使创业教育工作数据化，并能把创业教育工作的定性分析与定量分析密切结合起来。现代技术方法区别于传统工作方法的一个重要标志，就是使学生工作活动从定性分析发展为定量分析，从依靠经验判断转变为数理决策。因为建立数学模型，进行定量分析，可使创业教育工作任务进一步科学化，从而大大提高了创业教育工作系统的运转速度和工作效率。

再次，现代技术方法具有较大的通用性和关联性。现代技术方法应用的范围较广，在解决创业教育工作系统中复杂的实际问题时，各种方法可以相互补充，发挥多方法配套使用的整体功能。

现代技术方法的种类很多，这就要求创业教育者要针对不同的对象准确地选择合适的方法，避免方法的混用或错位。同时，各类技术方法又存在着相互联系、相互制约的关系。如果在创业教育工作中孤立地应用一种或几种方法，虽然也能收到某些成效，但有很大的局限性。为此，创业教育者在工作中，应努力使各种方法和技术相互补充，发挥各种方法的综合功能。在当代学生工作中，尤其是在创业教育工作中，使用得比较多的方法包括系统方法、数学方法和预测方法。

三、系统方法

所谓系统方法，是指按照事物本身的系统性把对象放在系统的形式中加以考察和处理的一种方法。这种方法要求从系统的观点出发，始终从整体与部分、系统与环境的相互联系、相互作用、相互制约的关系中综合地、精确地考察对象，以达到最佳处理问题的目的。其显著特点是整体性、综合性、动态性、开放性、环境适应性、最优化。

所谓整体性，是指管理系统要素之间的相互关系以及要素与系统之间的关系，都要以系统整体为主体进行协调，局部服从整体，使整体效果最优。在它的指导下，服务管理要从整体着眼、从部分着手、统筹考虑、各方协调，达到整体的最优化。整体性是系统方法的基本出发点。它把整体作为研究对象，认为世界上各种对象、事件、过程都不是杂乱无章的偶然的堆积，而是一个合乎规律的由多种要素组成的有机整体。这一整体的性质和规律只存在于组织各要素的相互联系、相互作用之中；而不是各组成部分孤立的特征和活动的代数和。因此，这种方法反对传统工作事先把对象分成不同部分，分别加以研究然后综合起来，而是一开始就把对象作为整体来对待，以便从整体与部分的相互依赖、相互结合、相互制约的关系中揭示系统的特征和运动规律。从系统管理目标上分析，任何系统的局部目标和整体目标之间都存在着复杂的联系和交叉效应。大多数情况下，两者是一致的。有时，系统局部认为有利的事，从整体上来看并不一定有利，甚至有害。因此，当局部目标和整体目标发生矛盾时，局部利益必须服从整体利益，体现系统管理目标的整体性。从系统管理功能上分析，系统的整体功能不等于要素功能的简单相加，而是往往大于各部分功能的总和，即"1 + 1 > 2"。这种总体功能的产生是一种质变，它的功能大大超过各个部分功能的总和。系统要素的功能必须服从系统整体的功能，体现系统管理功能的整体性。否则，就要削弱整体功能，从而失去了系统功能的作用。

综合性是系统方法的第二个特点。所谓综合性是指任何一个系统都是由许多要素以特定目的组合而成的综合体，在进行系统管理时，要把系统的所有要素联系起来，综合考察其中的共同性和规律性。它从两个方面对创业教育者提出要求：一是创业教育工作目标的综合，即要求组织系统各个部分必须围绕系统总目标开展工作，或者说要求一个组织的最高领导必须用组织总目标统摄各部分的分目标；二是创业教育工作过程各个部分功能的综合，即要求创业教育者对任何对象的研究，都必须从它的成分、结构、功能、相互联系和历史发展等方面综合地、系统地考察，以保证创业教育工作按组织总目标运行。同时系统综合性原理还提示学生工作应关注两个问题：第一是系统可以分解，由于系统都是由许多要素综合起来形成的，因此，任何复杂的系统都是可以分解的。第二是综合可以创造新事物，现有的事物或要素通过特定的综合可能生成新的事物和系统。"量的综合导致质的飞跃"正是基于这一规律。

动态性是系统方法的第三个特点。所谓系统动态性，是指系统作为现实生活中的一个有机体，其稳定状态是相对的，其运动状态则是绝对的。因此，根据状态属性对系统进行划分，静态系统是相对的，也是动态系统的极限状态。系统不仅作为一个功能实体而存在，而且作为一种运动而存在。在动态性的指导下，可以预见创业教育工作系统的发展趋势，树立超前的管理意识，减少偏差，掌握主动，使系统向期望的目标顺利发展。创业教育工作系统动态性主要体现在系统管理要素的动态性和系统管理功能的动态性两种形态。创业教育工作系统要素的动态性表现在两个方面。一方面，创业教育工作系统要素之间存在着纷繁复杂的联系，这种联系就是一种运动。系统要完成功能输出，需要内部要素相互作用、相互影响，形成一定的输出模式，这个过程本身是动态的。另一方面，创业教育工作系统管理要素与环境的相互作用是一种运动。由于现实生活中封闭系统是相对的，开放系统则是多数，因此，系统与环境之间会存在信息、能量或者物质的交换活动，这个相互作用过程也是动态的。创业教育工作系统管理功能的动态性主要表现为：创业教育工作系统的功能是时间的函数，是随系统要素状态的变化、环境状态的变化、各要素之间联系、要素与环境间联系的变化而变化。

开放性是系统方法的第四个特点。所谓系统开放性，是指在非理想状态下，不存在一个与外部环境完全没有物质、能量和信息交换的系统，即所有的系统都是开放性的。在创业教育工作中，任何试图把系统封闭起来与外界隔绝的做法，都只会导致失败。系统管理的开放性源于系统本身的耗散结构。任何有机系统都是一个耗散结构系统，只有与外界不断交流物质、能量和信息，才能维持其生命。并且只有当系统从外部获得的能量大于系统内部消耗散失的能量时，系统才能不断发展壮大。所以，对外开放是系统的生命。在系统开放性理念的指导下，学生管理者应当充分估计外部对系统的种种影响，努力通过开放扩大系统从外部吸入物质、能量和信息，做好创业教育工作。

环境适应性是系统方法的第五个特点。所谓系统的环境适应性是指系统不是孤立存在的，它会与环境发生各种联系，只有能够适应环境的系统才是有生命力的。同时，系统对环境的适应并不都是被动的，也有改善环境的能动行为。如构成社会系统的人类具有改造环境的能力，没有条件可以创造条件，没有良好的环境可以改造环境。这种能动地适应和改造环境的可能性，受到一定时期人类掌握科学技术、知识和社会经济发展水平等因素的限制。在系统的环境适应性理念的指导下，创业教育者进行创业教育工作决策时既要清醒地认识系统本身的局限性，又要把握一切能动地改变环境的机会，实事求是地做出科学的判断和决策,设计出有利于学生素质提升的工作方案。

最优化是指运用系统方法进行创业教育工作所能达到的最佳效益。根据需要和可能,系统方法可以为系统定量地确定出最优目标,并运用最新技术手段和处理方法把整个系统分成不同等级和不同层次结构,在动态中协调整体与部分的关系,以使部分的功能和目标服从系统总体的最佳目标,达到总体最佳。

从以上六个特点的分析中可以看出,系统方法是一种立足整体、统筹全局、使整体与部分辩证地统一起来的科学方法,它将分析和综合在现代科学技术的基础上有机地结合起来,并运用数学语言定量地、精确地描述对象的运动状态和规律,为运用数理逻辑和计算机软件来解决创业教育工作中的复杂系统问题开辟了道路。

在创业教育工作过程中,运用系统方法应遵循以下几个基本步骤:

首先,确立目标,搜集信息。目标是运用系统方法所要达到的目的,根据具体情况,目标可以是明确的、定量的,也可以是粗略的、定性的。确定目标既要从单项目标入手,注重单项目标的可行性和最优化,又要将各单项目标放在总目标的现象中进行考察,把落脚点立在整体系统的目标上。为了达到系统方法追求的目标,还要按确定的目标搜集信息。搜集信息主要包括三项内容:一是进行实地调查,直接掌握情况。二是广泛收集材料,并按目标要求对有关情况进行筛选。三是对筛选过的情况进行单项分析,包括定性和定量分析,得出一些性能指标和参数。这些指标和参数,或称信息数据,是系统分析的基本根据。

其次,建立模型,拟制方案。这是系统方法的主要部分。建立模型,就是将搜集得来的有关信息因素按一定关系结构组合成一定的模型,用以反映系统活动所要耗费的人力、物力、时间和系统诸因素在系统活动中的作用方式。模型建立后,再以系统活动的各种效益为指标进行综合性比较、评价,然后选择拟定最佳方案。系统模型可能是定性的,也可能是定量的,也可能是定性与定量相结合的。

最后,对方案进行评估检验。建立模型拟制方案之后,还要对方案进行检验评估,分析方案的可靠程度或风险程度。这是因为任何事物都受到随机性干扰。随机性干扰是指人们在现有知识水平上尚无法认识或无法确定的事件。例如自由垂直下落的物体在千秒之内所经过的距离 $S=1/2gt^2$(g 为重力加速度),本来是确定性模型。但下落物体要受到空气阻力,而且有随机性的气候(风)干扰,由运动方程计算的下落距离只能有百分之几十的可靠程度。这就要求对方案必须进行评估检验,以确定方案的把握度和风险度(两者之和为100%)。如果超过了风险标准,就要修改目标,重新制定方案,直到实现最优方案。

现代社会活动规模大、因素多、关系复杂,如果照抄过去那种条块分割、分兵进击的传统方法进行学生工作,势必造成人力、物力、财力和时间上的巨大浪费。

系统方法改变了创业教育工作主体的思想方法,给整个创业教育工作方法论带来了深刻的革命性变化。系统方法可以使创业教育者对创业教育工作的研究方式从以个体为中心过渡到以系统为中心，从单值的过渡到多值的，从线性的过渡到非线性的，从单一测度的过渡到多测度的，从主要研究横面关系过渡到综合研究纵横面关系。这些变化，不仅改变了创业教育工作的背景，改变了学生工作的知识体系，同时引起了创业教育工作主体世界观和方法论的深刻质变。

四、数学方法

数学本身不是目的，而是一种工具和手段，这在应用数学方面表现得特别具体而清楚。因为应用数学就是为设法解决各种具体科学课题而产生的数学工具，是为某一具体科学提供适当而有效的数学方法的学科。

数学方法有以下几个主要特点：

第一，抽象性。现实对象是复杂具体的，每一事物无一不是质和量的统一体。这样的现实对象如果不经过科学抽象，人们便无法在思想中对其加以把握。而数学把量及其关系从现实对象中抽取出来，就摆脱了现实对象的各种具体的复杂形态，从而大大简化了研究对象，使我们可以在纯粹量的关系上来研究对象，以揭示对象的数量关系和过程。

第二，精确性。数学具有逻辑的严密性和结论的确定性。数学推导是严格按照一定的规则进行的，只要前提正确，那么，由数学的内在逻辑所推出的结果本身具有毋庸置疑的确定性。爱因斯坦说："数学方法受到科学家的特殊重视，一个理由是它的命题是绝对可靠和无可争辩的。还有另一个理由，那就是数学给予精密自然科学以某些程度的可靠性，没有数学，这些科学就达不到这种可靠性。"运用数学方法，对客观事物中各种质与量以及量的关系、量的变化进行推导和演算，能够使现象及其过程得到精确的定量描述。所以，数学方法也是决策最优化的可靠工具，利用数学模型对几种可能的方案进行推导和演算，就能从数量上进行精确地比较，帮助人们选择最优的方案。

第三，普遍性。数学对象的普遍性决定了数学方法的普遍性。数量及其关系是各种事物所具有的共同特征。任何事物既存在质的方面，又存在量的方面，没有质的事物固然不存在，没有量的事物也不存在。既然任何事物都是质和量的统一，那么从可能性来说，任何领域都可以应用数学和数学分析，大学生创业教育工作自然也不例外。

数学作为数量结构科学，数学方法的普遍性还反映了异质同构现象的存在。就是说，不同质的事物和系统可以存在着同样的数量关系，而同样的数量关系又可以反映不同的物质存在形态和不同的物质运动过程。

数学方法可以应用于各门科学，这是就原则和理论来说的，要把这种原则和理论上的可能变为现实，需要人类不断地探索。科学和社会发展的历史表明，进行质的定性分析相对来说比较容易，而进行定量分析就比较困难。近代科学产生以后，数学方法首先在力学和物理学中得到了广泛的应用，而后是化学。目前，数学方法在社会科学某些领域中也开始得到应用，比如运筹学（优选法、统筹学、规划论、对策论等），数学在一些社会科学（特别是经济学）中正在显示出它的作用。

随着现代科学的不断进步，数学方法也开始应用于大学生创业教育工作。在数学方法的参与下，部分创业教育工作就可以用数学模式程序来表示计划、组织、控制、决策等合乎逻辑的程序，求出最优的答案，从而达到目标。

此外，计算机还为数学方法应用于大学生创业教育工作开辟了新天地。它不仅可以协助创业教育者对大学生创业教育工作活动的全过程进行宏观的调控，提高大学生创业教育工作跨度，而且适应高速发展的现代社会的需要，使大学生创业教育工作高速化、精确化。当然，随着大学生创业教育工作的发展，人们对现代创业教育工作各个层次的认识越来越深入，反映到创业教育工作的认识手段和方法上，就比以往任何时候更加需要多种方法协同发展。

五、预测方法

所谓预测，是指对于客观事物未来发展状况进行分析、估计、设想和推断。预测并不神秘，事实上，人们时时处处都在做出预测判断，例如出门需注意天气的变化，预定乘车路线等。总之，要实施一个有目的的行动，必然会有一个对未来的考虑过程，这个过程就包含预测。日常生活中的预测一般比较简单，较易执行。但对创业教育工作活动来说，预测的内容就复杂多了。

科学的预测，应通过对客观事物的历史和现状进行科学分析和调查研究，由过去和现在推测未来，由已知推测未知，从而揭示和预见事物未来的发展趋势和变化规律。科学的预测不是随意猜测，而是在正确理论的指导下，对客观事物进行深入分析，并运用现代先进的预测技术，进行系统的研究。

第一种方法，专家评估法。即组织有关领域的专家运用专业方面的经验和理论，研究预测对象的性质，对过去和现代发生的问题进行综合分析，借以对学生工作未来的发展前景进行判断。专家评估法主要包括个人判断、专家会议和德尔菲法（即专家调查法）等。个人判断一般是指专家权威凭个人经验和知识才能做出预测。专家会议是指依靠专家集体智慧做出预测。德尔菲法是由美国兰德公司首先采用的一种方法，又称为"专家调查法"，就是采用书面形式征询各个专家的意见、背靠背地反复汇总与征询意见，最后得出一个比较一致的预测意见。

第二种方法，预兆预测法。这是通过调查研究前兆现象推断后继现象的一种预测方法，是因果联系最敏捷的发现形式。预兆预测法的关键是准确掌握后继现象与前兆现象之间的种种联系，特别要注意两者的内在联系，排除偶然性。有时只知道两者相随发生，并不知道其内在联系，这种预测便是不可靠的。只有密切注意两种现象相随的再现率，并通过思考以发现二者之间的本质联系，才能确定引起后继现象的前兆现象，从而对将来的发展趋势作出正确的预测。

第三种方法，时间序列预测法。时间序列也称为"时间数列"，是将某种统计指标的数值按时间先后顺序排列而形成的数列。时间序列预测法，就是通过编制和分析时间序列，根据时间序列所反映出来的发展过程、方向和趋势，进行类推或延伸，借以预测下一时期或以后若干时期可能达到的水平。时间序列预测的内容包括：收集整理某种社会现象从过去到现在的历史资料，编成时间序列，按各种可能发生作用的因素分类（长期趋势、季节变动、循环变动、不规则变动），分析时间序列，从中寻找该社会现象随时间变化而变化的规律，得出一定的数学模式，并以模式去预测该社会现象的未来情况。

第四种方法，回归分析法。即研究引起未来状态变化的各种客观因素的相互作用，找出各种客观因素与未来状态之间的统计关系的方法。这是一种依据事物间的因果性原理，用数学工具建立的预测方法。在随机事件中，某些变量之间存在着一定的依赖关系，一个变量的变化能够引起另一个变量的变化。当人们能够准确地发现这些变量之间的数量关系时，就表现为函数关系；当人们难以准确地确定其数量关系时，就只能通过对大量数据的分析，找到某种相关性关系。为了定量地把握事物的因果规律，需要通过回归分析的中介，使相关关系转化为函数关系。回归分析，就是根据大量统计数据来近似地确定变量间的函数关系，即定量确定相关因素间的规律和方法，可以用来进行预测。

第五种方法，类推法。类推法至少是在两个事物中进行的，一个作为模型出现，另一个作为被预测事物出现，前者称为"类推模型"，后者称为"类推物"。类推法的本质是把类推物与类推模型进行逐项比较，如果发现两事物间的基本特征相似，并且有相同的矛盾性质，就可用类推模型来预测类推物。

预测的程序一般有以下几个步骤：

首先，确定预测目标和任务。预测目标是指预测所要达到的目标，实际上就是确定未来事物的质的规定性和量的规定性，或者是二者的统一。预测总是为一定的目标和任务服务的。创业教育工作的目标和任务决定了预测的目标和任务，目标清楚，任务明确，才能进行有效地预测。

其次，输入预测信息。预测结果的准确性取决于输入信息的可靠程度和预测方法的科学性。预测所需的资料有纵向资料，也有横向资料。对于已占有的资料要进行周密的分析检验，检验其可靠性，并通过分析去粗取精，去伪存真；还要检查统计资料的正确性与完整性，不够正确的要进行适当的调整，不够完整的要填缺补齐。

再次，预测处理推断。预测处理推断，是指根据预测资料，运用一定的逻辑推理方法，对事物未来发展趋势进行预计和判断。这是预测的关键环节。在实际工作中，我们可应用的预测方法很多，具体选择什么方法应依据预测目的、预测对象的特点、资料占有情况、预测经费和预测方法的适用范围等条件来决定。

最后，输出预测结果。它包括鉴定预测结果和修正预测结果两个内容。预测毕竟是对未来事件的设想和推断，由于受到资料不足、方法不当及人们认识的局限性等因素的影响，故而容易产生预测误差。误差越大，可靠性就越小。因此必须对预测结果进行鉴定，并对误差大小作出估计。分析误差的目的，在于观察预测结果与实际情况偏离的程度，并找出发生偏离的原因。输出预测结果是预测程序中最后一个步骤，它既是通过修正预测结果,使之更符合客观实际情况的过程,又是检查预测系统工作情况的过程。

科学预测方法在大学生创业教育工作中具有关键性的作用。从决策程序来看,不论是确定决策目标阶段,还是优选决策和追踪决策阶段,都是离不开预测的。看不准未来的发展趋势,就不能确定决策目标;没有预测作为依据,决策就是冒险的、不可靠的;如果没有预测的可靠根据,就有可能造成再次失误。从预测科学的角度来说,没有预测的决策违背了"时机原则",是根据不足的决策,亦是时机不成熟的决策。当然,最好的科学预测也绝不会是绝对可靠的,只能是一种有科学根据的最大概率,但对于决策来说,这已经很好了。

加强预测能力是提高创业教育者应变能力的重要一环。随着科学技术的迅猛发展,特别是现代化通信工具、信息技术和计算机的应用,使创业教育者面对一个瞬息万变的世界,需要对各种不同的事物开展预测,提高应变能力,对于各种不同的可能性做出不同的预测判断。另外,加强预测也是提高工作效率和经济效益的迫切需要。

六、心理调适激励方法

创业教育是一个全方位的工作,因此要求创业教育者在运用"技术"方法的同时,还必须洞察大学生的心理活动和思想情绪,学会运用心理沟通和思想激励等心理方法。

1. 心理沟通和心理调节

在创业教育工作中,人是起主导作用的因素。充分调动大学生的积极性和创造性是创业教育工作的一个重要内容,而要解决这个问题有时便需借助心理学。在创业教育工作中运用心理学方法,就是从改变大学生的精神状态入手来调动大学生的积极性和创造性,使每名参与创业学习的大学生都能在活动中得到一定的心理上的满足,进而实现创业教育工作的目标。

这里所说的心理沟通和心理调节,就是在创业教育工作中创业教育者经常运用的两种工作方法。其中,心理沟通侧重于对大学生进行心理疏导,而心理调节侧重于启发大学生学会心理的自我调控。

(1) 心理沟通在创业教育工作活动中的作用。

正确的心理沟通有助于师生之间交流思想,了解彼此,消除分歧和误解,做到互相信赖、统一思想,以加强群体意识,发挥整体效应。心理沟通在创业教育工作活动中有以下几个方面的作用:

第一,心理沟通是实现创业教育工作目标的保证。创业教育工作的许多活动都是以沟通为基础的,例如实践教学环节过程的指挥和协调都必须借助于心理沟通来实现。

第二,心理沟通是加强思想工作的重要手段。为了使学生在创业实践中树立正确的"三观",创业教育者必须通过各种沟通形式,向广大学生宣传正确的理念,使学生产生心理共鸣,达到理解和认识,从而使创业教育者的思想转化为每个大学生的实际认识。

第三,加强心理沟通有助于提高工作效率。要提高创业教育工作效率,创业教育者自身的品德、责任心和工作作风等主观因素很重要，同时，还需要保证沟通渠道顺畅。因此，只有加强创业教育者与大学生的心理沟通，建立多形式、高效率的沟通渠道，才能使信息通畅，实现提高创业教育工作效率的目标。

心理沟通非常重要，创业教育者要提高沟通水平，首先要提高自身业务水平。具体来说要做好如下工作：提高创业教育者的思维水平，保证心理沟通的效果；提高想象力，设身处地为大学生着想，以便引起共鸣，使大学生积极接受沟通的内容；提高记忆力，保障及时、准确地传输和接受各种信息；养成良好的沟通习惯，集中注意力，稳定情绪，端正态度，确保与大学生的沟通顺利进行。

（2）心理调节在创业教育工作中的作用。

所谓心理调节，简单地说，就是人与人之间在心理上的协调、沟通、交流、转换和平衡等。创业教育工作活动中的心理调节，是指通过调整、调解和疏通等手段，缓解心理压力，消除心理障碍，使之树立信心、相互配合，朝着预定的方向前进，从而顺利地完成任务。具体地说，心理调节在创业教育工作活动中有以下两方面的作用：

第一，凝聚指向作用。要实现创业教育工作的预定目标，创业教育者必须做到心理相容、凝聚成团。良好的心理调节是使人们活动的动机指向共同目标的心理保障，可以使各个方面的人员在心理上贯通一气、彼此配合，以使整个组织有计划、有步骤地为实现特定的目标而努力工作。

第二，节约增效作用。良好的心理调节可以减少创业教育工作组织成员因心理失衡和彼此间心理防范造成的各种内耗，从而用较少的人、财、物和时间办更多的事情，避免各种无形的浪费。良好的心理调节还可以提高创业教育工作的质量，达到不增人而增效的目的。

客观世界千变万化，充满着矛盾和冲突。心理平衡也只是相对的、暂时的。环境总是在发展变化，身处其中的人必须不断地调整心理状态才能达到新的平衡。心理平衡是一个动态的平衡，随着环境的不断变化，心理平衡也会不断地被打破。心理平衡被破坏是否会引起心理障碍，关键在于当事人能否及时调整心理活动，及时建立新的平衡，以适应环境的变化，维护心理健康。

实践证明，心理平衡是可以通过调节来实现的，这是因为人的心理活动、情绪和行为方式都受大脑皮层神经活动的支配，而大脑皮层的兴奋和抑制是可以调节和转换的，特别是通过有意识地锻炼，可以使大脑皮层的活动趋向健全。心理活动常常是由外界环境刺激而引起的，外界环境条件变了，心理活动必然也会随之改变。根据心理学理论，宣泄、转移和升华等都是调节心理平衡的有效途径，但遇到具体问题的时候，创业教育者可以根据具体情况指导大学生进行心理调节，选择调节方法。具体可以按照以下几种情况选择调节方法：

第一，在创业的征途上，并不都是一帆风顺的，每个人在前进的道路上，都会遇到困难或阻力。在大学生面对挫折时，创业教育者应该帮助、开导受挫大学生，教育他们树立正确的挫折观。首先，可以告诉大学生在感情上要承受挫折，正视现实，事情已经这样，就不会成为别的样子，要勇于面对现实，平心静气地接受已发生的事情。其次，要让大学生相信"失败是成功之母"，从失败和挫折中总结经验教训，才会使人变得聪明起来。在事业上要想做出一点儿成就，必须要有不怕失败和挫折的顽强拼搏精神。最后，用"退一步"的方法来减轻大学生的心理压力。大学生在犯了错误之后如果能这样想，心理压力就会减轻。只有这样，大学生将来面对创业实践中的挫折才不会不知所措。

第二，大学生由于各人兴趣、爱好和性格不同，在教学环节尤其是在创业模拟环节，彼此之间不可避免地会发生矛盾和冲突。在这种情况下，创业教育者应该教育大学生注意克制，树立正确处理矛盾的方法。首先要教会学生理智、克制和忍让，要有意识地强行克制自己，促使冲突气氛转变。争吵时，只要一方做出让步，另一方激烈的情绪就会很快平复，因矛盾、冲突带来的烦恼、紧张情绪也会随之缓解。其次，要努力想办法使当事学生离开现场，使其慢慢恢复平静，然后冷静思考，找出解决问题的办法，消除矛盾、处理冲突。最后，要提倡宽容，以求得心理相容，即要大学生学会心理置换，设身处地为别人着想，求得和别人心灵相通，增加相互了解和谅解。这样，很多矛盾都会在大度相容的心境下得到很好的解决。

第三，当大学生遭到失败、挫折后，情绪往往十分激动，如果任其发展下去，势必酿成不可收拾的局面。在这种情况下，创业教育者应积极做好大学生的思想工作，晓以利弊，使之树立从长远处着眼、不要被一时的挫折所打败的思想观念；还要教给大学生一些方法，使学生学会解脱。首先，引导学生向教师或朋友倾吐出来，痛痛快快地宣泄，这样，学生就会感到卸掉了一个沉重的包袱，心里就会觉得轻松许多，同时可以从朋友的劝告中得到支持与安慰。其次，自然分心。在情绪剧烈波动时，不要让学生沉湎于烦恼痛苦的事情，而要分散学生的注意力，有意识地让学生做些使心情平静且愉快的事情，使怒气和烦恼逐渐消失。

2. 精神激励

创业教育工作中的心理调适方法不仅包括上述的心理沟通和心理调节，还包括多种激励手段。所谓"激励"，是指创业教育者借用各种手段去激发学生的学习热情，具体而言，是指创业教育者运用一切有效的手段，去改变大学生的心理状态，激活大学生潜在的主动性和创造性，引导大学生自觉地投入到学习和学生活动中，以完成预定的目标。激励的手段和方法多种多样，但依据激励手段的性质来分类，激励大致可以划分为物质刺激（物质激励）和精神激励两个大类。虽然物质刺激能够满足人的物质需要以激起人的热情，在现代社会中使用得很多，但单纯的物质刺激存在明显的局限性，因为人不仅有物质生活还有精神生活，不仅需要满足其物质欲望，还需要满足其更高与更丰富的精神追求。同时由于创业教育工作属于学校教育范畴，因此创业教育工作中应把精神激励作为主要方法和手段。

实行精神激励的第一种方法是增强学习兴趣。兴趣是个人对客体的选择性态度。人的学习过程总是伴随着一种积极的情感体验。当人对某一事物或行动感兴趣的时候,就会感到喜爱和满意,集中精力于感兴趣的对象。而当学生对学习感兴趣时就会热爱学习,就会在学习中充分发挥主动性和创造性。概括起来,增强学习兴趣可以从三个方面入手:一是改善学习条件,在不影响教学效果的前提下,对教学内容进行必要的重新组合,尽量使学习内容丰富一些;二是增强对学习意义的理解,使学生了解自己学习创业知识的社会意义,看到自己的学习成果及其社会价值,培养学生的学习兴趣;三是尽可能根据个人特点安排学习,力求学习安排适合其性格、知识、愿望和特点,并调整不合理的学习安排。

实行精神激励的第二种方法是精神表彰。表彰对积极行为起强化作用,对消极行为起弱化作用。要做好表彰工作需要注意以下几方面的问题:

第一,通过调查研究准确掌握精神表彰对象,弄清楚哪些人应该表扬,哪些人不应该受表扬,保证表扬的严肃性。

第二,精神表彰要及时。及时表扬才能发挥表扬的最大功效,增强大学生对表扬的重视。

第三,精神表彰要注意场合,要弄清楚哪些事情应该公开表扬,哪些事情在一定范围内表扬,哪些事情在若干人面前表扬或单独夸奖几句。

第四,精神表彰要具体,被精神表彰的人要具体、事情要具体,越具体越生动,越有感召力。

第五,精神表彰要讲究语言艺术,要热情、诚恳、有感染力,同时要掌握分寸。

除上述几方面外,整个学习集体的精神状态对每个大学生的行为也有很大的影响。和谐的精神状态可以使大学生获得安全感、归属感、自豪感和集体荣誉感,乐于参与集体组织开展的活动,并为活动圆满成功积极努力。

因此,创业教育者要善于用精神激励方法制造一种良好的气氛,使每一个大学生都生活、学习得愉快、舒畅,达到学习集体内相互激励的目的。

第四节 创业者创新思维能力提升策略

国家在提出推动创新创业理念的时候,是把创新创业作为关联概念提出的。然而,在以往的创业教育实践中,往往忽视创新能力的培养,使得创业者创新能力不足,进而影响创业实践活动的可持续发展。因此,本节将简单介绍提升创业者创新能力的对策。

一、创业者创造创新能力概述

在学术界,创造和创新两个词具有不同的含义。因此,必须首先分析创造与创新的区别。

英文的"创造"一词是由拉丁语"creare"一词派生而来。"creare"的大意是创造、创建、生产、造成。它与另一个拉丁词"cresere"（成长）的词义相近。从词源上分析，创造的含义是在原先一无所有的情况下，创造出新东西。创造特别强调独创性。然而，任何创造都不是无中生有的，而是在前人创造的基础上有所突破，所以要论"创造"二字的含义，中国语言中的创造更贴切实际。根据《词源》的解释，"创造"是由两个字组合而成的，"创"的主要意思是"破坏"和"开创"，"造"的主要含义是"建构"和"成为"。所以"创"和"造"组合在一起，就是突破旧的事物，创建新的事物。

创造是各式各样的，时时处处都可以有创造。如科学上有发现，艺术上有创作，方法上有创新，技术上有发明。"唯创必新"是创造的根本特点。

美国创造心理学家 I. 泰勒曾提出划分"创造五层次"的著名观点。具体内容如下：

1. 表露式的（expressive）创造

意指即兴而发，但却具有某种创意的行为表现。例如，戏剧小品式的即兴表演、诗人触景生情时的有感而发等，其创造水平或程度一般属于这一层次；儿童涂鸦式的画作有时很有创意，其水平亦属此层次。

2. 技术性的（technical）创造

意指运用一定科技原理和思维技巧以解决某些实际问题而进行的创造。如"把素材按新的形态组合产生出新事物"，或"某种旧的结合解体，新的结合重新产生"。

3. 发明式的（inventive）创造

意指在已有事物的基础上，产生出与以往曾有过的事物全然不同的新事物的创造。例如：爱迪生发明的电灯，贝尔发明的电话，等等。

4. 革新式的（innovative）创造

意指不仅在旧事物基础上产生了新事物，而且是在否定旧事物或旧观念的前提下造出新事物或提出新观念的"革旧出新"的创造。例如，技术史上出现各种新工具以代替旧工具，科学史上发现新定律以替代旧定律等。

5. 突现式的（emergentive）创造

意指那种与原有事物无直接联系，看似"从无到有"地突然产生出新观念的创造。可以说，各学科领域荣获诺贝尔奖的重大科学发现均应属于这一层次的创造。

第一个明确地阐述创新概念的是美籍奥地利经济学家熊彼特。他在1912年发表的《经济发展理论》一书中，提出创新是经济生活内部生产要素和生产条件的新的组合，并指出创新有五种存在形式：

第一种，引入一种新产品或一种产品的新质量。

第二种，采用新的技术或新的生产方法。

第三种，开辟新的市场。

第四种，获得原材料或半成品的新的供应来源。

第五种，实现企业新的组织形式。

在熊彼特的创新概念中，技术创新是其关注的重点，制度创新只关注于企业内部的组织结构。因此，熊彼特提出的创新只是创造的一部分。中国现代创造学研究是从陶行知创造教育研究开始的。1918年，陶行知在《试验主义教育方法》等论文中，提出了改革教育的创造教育思想。20世纪80年代初期，学术界开始在创造工程、创造技法引进等方面开展研究。20世纪90年代，国家开始推动创新工作。20世纪90年代中后期，技术创新概念替代原来使用的技术革新。而后，创新概念被技术、经济领域以外的领域使用，与熊彼特最初提出的概念的外延已经区别很大。因此，共青团组织开展"引航"工作时，需要提高的主要是创造力，而后才是实现创新。

分析创新的类型需要从创新实践的主体出发来探讨问题。根据创新工作主体之间的不同关系，创新可以分为自主创新、模仿创新和合作创新。

自主创新是指创新者依靠自己的知识和能力，在工作上取得突破，提出或使用某种工作方法开展某项活动。自主创新可分为原始创新和一般自主创新。尽管全球化正在推进，国内外高校交流的机会逐渐增多，但是高等教育工作还没有成为统一的主体。在创业教育工作中，具体的高校或校内部门仍然是主体的主要形式。每所高等院校的利益是相对独立的，每所高等院校内部的群体和个人的利益也是独立的，新的创业教育经验的扩散和普及一般都会有一段时间延续性，而且往往遭遇到因学校情况不同导致的"水土不服"。因此，创业教育工作创新在现有社会的条件下，不一定是原始创新，即原创出具有自主知识产权的工作方法和理念创新，还包括一般自主创新。它的成果可能在全国范围内不属于原创，但是在一种类型的高校（例如"985""211"、普通一类本科、普通二类本科、普通三类本科）范围内是首先出现的。从严格意义上来说，一般自主创新不具有原创性，但是它在现有社会发展阶段，对于一所具体高等院校来说是有意义的，它可以根据本校情况，提出适合自身类型的首创性方法。创业教育工作中的原始创新具有根本性和原创性，最能代表一个地区的创业教育理论与实践研究水平。大批的原始创新成果的出现往往可以带来一个地区的创业教育理论与实践水平的飞跃式发展。

模仿创新是创新者在所引进的原始创新或一般自主创新成果的基础上进行的一种创新。它不是简单的模仿，需要对引进的新方法和理念进行消化和吸收，并在此基础上进行再创造，改进或重组原有方法，以达到突破性的效率和效果。模仿创新可以迅速提高创业教育工作效果，是实现创业教育工作进步的捷径，不但节约了时间，而且节约了先期理论研究的人力和物力资源。因此模仿创新是层级较低的高校采用最多的创业教育工作创新方式。但是要想成为同层级高校创业教育工作领域真正的领先者，模仿创新就具有局限性。

合作创新是指创业教育者与校内外各层次主体之间以各种组合方式联合开展的工作创新。在全球化和知识经济的时代条件下，合作创新的必要性和优势越来越明显。随着全球交往和生产的国际化，教育工作领域的研究实践水平不断提高，高等教育涉及的问题越来越复杂，单一主体很难应对这种局面。为了实现做好创业教育工作、提高大学生创业能力的共同目标，不同的创业教育主体往往采取合作创新的战略。合作创新实现了资源共享、优势互补，节约了时间和投入，减少了失误和风险。在开展合作创新时，首先需要明确合作目标、合作期限和合作规则，划清各自的权利义务，这样才能避免主体之间的利益冲突，使合作顺利进行，达到预期效果。

通过上面的分析，不难发现，创新对创业教育工作意义重大。如何提高创业者的创新能力就成为一项重要工作。笔者认为要实现这样一个目标，创业教育者首先要破除传统观点中关于创造认识的几个误区。

第一，在传统的观点中有一种观点认为：创造是一种天赋，无法教授。这种观点的最大作用就是可能使人认为创造力开发是没有意义的。中外种种成功的例子证明了这种观点的局限性。但是，这种观点的支持者仍然会从一些在人类历史上作出卓越贡献的创造型天才，尤其是那些在自己擅长的领域中作用突出的成功者的例子中找到佐证，莫扎特、爱因斯坦或米开朗琪罗都成为他们的好例子，进而说明对人类历史产生重大影响的天才们是没法制造的。应该注意的是，数学能力、艺术表达能力乃至运动天赋都有各种有用的级别，即使在缺少天才的时候也是如此。就像一组人参加百米比赛，发令枪响后，比赛开始，必然有的人跑得最快，有的人跑得最慢。他们在比赛中的表现依赖于天生的奔跑能力。现在，假设有人发明了自行车，并让所有赛跑者进行训练。比赛改为自行车比赛再次开始，每个人都比以前运动得更快。但是，有的人仍然最快，有的人仍然最慢。如果我们不为提高人类的创造力做任何努力，显然个体的创造能力就只能依靠天赋。但如果我们为被训练者提供有效和系统的训练方法，就可以提高创新能力的总体水平。有的人仍然比其他人好，但每个人都可以学会创造技能，提高自己创造性解决问题的能力。"天赋"和"训练"之间根本不存在矛盾，每位教练员或教师都会强调这一点。事实上，学习创造学理论与方法和学习其他知识之间没有什么区别。一方面，教学可以将人们培训成有创造能力的人；另一方面，受教育者已有的天赋可以通过训练来提高。因此可以认为"创造无法学会"的观点现在已经站不住脚了。创造力具有"可教性"和"不可教性"。天赋是无法训练的，但训练可以激发潜能。也许创业者学习创造学理论不可能训练出天才，但是很多有用的创造并不是天才的功劳。要提高全体创业教育工作者和被教育者的能力，学习创造学理论工作必不可少。

第二，在传统的观点中另一种观点认为：创造来自于与传统观点格格不入的思想，有许多创造是在打破旧有的观点、观念基础上实现的。而且，这一观点也很容易在生活中找到佐证。因为，在学校里许多成绩优秀的学生似乎属于循规蹈矩派，而在实际工作中有所创造的人往往在学校读书时成绩不佳。有创造性贡献的人必然拥有与传统观点有差异的观点，但是，没有前人的积累，有创造价值的观点又从哪里来呢？难道是从天上掉下来的吗？没有旧有的事物作基础，任何新事物都无法产生。创造本身就是一个辩证否定的过程。批判地继承绝不等于全面打倒，与传统观点有差异更不等同于与传统观点格格不入。

第三，在传统的观点中还有一种观点认为：有创造力的人往往在右脑或左脑的使用习惯和开发上有一种明显的倾向性。于是，就产生了左脑或右脑主动性的观点。这种观点进而认为：惯用右手的人的左脑是大脑中"受过教育的"部分，识别和处理语言、信号，按我们已知的事物应该存在的方式来看待事物。右脑是未受教育的"无知"的部分。因此，在与绘画、音乐之类有关的事中，右脑单纯无知地看待事物。我们可以画出事物本来的、真实的面目，而不是按臆想来画。右脑可以允许我们有更完整的视图，而不是一点一点地构造事物。于是，在提到创造性思维时，这种观点认为，创造只发生在右脑；为了具有创造性，我们所需要做的就是停止左脑思考，开始使用右脑。事实上，所有这些事情都有其价值，但当我们涉及关于改变概念和认知的创造时，我们别无选择，只能也使用左脑，因为这是概念和认知形成和存放的地方。通过PET(Positive Emission Tomography, 正电子发射断层成像)扫描，有可能看出在任何给定的时刻，大脑的哪一部分在工作。在胶片上捕获到的放射线的闪光表明了大脑的活动，可以很清楚地看到，当一个人在进行创造性地思考时，左右脑会同时处于兴奋状态。这正是人们所期望的。

在获得正确的认识基础上，创业教育者需要做好如下工作：提高创造性思维能力、掌握创新创业实践相关的工作方法，这样才能创造性地解决创业教育工作中面临的问题。

创造并不是孤立的、凭空的，而要依赖于大量信息的积累，更会受到人的思维习惯和方法的影响。要提高创造性思维能力，不仅要掌握那些带有创造性思维特点的思维形式，还要掌握基础性的思维形式。具体地说，要注重创造性思维能力的提升。首先，努力养成突破传统观念直接解决问题的习惯。其次，努力保障逻辑思维的严密性。最后，要善于变换思维角度。

由于创业实践工作方法前文已有论述，下面将结合上述原则对创造性思维的能力特点和提升对策进行分析。

二、善于突破传统观念

在创新实践中，常常会遇到一些比较复杂的问题。人们似乎认为对于复杂问题的解决必然是一件复杂的事情。产生这种观点的重要原因之一是传统观念的影响。要解决这类问题，就要通过突破传统观念来简化问题，使问题得到解决。在具体的工作中，创新创业者可以借助以下三种思维方法突破传统观念。

第一，利用直觉思维直接突破传统观念。直觉思维法是一种未经有意识的逻辑思维而直接获得某种知识的思维方法。直觉思维是一种潜意识思维，也是突破传统观念的有效手段。人们有时对某一问题的理解、某种认识的产生，并非经过严格的逻辑推理，而是由突然领悟而获得的。直觉是人们在认识过程中，头脑中的某些信息在无意识的状态下经过加工而突然沟通时所产生的认识的飞跃，表现为人们对某一问题的突然领悟，某一创造性观念和思想的突然降临（灵感），以及对某种难题的突然解决。

直觉思维是一种从材料直接达到思维结果的认识活动，是一种思考问题的特殊方法和状态。人们在思考问题时，借助直觉启示而对问题得到突如其来的领悟或理解被称为

"顿悟"。顿悟属于潜意识思维，它的特征表现为：功能上的创造性、时间上的突发性、过程上的瞬时性和状态上的亢奋性。在现实生活中，人们往往遇到这种情况：对于某个问题，思考者已经研究很久了，成天苦苦思索，仍然没有解决问题的思路。而在某个外界因素的突然刺激下，思考者头脑中突然出现了一种闪电式的高效率状态，顿时大彻大悟，一通皆通，问题便迎刃而解了。顿悟并非是某些科学家、艺术家、文学家所特有的，每个正常人的大脑都具有这种功能，差别仅在于顿悟出现次数的多少和功能的强弱，而不在于其有无。顿悟并不是虚无缥缈的，不会凭空发生，它只是垂青于那些知识渊博、刻苦钻研、经验丰富的人。勇于实践，积累广博而扎实的知识是灵感顿悟产生的基础。产生灵感顿悟的最基本条件是对问题和资料进行长时间的顽强的思考，直至达到思想的"饱和"，同时必须对问题抱有浓厚的兴趣，对问题的解决怀有强烈的愿望，使头脑下意识地考虑这一问题。

启迪是顿悟的关键诱因，它连接各种思维信息，是开启新思路的契机。当主体的灵感孕育达到一触即发的"饱和"状态时，只要有某一相关因素偶然启迪，主体顷刻就会豁然开朗。因此要留心观察周围的事物或现象，以便及时起到开窍作用。灵感顿悟来去倏忽，稍纵即逝，很难追忆，要掌握、珍惜最佳时机，善于捕捉闪过脑际的有独创之见的思想。灵感顿悟大多是在思维长期紧张而暂时松弛时得到的，思考者要养成良好的学习、工作方法和习惯，注意张弛结合。要想促进思考者产生顿悟，就要创造相对安定的环境，否则不相关的信息太多，思考者根本无法进入研究、探索的境界，也不可能造成灵感顿悟产生的境域。创造性思维的灵感、顿悟好像是刹那间从天而降的。其实人的潜意识活动在一定范围内得到显意识功能的合作，经历了一个孕育的过程，当孕育成熟时即突然沟通，涌现出意识，终于灵感顿发。正因为它有一个客观的发生过程，所以灵感顿悟并非是神秘莫测、不可捉摸的。在人的灵感产生以前反复思考，思想活动高度集中，就已经把思维从显意识扩大到了潜意识。思维在潜意识里加工，偶然和显意识沟通，得到了答案，就表现为灵感。周总理用八个字，很好地概括了灵感产生的认识论基础，这就是"长期积累，偶尔得之"。直觉和灵感的产生，都是创造经过长期观察、实验、勤学和苦想的结果。没有这个基础，灵感是不会飞进人的大脑的。创新创业工作中的灵感和想象往往是模糊的，如果不重视这种模糊的思维，就可能让灵感白白溜掉。

必须指出的是，直觉思维不会凭空而来，而是与专业知识背景紧密相连的。因此，直觉、顿悟乃至于在梦中产生的想法，都必须以一定的理论知识背景为基础，那种认为直觉、顿悟可以解决一切的想法是十分不切合实际的。

第二，利用想象突破传统观念。人的创造性思维来自丰富的想象，创造想象是创造活动的先导和基础。好的创造成果无不起源于新颖、独特的创造想象。人们在思考问题时，除了运用概念进行判断、推理外，还依赖于想象。广义的想象包括：联想、猜测、幻想等。想象把概念与形象、具体与抽象、现实与未来、科学与幻想巧妙结合起来。但值得注意的是：想象的东西在没有被实践证实之前，始终是想象而不是真理。要把想象变成现实，既要有一定的条件，也要有一定的过程。想象是带有某种程度的猜测性的，它至多是一种预测而已，而猜测或预测不一定都能实现。因此，我们在倡导想象、提倡培养自己丰富的想象力的同时，必须对想象保持清醒和不同程度的怀疑态度。

想象本身是以人类旧有的经验为基础，通过对这些经验的有意识重组，进而创造出来一个崭新形象的心理过程。人们在分析和解决问题时，可以通过一系列具有逻辑上因果关系的想象活动，来改善特定的思维空间，从而选择解决问题的手段和思维方法。

联想是想象的核心。联想是通过事物之间的关联、比较，扩展人脑的思维活动，从而获得更多创造设想的思维方法。联想可以通过对若干对象赋予一种巧妙的关系，从而获得新的形象。运用联想，可以使风马牛不相及的事物联系起来。联想是培养创造性心智机能的一种有效的方法，是通向新知识彼岸的桥梁。它可以在已知领域内建立联系，也可能从已知领域出发，向未知领域延伸，获得新的发现。不少成功的发明创造往往是通过联想获得的。联想不是一般的思考，而是思考的深化，是由此及彼、由表及里的思考。一个人如果不学会联想，学一点就只知道一点，那他的知识不仅是零碎的、孤立的，而且是很有限的。如果善于运用联想，便会由一点扩展开去，使这点活化起来，举一反三，触类旁通，产生认识的飞跃，出现创造的灵感，开出智慧的花朵。联想能够克服两个概念在意义上的差距，把它们联结起来，从而发现某些事物的相同因素或某种联系，揭示出事物的本质。联想不是想入非非，而是在已有知识、经验的基础上产生的，是对输入到头脑中的各种信息进行编码、加工与换取、输出的活动，其中包含着积极的创造性想象的成分。联想能力是人脑特有的一种能力。不过，并不是每个人都能因联想而有所发明创造，要使联想导向创造，必须懂得联想的类别和规则。

按人脑反映事物之间的关系不同，可把联想分为接近联想、类似联想、对比联想、因果联想和自由联想等。接近联想是由在空间和时间上接近的事物形成的联系，而由一种事物想到另一种事物。例如，由江河想到桥梁，由天安门想到天安门广场和人民大会堂，是对在空间上接近的事物的联想，称为"空间联想"。又如，由日落联想到黄昏是对时间上相接近的事物的联想，称为"时间联想"。类比联想也称为"相似联想"，是基于具有相似特征的事物之间形成的联系，而由一事物想到另一事物。例如，由春天想到新生，由冬天想到冷酷，由攀登高峰想到向科学现代化进军。文学作品中的比喻、仿生学中的类比，都是借助于类比联想。对比联想由具有相反特征的事物之间的联系引起，由一种事物想到另一种事物。例如，由寒冷想到温暖，由黑暗想到光明，由物体"高温膨胀"想到"深冷收缩"。因果联想是基于事物之间的因果关系，由一种事物想到另一种事物。例如，由加压想到变形，由高质量想到高销售等。自由联想是对事物不受限制的联想。例如，由宇宙飞船在太空航行想到建立空中城市，想到在其他星球上安家落户。

为了训练思维的流畅性，还可以运用急骤式联想法。这种方法要求人们像暴风骤雨那样，在规定的短时间内迅速地说出或写出一些观念来，不要迟疑不决，也不要考虑答得对不对、质量如何，评价是在训练结束后进行的。例如，要求说出砖头的各种用途。

学生回答：砌房子、筑路、磨刀、填东西、敲捶物品……又如，哪些是圆形的东西？学生回答：皮球、纽扣、缺口、茶杯、锅盖、圆桌、车轮……答得愈快、愈多，表示流畅性愈高。

猜想是想象的重要形式。猜想是指人们发挥思维的能动性，对事物发展进程和未来关系进行预测、设想的一种思维方法。猜想法基于既有经验，又具有不受既有经验束缚的跳跃性。科学史上新的认识成果往往首先来自科学家的某种大胆假说和猜想。创业者在创新创业实践中要敢于大胆假设、小心求证，最后得到验证，才能获得真理性认识。

猜想的方式是多种多样的，它可以运用事物的相似、相反、相近关系进行联想组合；可以用试错的方法将毫无关联的、不相同的知识要素组合起来；也可以运用创造性想象来补充缺少的事实，设想可能存在的联系。总之，在猜想这一过程中，人们可以尽情地猜测、假设、试错、修改，突破原有的知识圈，在既有的感性材料上起飞，把尽可能多的反映物质世界的思路、方案、模式建造起来，然后再加以对比，进行研究和论证，逐步淘汰错误的猜想，形成真理。

要更好地实现想象，就要冲破现存事物和观念的束缚，对现在尚没有但有可能产生的事物进行大胆设想。要进行大胆设想，首先，要破除迷信，摆脱束缚。要摆脱现有事物和观念的束缚，不能认为现有事物已能满足人们的需要，已经发展完善到完整无缺的顶峰，再也无法提高和突破，更不能迷信权威和经典。其次，要勤于思考，大胆怀疑。最后，创造想象的"原料"来自丰富的知识和经验，来源于广泛实践基础上的感性想象。要想发展自己的创造想象能力，就必须不断地扩大知识范围，增加感性想象的储备。

第三，利用非逻辑思维突破传统观念。非逻辑思维是突破传统观念的有效途径。非逻辑思维是指在思维过程中有意识地突破形式逻辑的框架，采用直觉的、模糊的和整体的思维方法。非逻辑思维在承认逻辑方法在认识过程中的作用的同时，突出了直觉思维的非逻辑性在认识过程中的重要意义。

非逻辑思维主要包括以下几种：第一种，模糊估量法。在面临一个问题时，先对其结果进行大致的估量与猜测，而不是先动手进行实验设计或逻辑论证。这是一种直觉方法。这种方法的根据是先前的经验和自己的直觉判断能力。这种方法有时会帮助研究者形成一种总体的、战略性的眼光，有时会导致一种假说的提出。第二种，整体把握法。它要求人们暂时不注重于对象系统的某些构成元素的逻辑分析，而是重视元素之间的联系和系统的整体结构。

非逻辑思维的典型思维方式是超常思维。所谓超常思维是指遇到问题善于冲破常规和习惯势力的束缚，匠心独运、别出心裁地去思考、探索，寻求异乎寻常的解决途径，争取获得人们意想不到的效果的一种思维方法。应用超常思维方法一般有以下几种典型情况：第一种情况，冲破束缚，另辟蹊径。当创新创业工作面对新情况、新问题时，敢于冲破旧有的各种束缚，开拓新思路，开辟新境界。第二种情况，匠心独具，超凡出众。要想创造性地解决问题，就需要匠心独具、超凡出众的思考。在创新创业工作中要善于打破传统思维的一系列传统习惯，才能有所突破。第三种情况，处变不惊，"化解难题"。创新创业工作要经常面对突发问题，创业者在这个时候必须冷静分析，才能做出正确判断。第四种情况，因果关联，纵深突破。第五种情况，巧施联想，出奇制胜。创业者在创新创业工作中根据事物与周围环境之间的相关性原理进行全方位思考，这样才能保证解决问题的系统性。

三、保障逻辑思维的严密性

创造性思维是以非常规的思维为基础。但是，真正的创造性的人类成果最终必须是符合逻辑的。因此，要想提高个人的创造性思维能力，就要提高其逻辑思维能力。人们对事物的把握，是一个由浅显到深入、由低级到高级、由现象到本质或从抽象逐渐到具体的过程。因此，比较典型的逻辑思维方法就要由表及里、层层深入、剥丝抽茧。

掌握逻辑思维方法，不仅要学会层层深入，还要善于比较，善于应用比较思维。所谓比较思维是把各种事物和现象加以对比，来确定它们的异同点和关系的思维方法。任何事物性质的优劣、发展的快慢、数量的多少、规模的大小等，都是相比较而言的。没有比较，就没有鉴别。比较是一切理解和思维的基础。人们认识事物，把握事物的属性、特征和相互关系，都是通过比较来进行的。只有经过比较，区分事物间的异同点，才能识别事物，将其归到一定的类别中去。

比较一般可分为两种类别：即同类事物之间的比较和不同类事物之间的比较。同类事物之间进行比较，找出相同点，可以揭示事物的共性；找出不同点，可以揭示事物的特殊性。不同类事物之间进行比较，找出相同点，可以揭示事物之间的联系；找出不同点，可以揭示事物之间的区别。比较一般可采取顺序比较和对照比较。顺序比较是指把现在的研究材料和过去的研究材料加以比较。这是一种继时性的纵向比较。如：今与古比、新与旧比较等。这种比较容易说明新事物的优越，新阶段比旧阶段进步等，还可以发现优越之特性，进步之表现，从中寻求规律、拓宽思路，预测未来事物的发展进程。对照比较是指把同时研究的两种材料交错地加以比较。这是一种同时性的横向比较。此种比较可以对空间上同时并存的事物进行对照，以认识事物的异同和优劣。横向比较必须在同类事物之间进行，如国家与国家比、人与人比、单位与单位比、地区与地区比。进行这种比较时，一定要注意它们的可比性。如在比较社会主义制度和资本主义制度时，只能比较那些可比的因素，不可比的因素应当排除在外，这就是所谓"异类不比"。同时，应采取客观、公正的严肃态度。不论是纵向比较还是横向比较，都要明确为什么而比，并站在正确的立场上，运用正确的观点去比，通过比较作出科学的、历史的具体分析。除此之外，比较中的纵向可能导致单纯地回头看，产生满足现状或今不如昔的偏向；比较中的横向则可能变成现象间的简单笼统的对照罗列，或者导致对自己、对别人、对事物的全盘否定或全盘肯定，得出不合理的、不科学的结论。

要更好地开展思维活动，进行有效的比较对照，就要关注如下几种形式的比较：首先，进行新知识与旧知识的比较。在比较中了解新旧知识的异同，把新旧知识联系起来，使新知识的掌握建立在旧知识的基础上，加深对新知识的理解。其次，进行新知识与新知识的比较。在比较中认识事物之间的共同性和特殊性，揭示事物之间的联系和区别，使学生所掌握的知识深刻化和精确化。再次，进行旧知识与旧知识的比较。在工作中，把已经拥有的知识相互比较，以加深理解，加强巩固，并使知识系统化，形成解决问题的方案。最后，进行理论与事实的比较。使思考者根据事实了解理论，并检验理论的正确或错误，把理论和实际联系起来。

一般来说，确定事物之间的相异点比确定事物之间的相同点要容易一些、经常一些。所以，在进行比较时，最好先从寻找相异点开始，再过渡到寻找相同点。最后，明确异同之所在，达到既能看出同中之异，又能看出异中之同。在对事物进行比较时，必须围绕着主题进行。当比较事物某一方面的特征时，不能把其他方面的因素掺杂到里面去。要经常注意找出哪些是事物的主要因素，哪些是事物的次要因素，不能将事物的次要因素当作主要因素。分清事物的主要因素和次要因素，有利于把握事物的本质特征。逻辑上的层层深入和比较分析仅仅是创造性思维的基础，而提高理解力、判断力则是创造性解决问题的关键。

所谓"理解"就是对某个问题、某件事情搞懂了、弄明白了。而"理解力"就是衡量一个人对这个问题、这件事情搞懂了、弄明白了所用的时间长短。用时短，相对来说这个人理解力强，反之则这个人理解力弱。一个人理解力的强弱不是天生的，它是人类在从事各种社会实践中通过不断学习、不断处理与解决各种问题、不断总结正反两方面经验所取得的。在各种实践中，人的智力得到锻炼，使人不断聪明起来，从而才有可能使人类的理解力不断提高。这里要指出的是，一个人应该养成坚持学习、热爱学习的良好习惯，坚持活到老、学到老，这样才能为一个人持久地保持敏捷的理解力提供良好的智力基础。所谓判断力是指人类通过对某个问题或某些现象的观察、分析，然后进行综合和推理，得出正确与否、是非与否，或者通过观察、分析、综合和推理又延伸得到新的结论。人类发明创造的历史证明：一个人的理解力和判断力的强弱是人类取得创造成果或事业成功的重要的先决条件。

要更好地运用逻辑思维，就要加强对外界信息的收集，并充分利用这些信息进行分析，作出判断、预测、决策。这一过程被称为"反馈思维"。反馈思维是指控制系统把信息输送出去，又把其作用结果运送回来，并对信息的再输出发生影响，起到控制调节作用，以达到预定目的的思维方法。

反馈是自然界的一种普遍现象。在自然现象中，人和动物必须呼吸，吸进新鲜氧气，呼出二氧化碳。如果没有绿色植物吸进二氧化碳、放出氧气这样一种"反馈"，生命运动就会停止。在人体运动中，大脑通过信息输出指挥人的各种活动。同时，大脑又接受来自人体各部分与外界接触所发回的反馈信息，不断调节并发出新的指令。如果没有反馈信息不断输入大脑，人体运动就是不可设想的。

反馈思维方法被广泛应用于自然科学、社会科学等各个领域。任何一个系统，只有通过反馈信息才能实现控制，才能达到预定的目标。如果没有反馈信息，要实现调节、控制就是不可能的。例如，人类复杂的反射活动都是通过神经系统的反馈而实现的。实现反射活动的神经通路称为"反射弧"，它包括感受器、传入神经、神经中枢、传出神经和效应器（肌肉和腺体）等五个环节。前三个环节（感受器、传入神经和神经中枢）的任务是接受信息，后两个环节（传出神经和效应器）是执行机构。但复杂的反射活动并不是一次单向传导所能完成的，而是经过传入和传出部分来回就近传导，借助大脑多次反馈调节的结果。正是依靠这种反馈调节，才保证了人类对外界精确、完整、连续的反应和对自身活动的准确控制。人的任何有意识的活动，无不含有反馈。简而言之，没有反馈，就没有生命，更谈不上人类的智慧和创造。

人在学习知识时，首先要获取大量信息，然后由大脑对信息进行编码、改造，而后将思维的产物利用各种途径输送出去，公之于众，收回外界的评价，从而检验学习效果和学习深度，进而在原有知识的基础上，有针对性地进行再学习、再思考、再创造，使之更趋全面和成熟。这一过程也就是反馈思维过程。对一个学习者来说，通常存在两种反馈信息：一是由输入引起的感受器官的反应，称为"内反馈信息"；二是通过输出（即知识的运用）获得来自外界的反应，称为"外反馈信息"。无论哪一种反馈都具有调节学习和激发动机的功能。当反馈信息揭示了学习中的不足时，就能为调节学习、重新制定学习计划、改进学习方法提供依据；当反馈揭示了学习的成效时，便能激发学习的积极性，起到鼓舞和鞭策作用，使学生的学习兴趣更浓，信心更足、更大。

成功的创造者和发明者都善于进行反馈思维。例如，他们在掌握知识的过程中，能向能者求教，与能者交流探讨，并运用知识于实践，发现问题，总结经验；又能把别人对自己知识的评价加以整理分析，提取有益成分，反馈至知识的输入端，实现对学习内容、方法和学习目标的选择和控制。由于他们能勤于输出信息，从中获取反馈，所以能获得成功。

总之，反馈思维可以使学习和创造者找到不足，弥补缺陷，改进方法，同时寻找良师益友，寻求指导，少走弯路，找到捷径。所以，反馈思维法是加速学习成功的要诀，是人才创造活动的重要智力因素。在学习和创造中，为了取得成功，必须学会反馈思维，如主动质疑、寻师求教、不耻下问、运用知识、同学间相互切磋等，都是强化反馈信息的有效方法。

反馈思维按照思维方式可以分为前馈思维和后馈思维。

前馈思维也称为"超前反馈思维方法"，是指人们在工作过程中，注意在客观情况发生新的变化之前，争取时间，搜集信息，从中洞幽察微、见微知著，从而超前构思相应的对策，超前做好必要的调节控制准备的一种思维方法。前馈思维方法早就引起古人的注意。所谓"凡事预则立，不预则废"。我国春秋后期的范蠡就是因为善于预测市场供求和物价的变化而取得成功的。他发现"贵上极则反贱，贱下极则反贵"的价格摆动现象，进而提出了"夏则资皮,冬则资絺"的策略。范蠡这段话的意思是:夏天,别人都卖夏衣,你就卖冬衣;冬天,别人卖冬衣,你就卖薄薄的夏衣。物以稀为贵,反向经营反而会得大利,这就是事物变化的辩证法。受到当时的生产条件的影响,古人的前馈思维大多数是经验型的,现代的前馈思维必须与科学的分析、推理相关联。

后馈思维是指用历史的联系、传统的力量和以前的原则来制约现在,使现在按照历史的样子继续重演的思维方法。后馈思维又称为"习惯性思维",是一种循轨思维。它面向历史,总是用过去怎么做、祖先怎么样、以前的经验怎么样来要求现在。

因此,后馈思维是一种反馈式思维,是思维的一种惯性运动,把思维方式固定化、绝对化。后馈思维总是要把"现在"反馈为"历史"的重复,所以,它是一种"滞后型"的思维,它的向心力和惯性力的基础是历史。后馈思维的一般模式如图3-1所示。

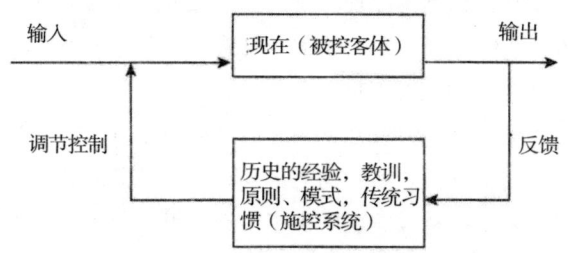

图3-1 后馈思维的一般模式

后馈思维具有的典型特点是指向性。一般来说思维都具有一定的指向性,所不同的是,后馈思维是把现在往历史上引导的指向性思维。它的"兴奋中心"总是历史上的某个阶段、某种情况,是一个通过"想当年""要恢复到某某时的情况"的思维过程。后馈思维的指向性产生两种结果:一种是对现在的缺陷、弊病感到不满,要以历史的成功经验和优良传统"改变"现在,这是积极的;因为,创造必须以固有的事物为基础。后馈思维的另一种指向性是对历史"理想化""厚古薄今",其结果是以历史来"今变"现在,这是消极的。对此,要进行具体分析。当一件事情已经发生,而对于事情的某些细节不是十分清楚,而又要求了解这些细节的时候,就需要以后馈思维对已有的现象进行分析。因为,在后馈思维的指导下,人们就可以进行适当的还原性的模拟工作。

后馈思维既有消极因素,也含有一定的积极成分。我们要发挥它的积极作用,联系客观实际,正确对待传统的文化遗产,以实现思维的创造性。

四、善于变换思维角度

创业者要在创新创业工作中实现创造性思维,还要适当改变思维的方向、变换思维的角度。传统的思维是一种正向的思维方式,要变换思维角度,就要采用逆向思维、侧向思维、合向思维和水平思考法,增加思维形式,促进思维的多样化。下面就逐一分析上述几种思维方法。

1. 逆向思维

逆向思维又称为"反向思维",是一种创造性思维,强调要从事物的反面或对立面来思考问题。逆向思维与正向思维相对应。正向思维是指人们运用过去的知识和经验,在已有理论的指导下思考问题和解决问题的一种能力或方法。正向思维在人们的日常思考和科学研究中起着巨大的作用。但是,由于人们受心理倾向、心理定式的影响,即在思考问题时,如果采取了一次特定的思路,那么下一次采用同一种思路的可能性就非常大。在一连串的思想中,一个个观念之间形成了联系,这种联系紧紧地建立起来,必然使得它们之间的联结很难被破坏,这样就容易导致人们形成一种固定的思维模式,即习惯性思路或思维定式,如"守株待兔"的千古笑谈就是其中一例。逆向思维则需要突破这种习惯性思路或思维定式。它是从事物常规的相反方面去探索思考问题和解决问题的一种思维方法。根据唯物辩证法的基本原理,事物都存在着正反两个对立面。所以,人们在对待事物的时候就要既看到正面也看到反面,既看到前面又看到后面,既看到外面又看到里面,这就是逆向思维得以成立的基础。

人们的思维,在主流上是正向思维,即凭借以往的经验、知识和理论来分析和思考问题。这是人类文明得以源远流长和发扬光大的内在源泉,也是每一个体系得以逐步完善的根本所在。但是,其中的负效应也助长了人们的思维定式或习惯思路的形成:知识越多,经验越丰富,思路也就越教条、越循规蹈矩。天才和聪明人正是心中藏着逆向思维才获得成功的。相反,一个知识或经验十分丰富的人,如果堵死了逆向思维的通道,遇到难题就只能一条思路走到底,最后陷入死胡同而不能自拔。由此可见,逆向思维对于开阔人们的思路是非常重要的。在人们的思维习惯中,逆向思维主要表现为以下几种形式:

首先,在思维活动中,通过正视事物矛盾的对立面认识和把握事物。事物都包含着对立的两方面,人们的认识和主观思维必须符合事物的实际,如果只注重一个方面而忽视了另一个方面,只看到矛盾的正面作用或正效应,而忽视了矛盾的反面作用或负效应,就会在实践中碰壁。只有看到事物矛盾着的两个方面,在事物对立的两极中思考,才能全面而正确地反映事物、认识事物,在实践中取得成功。爱因斯坦正是有意寻求对立双方的同时存在和相互联结的情形,才能从对立事物中找到完美的统一,从表面上看起来似乎不合逻辑的情况中提出合乎逻辑的假说。

其次,在思维过程中,通过从事物矛盾的反面来思考,以达到认识事物、表达思想、进行发明创造和实现科学决策的目的。事物都有正面和反面,相反的方面不仅相互排斥,还互相联结,具有同一性。从事物的反面进行思考,比起从事物的正面进行思考来说,显得思考的角度更加广泛。认识事物不是只有一个角度,也不是只有两个角度,而是可以从多个侧面、多种不同的角度来揭示。各种事物和现象之间既有必然的联系,又有偶然的联系;一种原因可以产生多种结果,在一个主攻方向上屡攻不克时,应悖逆以往分析和解决问题的途径,把问题的重点从一个方面转向另一个方面,从而打开一条新的思路。

也就是说，思维在一个方面受阻时，就可以从相反的方向试试；反向思考如果不能解决问题，还可以再改换一下角度，另找几个侧面去试探。就如打仗一样，正面攻击敌人不利，就可以从后面或侧面发动进攻。

最后，凡做一件事情都从反面想想，可以弥补只从正面思考的不足。在分析问题、进行决策时，逆向思维的作用不可低估，人们常用"凡事预则立，不预则废"的古训来提醒自己，这里的"预"也包括把事情反过来想一想。

运用逆向思维，既可以在优越感中警惕危机的因素，又可以在危机中看到优越的所在；在顺利的环境中看到逆境的存在，在逆境中看到顺利的可能；在成功中看到失败的部分，在失败中更要看到成功的基因；富裕和贫乏、团结和分裂、前进和倒退等都是相互渗透、相互依存、相互交融的。

逆向思维好比开汽车需要学会倒车技术一样。如果不学会倒车技术，一旦汽车钻进了死胡同，就出不来了。思考问题时，有时也会钻进死胡同出不来，逆向思考就能帮人们退出来。正像我们用不着总倒车来显示自己的倒车技术一样，我们也用不着总使用逆向思维方法，但是一旦需要时，如果不会使用它，我们就会陷入困境。

逆向思维主要表现为思维逻辑逆推，方向、位置和顺序等的逆向思考。在具体的应用过程中，主要有如下表现形式：第一种情况，思维逻辑逆推。所谓思维逻辑逆推，就是指从要解决问题的结果出发，从结果推向解决问题的方法。第二种情况，方向反向。所谓方向反向就是通过改变事物的方向来解决问题。我国北宋大臣、史学家司马光在幼年时候砸碎水缸救人就是利用方向反向，从逆方向思考获得成功的典型实例。第三种情况，位置反向。所谓位置反向就是通过改变事物中组成部分所处的位置来解决问题。第四种情况，顺序反向。所谓顺序反向就是通过改变事物顺序来解决问题。第五种情况，优缺点反向。中国有句古话，叫作"有则改之，无则加勉"。就是说，有了缺点和错误，一定要想办法改正；即使没有缺点和错误，也要时刻提醒自己，不要犯类似的错误。一提到"缺点"，人们就习惯地抱以否定的态度。有谁会喜欢缺点呢？然而世界上没有十全十美的事物，因而事物的缺点在所难免。如果我们能化解对缺点认识的抵触情绪，想到巧用缺点的办法，那么不但能将损失降到最低点，而且有可能取得意想不到的效果。第六种情况，无用、有用反向。无用、有用反向就是把无用之物变成有用之物，生活中有很多物品往往因为寻找到新的适用位置而获得新价值，也可以说是变废为宝。高校经常组织的头脑奥林匹克（OM）竞赛就有一项原则，鼓励使用废弃物作为比赛用的材料，这样做不仅可以培养学生的节俭意识，也是创造性思维的体现。

应用逆向思维要注意以下几方面的问题：第一方面，逆向思维的运用有其限度，这个限度就是要符合逆向思维的方便性原则。即在正向思维能充分起作用的限度内，一般不动用逆向思维，只有在正向思维使用不灵便时才起用逆向思维。在数学的证明中就充分体现出这一点，只有当直接证明不能实现时才使用间接证明。正如反证法的运用：先假定需要证明的问题为假，然后由此推导出逻辑矛盾，从而得出原假设论题为假，即原命题为真。反证法是直接证明方法的有效补充，是逆向思维方法的典型应用。第二方面，逆向思维的作用方式有其规范性。虽然逆向思维可以从事物矛盾的反面进行逆向思考，但是，其反面必须与事物矛盾的正面相关，否则这种逆向思考将不成立。对待不同的具体需要应进行不同形式的逆向思维。第三方面，逆向思维的作用具有不扩散性。逆向思维并不要求对任何小事都进行一番思考，恰恰相反，在大多数常规场合，都是正向思维在起作用。比如一个学校的规章制度在制定之后，必须坚决地加以执行，这与逆向思维并不矛盾。总之，在使用逆向思维时，需要的是科学的怀疑态度和叛逆精神，而不是逆历史潮流而动；需要的是敏捷创新，而不是畏缩不前，左右摇摆而不进。

2. 侧向思维

所谓侧向思维，是指从其他离得很远的事物中，通过联想，获得启示，从而产生新设想的一种创造性思维方法。

在改变思维方向的过程中，思考者可以根据以往的知识和经验或某一指导原则，判断出解决某一问题的方法所在的方向，于是撇开其他方向，敏锐地直接选择这一方向进行思考和研究。这种典型的侧向思维方法被称为"直接定向强方法"。这种方法可以用公式 A $\to$ falseX $\to$ falseFa 来表示。其中 A 为已知材料，X 为新现象，Fa 为答案。由于新现象 X 与已知材料 A 之间有直接的联系，使思考者能够迅速地识别该新现象的模式，判定答案 Fa 直接蕴含在已知材料之中，从而瞄准这一方向寻求正确答案，而不必尝试用别的方法来解决问题。

在人类历史的早期或者人类刚刚涉足的领域，人们往往在没有经验指导或缺乏足够专业知识的条件下，不得不在多种可能性之间进行反复的比较、分析、试错、修正，最后筛选出解题所需信息的思维方法。这种方法称为"试错方法"，也称为"无定向探试弱方法"。无定向探试弱方法，是与直接定向强方法相反的方法。可用公式 A $\to$ falseX $\to$ falseFa_B、C、D……来表示。其中 X 为新现象，Fa 表示受阻，从已知材料 A 中得不到正确答案，只有跳出已知材料 A，才有可能借助与 A 不同的信息 B、C、D……不断探试选择，最后找到正确的答案。无定向探试弱方法以尝试和易变为特征，思维效率不一定高，有时还要冒几分风险，但选择信息的回旋余地大，如果运用得当，则常会有突破性的创造。无定向探试弱方法常用于那些久久徘徊于创造者脑海中非常规、高难度的创造性课题。面对这类课题，许多常规的、定向的思维方法难以奏效，不得不把它转让给无定向探试弱方法去解决，通过不断地摸索，取得突破性的创造。值得注意的是，无定向探试弱方法虽然是一种试探性的、自由度很高的思维方法，但使用该方法决不等于可以无根据地盲目冒险蛮干，否则将一事无成。

侧向思维方法的另一种有效方法是趋势外推法。趋势外推法又称为"趋势外括法"或"趋势分析法"，是一种属于探索型预测的思维方法。趋势外推法的前提是：过去发生的某一事件，如果没有特殊的障碍，在将来仍会继续发生。它是依据于事物从过去发展到现在再发展到未来的因果联系，认为人们只要认识了这种规律，就可以预见未来。正因为如此，在运用趋势外推法时，对于事物的未来环境并不作具体的规定，而是基于这样一种假说，即影响过去时期发展的主要因素和趋势在推测时期中是基本不变的，或其变化的趋势和方向是可以认识的。因而未来仍将按从过去到现在的趋势发展下去，人们也就可以从现实的可能出发，从现在推向未来。

趋势外推法以普遍联系为其理论根据。根据普遍联系的观点，客观世界的事物都是相互联系，彼此影响的。从横向看，每一事物都处于普遍联系的链条中，都是普遍联系的一个环节，认识和把握其中一个环节，可以认识到其他的事物；从纵向看，每一事物都有其自身发展的历程，即都有过去、现在和将来的发展过程。可见，趋势外推法有两个方面：一方面，趋势外推一般从横向联系来预测事物发展的趋势。另一方面，要更好地实现侧向思维，仅仅通过"趋势外推"是远远不够的；通过加强外界刺激来促进思维方向的转移则是更有效的策略，而要更好地加强外界刺激就要寻求诱因。寻求诱因是以某种信息为媒介，从而刺激、启发大脑而产生灵感的创造性思维方法。寻求诱因的方法往往是以某个偶然事件（信息）为媒介，通过刺激大脑而产生联想，豁然开朗，迸发出创造性的新设想而解决问题。当一个问题百思而不得其解时，诱发因素是极其重要的，所谓"一触即发"，就包含了诱因的媒触作用。

表面上看，有诱因就可以解决一切问题；事实上，诱因并不是引发侧向思维的关键。面对诱因，需要保持高度敏感，并且积极调动自己的固有知识。而侧向思维并非在任何情况下都能发挥作用，必须具备一定的条件。这个条件就是：所研究的问题必须成为研究者孜孜以求、坚定不移的研究目标，一直悬念在心。只有在这种情况下，人的大脑皮层才会建立起一个相应的优势灶。由于优势灶有两个基本特征，即神经细胞对刺激的敏感性大大提高和脑细胞长时间保持兴奋状态。因此，一旦侧向思维受到某个偶然事件的刺激，就容易产生与思维相联系的反应，从而对所研究的问题形成新的设想，或者提出新的问题，使侧向思维在创造活动中发挥重要作用。

3. 合向思维

所谓合向思维就是将思考对象有关部分的功能或特点汇集组合起来，从而产生新设想的一种创造思考方法，又称为"合并思维法"或"组合法"。

合向思维法是一种简单实用的创造性构思法，在不同领域中的表现形式各不相同，常用的合向思维表现为以下两种类型：

第一类，"辏合显同"法。所谓"辏合显同"法是通过把原来杂乱的、零散的材料聚合在一起，再从中抽象出一种显示它们本质的新特征的创造性思维活动和方法。"辏"，原指车轮聚集到中心上，后引申为聚集，"辏合显同"就是把所感知到的对象依据一定的标准"聚合"起来，显示出它们的共性和本质。"辏合显同"法主要有以下几种类型：第一种，审视法。这是"辏合显同"的先行方法，即对研究的对象用审视的眼光去分析，为能显同打下基础。世界上的事物尽管形形色色，各不相同，但只要我们对研究对象的形态、属性、结构、功能和运动过程等进行抽象概括，就能找出同类事物的共同点，确定其共性。第二种，综合法。即通过把原来杂乱的、零散的材料聚合在一起，并进行综合考察，分析研究，从而得出创造性效果的方法。第三种，集注法。即集中力量贯注于研究对象的思考方法。在进行按"辏合显同"的思维活动时，必须对大量杂乱零散的材料进行"去粗取精、去伪存真、由此及彼、由表及里"的加工改造制作，即要选择材料、鉴别材料、联系材料和深化材料，只有这样，才能在异中显同，抓住事物的本质和规律。

第二类，添加法。所谓添加法，是指在现有的事物上增加某种东西，从而产生新设想的一种思维方法。添加法的基本内容就是，根据需要解决的问题，围绕中心词"添加"，提出一连串相关的设问：假如扩大、附加、增加会怎么样？能否增加频率、尺寸、强度？能否加倍、扩大若干倍？在这种发问中，能扩大人们探索的领域，开拓人们的视野，启发人们的思路，从而产生新的设想，取得创造发明的成功。橡胶工厂大量使用的黏合剂通常装在一加仑的马口铁桶中出售，使用后铁桶便会被扔掉。"为什么不用更大的包装呢？"有位工人建议将黏合剂装在50加仑的容器内，容器可反复使用，结果节省了大量马口铁。

合向思维看似简单，但是如果能尽量把不同质的、意想不到的东西加以组合，那么这个想法便是前所未有的、崭新的了。合向思维的运用很广泛，不仅可以将物体与物体合并，创造出一系列新产品，也可以将某种科学技术同各种方法组合起来，从而形成一种新的解决问题的方法。

4. 水平思考法

人们在思考问题时，一般采用垂直的思维方法。而要创造出更大的成果，就要改变思维习惯，分析与待解问题相关的一切因素，建立一个新的思考体系，这就是水平思考法。而上述案例就是一个典型的应用水平思考法解决问题的实例。水平思考法与逆向思维、侧向思维、合向思维有许多相似之处，但从本质上说又是上述三种思维的综合。

水平思考法的提出者英国学者爱德华·德·波诺认为："水平思维与认知联系紧密。在水平思维中，我们努力提出一些不同的观点。所有观点都是正确的，可以共存。不同的观点不是从彼此中衍生出来的，而是独立产生的。从这个意义上来说，水平思维与探索有关，正如认知也与探索有关一样。如果我们绕着一幢大楼走，从不同的角度摄像，则每个角度都同样真实。因此，水平思维这个术语可以以两种意义来运用。一个狭义，一个广义。狭义的是，一套系统的方法，用来改变并产生新的概念和认知。广义的是，探索多种可能性和方法，而不是追求单一的方法。"

"水平思考"是相对于以逻辑学和数学为代表的"垂直思考"而提出来的。垂直思考需要一步一步地分析，既不可逾越，也不可出现步骤错误。所谓水平思考法，就好比掘井碰到石头时，不应再继续往下挖，而应换个地方再挖。水平思考法是一种既非逻辑性又非因果性，而属于超越性的思考方法。常规逻辑关心的是"事实"和"是什么"。水平思维和认知一样，关心的是"可能性"和"可能是什么"。在信息产业界，这类信息处理被正式称为"模糊逻辑"，因为不存在明确的对错界限。水平思维与改变概念和认知直接相关。在某些方面，改变概念和认知是与新想法有关的创造的基础。这和与艺术表达有关的创造不一定相同。水平思维是基于自我组织的信息系统的行为。因此，从广义上讲，水平思维与探索认知和概念有关，但是从狭义或创新的意义上讲，它与改变认知和概念无关。

水平思维方法的有些方面完全符合常规逻辑，另一方面水平思维方法与发散思维有许多相似之处。使用水平思维方法解决问题时，一般需要思考者的思维做出一个非常简短的有意识或无意识的停顿，来考虑是否可能有替换方案或其他的做事方法。在思考或讨论一般问题时，有许多事被认为是理所当然。在创造性地解决问题的过程中，停顿的实质是促使思考者稍作停顿去考虑某件事情。在思考常规问题时，人们只会考虑被研究问题的现状、面临的困难和解决途径。要实现创造性地解决问题，就要关注其他人都忽略了的事情来获得思路。创造性的质疑是水平思维最基本的策略。创造性质疑的核心理念是："这是唯一可能的方法吗？"创造性地质疑，假定由于过去存在、现在可能存在也可能不存在的原因，我们以某种方式完成了某件事。但是，还可能存在更好的做事方法。创造性的质疑可以针对事情本身，也可以针对关于这件事情的传统思维，还可以针对随时进行的思考。通过质疑，人们就可以发现原来被自己忽略的方面或者被遗忘的解决问题的办法。

使用水平思维方法解决问题时，另一种有效的方法是选择并启用替换方案，它是水平思维的精髓。选择并启用替换方案是指思考者在没有明显的需求的时候，停下来寻找替换方案；甚至在下一步合理而有效时停下来寻找替换方案；做出努力寻找更多替换方案，而不是满足于已经找到的替换方案的做法（对于实际的事情，在搜索中需要有中断点）。通过改变状况，而不是满足于"分析"给定的状况来"设计"新的替换方案，从而更好地解决问题。人们在过没有桥的河时，往往会选择一块可以用脚去踩踏的石头，这块石头就被称为"垫脚石"。使用水平思维方法解决问题时，要使用垫脚石，即在思考问题时，一定要以旧有的方法为基础，因为根据否定之否定原理，任何新方法都是以原有的方法为基础，吸收原有方法的优点，对原有方法的缺点和不足进行扬弃和改进。这样，就会产生新的有益的方法，并最终获得最佳的解决问题的方案。

第四章　高校大学生创新创业精神培育的研究

第一节　大学生创业精神培育的内涵及其意义

创业精神始终与创业活动息息相关，经济领域中创业始终与"企业家"这一概念同步发展。"企业家"一词来源于法语中的 entreprendre，其本意是受命从事某一特定商业计划的个体。在中国"entrepreneur"一词在多数英汉词典中被翻译成企业家，而"entrepreneurship"则被翻译为"企业家精神"。

一、大学生创业精神培育的内涵

由于创业活动的综合性和创业研究的学科交叉性，学界关于"创业"一词的定义至今没有达成一致，众多研究者从各个不同的视角对创业下过定义。

"创业"在上海辞书出版社出版的《辞海》中的解释为"创立基业"，《现代汉语词典（第7版）》中则将"创业"解释为创办事业。可见，我国对创业的定义大多从宏观角度出发。在大学生创新创业活动中的创业，大部分中国学者都是借鉴国外学者研究成果，从狭义角度对其进行理解。综合各家学者的观点，笔者认为大学生创业是指利用各种机会、资源挖掘自身潜力，在创造新价值的过程中实现自我价值的过程。这个过程考察的是学生的创业精神和创业能力。创业不仅指创立新的企业，在任何工作岗位上创造新的价值都属于创业活动。

（一）大学生创业精神的含义

创业精神起源于西方经济领域，"创业精神"一词来源于英文单词 entrepreneurship，Entrepreneur 的意思是企业家、创业者，来源于法文中的 entreprendre，本意是指受命从事某一特定商业计划的个体。1983 年美国学者米特（Milt）提出具有创业精神的主体既可以是个人也可以是企业，奠定了创业精神在经济学领域的基础。经济学家约瑟夫·熊彼特将创业精神看作是股"创造性的破坏"力量。1985 年，美国著名管理学家彼得.F.德鲁克提出创业精神是一个有可能创造财富的创新过程，将这一理念更推进了一步。1985 年，史蒂文森（Stevenson）在此基础上进行深入研究，提出创业精神不仅是创造新价值的过程，在这个过程中还要集中优势资源充分挖掘机会。1991 年，斯图尔特（Stewart）则提出创业精神是通过引入新组合创造超过行业平均利润的收入。国外关于创业精神的早期研究注重个人（尤其创业者）特质，认为它与新组织的创造息息相关，突出由于个性特征创造新的价值。后来更多的学者从多角度对创业精神进行了阐述，认为它既是一种个性特征更是一种行为特征，个人和组织的发展都需要创业精神。

关于创业精神的理解国内学者更多是从国家角度出发。《马克思主义哲学大辞典》和《伦理学大辞典》中从国家层面对创业精神进行了界定，将其定义为在建设有中国特色社会主义过程中，用来进一步凝聚、激励广大干部和人民群众，同心同德，克服困难，开拓前进，夺取改革开放和现代化建设新胜利的精神动力。从这一角度出发，创业精神是我国先进文化的重要组成部分，是推动社会主义现代化建设、实现中华民族伟大复兴中国梦的重要精神力量。我国关于创业精神的研究还处于起步阶段，主要借鉴国外的研究成果，学者们关于创业精神的理解众说纷纭，比较有代表性的观点有：

南京市社会科学院党委书记、研究员周直（2004年）认为创业精神是一种勇往直前的文化伦理过程。在这个过程中创业者要善于捕捉机遇、敢于承担风险，为创造新的价值努力发挥创造力。在此基础上，周茂东、宋岩等人（2009年）提出创业精神是一个过程，是个体通过有组织的努力，以创新的方式追求机会、创造新价值的过程。他们都将创业精神界定为一种心理过程。于长湖等人（2010年）提出创业精神是一种思想观念和精神状态。骆守俭在2012年出版的《创业精神导论》一书中也肯定了这一思想观念。

李肖明（2011年）认为创业精神是创业者的个人特质，并从思想意识、心理学、行为学三个层次对其内涵进行描述，创业精神是一种思想观念、心理特质，也是一种行为模式。从这三个层次出发，创业精神有自信执着、主动坚强、包容柔韧、激情创新、稳健应变五种内涵。

骆守俭（2012年）认为创业精神就是指成功创业的企业家所具有的一种独特的精神为量，是指以创新精神为指导，把创新观念转化为实战蓝图的思维操作意识。伍秋林等（2012年）认为创业精神是一种人格特质，是创业的动力源泉和精神支柱，更是创业成功的前提。

由于创业精神研究是一个多学科交叉的领域，经济学、教育学、心理学社会学等学科的学者们出于不同的学科背景必然产生迥异的理解。笔者认为创业精神是一种指导人们利用现有条件充分发挥主观能动性，通过努力和创新，追求机会，创造更多社会价值的精神力量。创业精神是时代精神在就业和创业实践中的具体体现，表现为创业者的优良品质和社会组织的精神风貌，作为一种强大的精神力量，激励人们以创新的方式开创新的事业。大学生创业精神是指大学生在创新创业活动中所表现出的敢为人先、善于思考的创新精神，勤于实践艰苦奋斗的实干精神，追求卓越、永不止步的学习精神，坚韧不拔、知难而进的坚定信念。

创业精神培育是大学生创业教育和思想政治教育的重要组成部分，是高等教育改革的重要途径和新契机。大学生创业精神培育是高校引导大学生树立正确的就业创业观念，培养学生自主开创事业的意识，激发大学生的创业精神，使大学生形成创业品质，在理论与实践学习中不断提高创业能力，创造新价值的教育和培养过程。大学生创业精神的培养不仅需要理论知识的传授，更需要社会实践的锻炼，应该作为一种理念贯穿于高等教育与管理过程始终，引导学生在学习和工作中树立自信，秉承责任意识和坚定的理想信念，充分发挥创造性思维，积极主动发现新机遇、开创新局面，主动获得并增强成功创业所需的综合能力。

（二）大学生创业精神的基本内容

在2015年发布的《2015年创业邦30岁以下创业白皮书》中，企业家们对"85后创业者"的描述用到最多的四个词是"专注、责任、执行力强、自信"，描述"90后创业者"用到最多的四个词是"标新立异、灵活多变、聪明、自信"，他们用实践经历阐述了创业精神的内容。这些对大学生创业精神的塑造具有重要意义。

1. 敢为人先、善于思考的创新精神

创业精神的本质是创新。开创事业是一个艰难的过程，必定要经历一番崎岖坎坷。大学生在创业过程中会面临很多机遇和挑战，尤其转型期的中国政治经济环境为创业者提供了成功的机遇，同时也蕴含了巨大的挑战和风险。大学生要想在事业上取得成功，求稳怕输、缺乏冒险精神是行不通的。有了冒险精神，在实践过程中敢为人先并不意味着要违背事物的发展规律去蛮干，而是对外在条件充分调查研究、深思熟虑后的大胆创新。敢为人先的创新精神不仅表现在追求成功的行动中，而且表现在敢于承担风险事业。

在创业过程中，只有善于思考，善于利用马克思列宁主义和中国特色社会主义理论体系这些思想武器，对错综复杂的社会现象进行思考，才能透过现象看到事物的本质，了解苦难的根源，找到解决问题、克服困难的途径和方法。实践证明，马克思主义唯物辩证法是科学的思维方法，学校要注重引导学生形成超常规探索和迎接挑战的思维方式，帮助创业者创造无限的可能。大学生要树立强烈的创新自信，敢于走前人没有走过的路。

2. 勤于实践、艰苦奋斗的实干精神

创业不是纸上谈兵，需要根据实际情况抓住机遇、分析问题、解决问题，提出新的思路，创造新的价值；需要踏踏实实地艰苦努力，勤于实践，在社会实践中艰苦奋斗，在增强能力和实力的基础上，不断提高自己的实干能力。大学生在成长、成才的过程中不仅要掌握书本知识，具备一定的理论基础，更要通过实践学以致用，不断积累经验。实践是检验真理的唯一标准，一定要勤于实践，不断在实践中体验真实感受。在创业过程中要发扬艰苦奋斗精神，尤其在从学生到职业人的转变初期，要勤于实践，善于果断、勇敢地抓住机会，积极争取社会资源，不断积累资金和经验，增强自身实力。勤于实践的实干精神是创业精神培育和践行的先导。在职业生涯发展过程中，需要用实践检验一切，自觉将思想认识从那些不合时宜的传统观念和做法的束缚中解放出来，不断有所发现、有所创新，不断赋予大学生就业创业观念以鲜明的特色和时代特征。

3. 追求卓越、永不止步的学习精神

追求卓越是开创事业的巨大推动力，开创事业的过程是一个在学习中摸索前进的过程，学习贯彻于创业过程的始终，并动态地影响着事业发展的绩效和成长。在创业过程中善于学习、坚持学习是事业取得竞争优势的关键。在急剧变化的社会环境中不断追求卓越,要让前瞻性的眼光和思维与变化着的环境保持协调一致,主动适应环境,不断更新观念,始终做到"与时俱进"在多元社会中永不止步,就是要树立"终身学习"的观念,坚持自主学习,使自己具有科学的思维方式和宽阔的文化视野。在学习中善于思考,注重理论联系实际,对整个文化环境进行整合与创新,才能在激烈的市场竞争中立于不败之地。

4. 坚韧不拔、知难而进的坚定信念

列宁说事物的发展是按照螺旋式前进的,事物发展的基本方向和趋势是前进的和上升的,但是具体方式并不是直线式的,而是在迂回中前进的。创业是一个不断摸索创新的过程,大学生在创业初期由于知识结构单一、技能不强、社会经验不足、社会资源缺乏,不可避免地会遇到很多困难和挫折。这就需要创业者有顽强的创业意志和坚定的创业信念,自信地面对挫折和失败,时刻保持创业激情,并不断提高承受失败和挫折的能力。因此,大学生创业精神的塑造要注重心理素质的培养,引导大学生树立坚定的创业信念和坚韧不拔的意志品质,培养大学生勇于面对和超越逆境的能力。

(三)大学生创业精神培育的含义

创业精神培育是大学生创业教育和思想政治教育的重要组成部分,是高等教育改革的重要途径和新契机。在国家推进大众创业新引擎发展的新形势下,高等教育将创业精神纳入教育体系和培养目标,注重学生综合素质和创新思维的培养,逐步改善传统人才培养模式。大学生创业精神培育是高校引导大学生树立正确的就业创业观念,培养学生自主开创事业的创业意识,激发学生的创业热情,使学生形成创业品质,鼓励学生在理论与实践学习中不断提高创业能力,创造新价值的教育和培养过程。大学生创业精神的培养是一个系统化工程,不仅需要理论知识的学习,更需要创业创新实践的锻炼和社会家庭的支持和包容,它并不是让每个学生都创办新的企业,而是以创业精神面对学习、生活和工作,不断创造新价值。创业精神应该作为一种理念贯穿于高等教育与管理过程始终,引导学生在学习和工作中树立自信,秉承责任意识和坚定的理想信念,充分发挥创造性思维,积极主动发现新机遇、开创新局面,主动获得并增强成功创业所需的综合能力。

二、大学生创业精神培育的意义

习近平总书记指出,中国梦的实现必须弘扬中国精神,大学生创业精神是以改革创新为核心的时代精神的重要组成部分,也是时代精神在大学生群体中的具体体现。在知识经济时代,人力资本已经成为发展经济的第一资源。创新是知识经济的灵魂,更是知识经济对现代意义上的人才提出的新要求。大学在全球产业竞争中具有战略性地位,大学生作为现代和未来的人才储备主力,必须具有创业精神、实践能力和创业能力。加强大学生创业精神培育对学生自身价值的实现、高校教育体制改革、社会经济改革和发展具有深远的现实意义。

（一）大学生个人价值实现的现实需要

依据马斯洛需求层次理论，人在自然和社会发展中有各种需求，在满足生理性需求的基础上不断提高发展性需求层次。自我实现是人类需求的最高层次，也是人类毕生的追求，这是充分发挥和实现自己潜能的一种趋势。大学生在实现个人价值的过程中，要有与其追求相匹配的品质和能力。创业精神作为一种精神动力，鼓励学生敢于冒险突破自我，发挥创造性思维，积极开创新局面，在生涯规划与发展中最大限度地发挥自己的才能，实现个人价值与社会价值的统一。高校基于学生个人特质培养创业创新型人才，帮助大学生树立新的就业创业观念，引导学生积极参与创新创业活动，提高创新创业能力，有利于促进学生个性化发展和综合素质的提高，实现自身全面发展。

（二）高校教育体制改革和发展的内在要求

高等院校要实现可持续发展必须不断适应市场需求，提高服务社会的能力。高等教育进行教育体制改革就要不断更新教育观念、变革教育模式和教育体系，逐步实现从重知识到重能力的转变，提高人才培养质量，加速理论知识、科研成果向社会生产力和发展力的转化。在大学生群体中开展创业教育，培育具有创业精神的创新创业型人才，要求高校打破传统教育理念和教育体制的束缚，创新教育理念与模式，引导学生积极参与创新创业实践，加速理论创新向实践创新的转化速度。这也是实现高等教育改革目标的重要环节，是高等教育改革和发展的必然选择和内在需求。同时，培育大学生创业精神是高等院校适应社会发展的必然结果。中国特色社会主义市场经济的发展处于转型期，我国经济结构的调整导致对人才需求的结构发生重大变化，社会对知识密集型新兴服务业人才的需求不断增大，中国新阶层队伍的数量和质量需要进一步发展壮大。高等院校作为人才培育的主要基地，必须注重创业型人才的培养，不断提高大学生群体的创业精神，全面推进素质教育。

（三）全面深化改革建设创新型国家的客观要求

创业精神是创新创业活动发展的动力和源泉，要推动科学技术理论与创新创业实践向社会生产力转化，还要培育具有创业精神的创业创新型人才，促进科技创新和管理创新，实现经济发展方式的多元化，从而加速经济发展方式的转变，推进产业结构优化升级，形成创业友好型经济发展环境。在当前就业岗位有限、就业形势严峻的情况下，创业精神培育成为解决就业问题的根本出路。创业精神能够引导大学生树立创业型思维观念，在就业过程中更快摆脱进入体制拥有"铁饭碗"的传统思维，在工作岗位上勇于创新、实干，充分利用资源开创新的事业，不仅为社会创造了更多的就业岗位，还提高了全社会的生产效益。培育创业创新型人才，为经济发展和社会进步提供人才支持和智力保障，是贯彻落实党的十八大创新驱动发展战略，加快完善社会主义市场经济体制和加快转变经济发展方式的迫切需要，有利于推动整个国民经济的繁荣发展。我们要加强大学生创业精神培育，拓宽思维路径，树立创新观念，增强创业意识，激励大学生积极投身于践行创业精神的伟大实践中;用创业精神凝聚力量,激发活力,扩大创业队伍,增强经济发展动力;大力培育创业精神,牢牢把握创业教育的精髓,唱响大学生职业生涯规划的主旋律,才能传承中华民族艰苦奋斗的精神实质,不断拓展中华民族追求卓越、自强不息的精神内涵。

第二节 当代大学生创业精神培育的历史发展

我国创业活动和创业精神有很深的历史渊源。近代创业精神萌芽于资本主义工商业,由于我国特殊的国情,近代史上的创业精神一直与中华之崛起息息相关。中华人民共和国成立后,我国实行高度集中的计划经济体制,人们的创业精神受到抑制。改革开放让中国的创业精神重新焕发光彩,创新创业活动开始恢复和发展。当时影响较大的有苏南乡镇企业创业精神、大庆创业精神。20世纪80年代,我国新旧交替的经济体制,迫使创业精神在政治过度参与的情况下艰难发展,这一时期创业精神的内涵主要是艰苦奋斗、自力更生。创业精神培育工作尚未受到重视。1989年联合国教科文组织在世界高等教育大会上首次提出创业精神,针对就业问题的解决,提出了"创业教育"的概念。20世纪90年代初,现代意义上创业精神和创业实践开始得到人们的关注。

一、大学生创业精神培育的发展历程

创业精神根植于我国传统文化,尤其是艰苦创业贯穿我国历史发展始终。现代创业精神培育是高等院校创业教育的重要组成部分,在创业教育发展中逐渐脱颖而出。《21世纪的高等教育:展望与行动世界宣言》中明确提出未来的学生不仅要有能力成功就业,更要逐渐增强为社会创造工作岗位的能力;在高校教育中要注重增强创业精神,不断提高学生的创新创业技能训练,将其作为一项重要任务纳入教育改革。其后,联合国教科文组织要求各高校在教学中突出创业精神的基础地位,注重学生综合素质的提升,加强社会实践、重视技能开发。在国际环境的影响下,创业精神培育开始作为教育目标进入我国高等教育领域,并经历了萌芽时期、初步发展、全面发展三个发展阶段。

(一)萌芽阶段:以创业活动激发创业精神

党的十四大以后,我国开始建立社会主义市场经济体制。十四届三中全会以后,我国经济体制改革进入新阶段,鼓励和促进非公有制经济发展,市场主体呈现多样化趋势。20世纪末,伴随着非公有制经济的发展,创业学开始得到关注,并逐步从经济领域发展到教育、文化领域。我国大学生创业精神培育在创业学和创业实践的开展中,开始进入人们的视野。这一时期创业精神培育附属于创新创业活动的实践,大学生创业精神开始在创业活动中萌芽。

1998年全国首届大学生创业计划竞赛在清华大学举行,第二年共青团中央等部门联合主办的首届"挑战杯"中国大学生创业计划竞赛在清华大学成功举行,拉开了我国高

校大学生探索创业教育实践活动的序幕,并在大学生中掀起一股科技创业的热潮。中国人民大学、北京大学、上海交通大学等高校纷纷加入到大学生创业计划大赛的行列中。此后,由"挑战杯"中国大学生创业计划大赛和"挑战杯"全国大学生课外学术科技作品竞赛合称的"挑战杯"竞赛在全国开展得如火如荼,亦逐渐成为高校创新创业教育的重要评价标准。"挑战杯"竞赛"崇尚科学、追求真知、勤奋学习、锐意创新、迎接挑战"的宗旨得到贯彻落实,这是创业精神的重要体现,引导和激励学生勇于创新、勤于实践,以创业精神指导生涯发展。上海地区高校更是积极参加国际创业活动,1999年复旦大学在"亚洲MOOT CORP MBA创业计划竞赛"中荣获冠军。

这一时期高等院校创新创业实践活动的蓬勃发展,在很大程度上激发了大学生的创业精神,越来越多的高校和大学生积极参与到创业实践活动中。与此同时,创业精神也开始得到教育系统的关注。20世纪末,《中共中央国务院关于深化教育改革全面推进素质教育的决定》(以下简称《决定》)出台,文件中明确要求,高等教育要深化体制改革,改变传统教育中只重知识、成绩的现状,培育创业精神,更加注重社会实践能力培养和创新能力的锻炼,首次将创业精神培育列入高等教育体制改革目标之中。这一时期我国关于大学生创业精神培育的研究成果虽然罕见,但是国家提倡艰苦创业的社会环境、高等教育全面推进素质教育改革的决定、蓬勃发展的创业实践活动为创业精神的发展创造了良好的环境。

(二)导入阶段:以创业能力培养为重点带动创业精神

20世纪80年代末,面向21世纪教育国际研讨会在北京召开。在国际环境的影响下,大学生创业教育作为新鲜血液注入我国高等教育体系并有所发展。20世纪末,我国以创业实践为主的创业教育活动得到了很大发展,但是进入21世纪创业教育才正式作为教育内容被纳入高等教育体系中。21世纪的第一个10年,我国创业教育创业能力的培养是重点,这一时期创业精神作为创业教育的一部分创业教育过程,开始得到人们的关注。

1999年,教育部颁布了《决定》以后,我国创业教育开始进入新的发展阶段,主要在国家的宏观调控和正确指导下注重学生综合素质的提升。2002年由教育部组织的普通高等学校创业教育试点工作组织座谈会召开,会议上教育界专家针对创业教育的问题进行深入研讨,会议决定在全国范围内开展试点教育,开始高等教育阶段创业教育有步骤分层地探索。会议在综合地区发展、高校实际情况的基础上,确立了试点院校,要求学校将培养有创业精神和创业能力的高素质人才作为重要任务。至此,大学生综合能力、创业水平和创业精神风貌开始成为高等教育质量的评价标准之一。我国最早开展创业教育的院校是南开大学商学院。1997年,商学院在公司治理研究室的基础上成立了国内高校最早的公司治理研究中心,后来相继成立项目管理工程硕士(MPM)中心、高级管理人员培训中心、中小企业研究中心、创业管理研究中心,针对企业管理者和相关专业的大学生开展专业领域的创业教育。2002年,党的十六大要求各级党委和政府努为改善创业环境、加强为自主创业的政策服务,高等教育阶段要注重大学生综合能力的培养,提升创新创业能力。面对形式，各高校根据具体情况纷纷开始创业学与创业教育的探索，南开大学创业教育课程覆盖本、硕、博三个阶段的各个专业，开设"南开创业网"，为学校创新创业教育打造了学术交流的平台。2007年，我国公布的《中华人民共和国就业促进法（草案）》，在法律上为创业实践活动的开展提供了保障，第八条、第十七条、第二十一条和第三十六条，都是关于创业内容的条款，使创业实践有了法律保障。国家积极出台相关优惠政策：截至2009年，共青团中央建立"青年就业创业见习基地"4 083个，提供实习岗位121 646个；上海投入5 000万元设立"大学生创业投资接力基金"，复旦大学拨款100万元实施学生科技创新行动，并为学生设立专项创业基金1 000万元。同时，创业实践活动在全国高等院校遍地开花。2007年，中国首届创业教育论坛在中央财经大学举行。同年11月，以"智创上海，源自校园"为主题的上海大学生创业周拉开帷幕，高校的创新创业实践活动是贯彻"以创业带动就业"决策的重要表现，彰显了当代大学生的创业实践能力和创业精神。

这一时期，创业教育的重点是创业能力的培养，大学生的创业精神在创业课程开展、创新创业实践活动中得到提升，但是创业精神培育工作作为创业教育的附属，没有实现突破性发展。

（三）全面发展：以创业精神指导创业教育的开展

经过十多年的探索，更多的大学生逐渐摆脱传统观念的束缚，以创新、实干的创业精神开创新的事业。分析针对2010届毕业生发布的《2011年中国大学生就业质量报告》中新增的"自主创业所需能力和知识"的数据可知，我国以能力培养为重点的创业教育初现成效。2010年，教育部创业教育指导委员会的成立标志着我国创业教育经历了萌芽、导入阶段，进入快速发展时期，创业精神开始作为独立的个体得到人们的关注。

2012年，教育部下发《普通本科学校创业教育教学基本要求（试行）》的通知，明确提出将培育创业精神作为教育内容。我国高等教育创业精神培育工作发展势头良好。党的十八大首次将鼓励创业纳入了我国的就业政策，并强调在高等院校完善毕业生就业工作，鼓励多渠道、多途径就业，旨在强调引导大学生树立"大创业观"，以创新、实干、追求卓越、坚韧不拔的创业精神和意志品质面对未来的工作和生活；着重提出加大创新创业人才培养支持力度，鼓励青年转变就业观念，投身于开创新事业的大潮。这就要求高校注重创业精神培育工作，开拓毕业生就业思维，鼓励创新创业。十八届三中全会提出要健全促进就业创业体制机制，引导学生树立创业精神，通过政策和资金保障鼓励学生创业。国务院办公厅印发的《关于发展众创空间推进大众创新创业的指导意见》从八个方面推进"大众创业、万众创新"新引擎的发展，强调要大力培育创业精神和创客文化，为创业精神的培育创造了新环境，提供了新契机。

在创业教育开展过程中，国家更加注重意识形态领域即创业精神的培育，并且从体制机制、政策及支持服务体系角度保障创业精神培育工作。我国创业精神培育工作逐渐摆脱"附属"地位，作为独立的体系得到关注，高等院校开始将精神培养纳入教育目标，

指导创业创新实践活动的开展

二、当代大学生创业精神培育的基本经验

虽然我国创业精神培育工作尚处于起步阶段，但是伴随着创业教育的发展已有20余年的历史，精神培育与创业教育的全面开展更是息息相关，在创业教育探索过程中为创业精神培育体系的建构提供了很多经验。

（一）国家重视大学生创业教育和创业精神培育

20世纪末至今，我国创业教育工作一直在政府的指导下发展，国家教育部、财政部、发展和改革委员会等各个部门从自身职能出发，为创业创新实践活动的发展营造环境、创造条件。一方面党中央和国务院出台一系列鼓励大学生创新创业的政策，要求高等教育重视学生创业能力的培育和精神的培育，并将其纳入教育改革目标。另一方面，召开专门的创业教育工作会议，召集全国专家为创业精神培育和能力培养献言献策，通过试点工作切实推进高校创业教育实践的发展，促进大学生思想观念的变革。2012年至2014年国家更是专门发布了《普通本科学校创业教育教学基本要求》《国家鼓励普通高校毕业生自主创业政策公告》等文件，前者对高校开展创业教育具体目标、原则、内容、教学组织等方面提出要求，后者从放款市场准入条件、享受资金扶持政策、实行税费减免优惠、提供培训指导服务等方面逐渐放宽条件，鼓励高校毕业生自主创业。我国形成了国家引导的教育方式，国家通过政策法规为创业精神的萌芽、导入、快速发展创造了保障条件。我国通过政策指导，放宽市场准入，营造开放包容的环境，引导学生逐渐放下思想包袱，拓宽就业路径，以创业精神开创新的事业。

（二）高等学校重视和落实创业精神培育工作

各高校积极贯彻落实国家教育部政策，注重大学生创业教育和创业精神的培育工作，从人才培养和学校发展的高度，制定了相应的创业教育规划；结合学校实际，重点推进创新创业工作，将创新创业纳入人才培养体系，贯穿人才培养全过程。例如：山东大学"培育创新意识、培养创造能力和锻造创业精神"的"三创"思维模式，构筑了较为完善的学生创新创业教育体系，以不断创新和不懈的努力呵护着同学们的创造激情，着力培养和造就具有"创新意识、创造能力、创业精神"的创新型人才。同济大学着力建设大学生创新创业教育平台，将其纳入到整个学校教育体系，将思维意识的树立、精神的培养、创新创业能力的提高渗透到人才培养的各个环节里。在教育目标指导下，各高校调整、改革课程体系，设立支持大学生创新创业组织平台，创新创业教育逐渐向大众化、专业化发展，为我国创业精神培育创造了良好的环境。高校重视创业教育工作，将加强创新创业教育作为教育改革的重点面向全体学生开展创新创业教育，逐步探索出符合校情的创新创业培育体制机制，在教育实践活动中带动了创业精神的发展，为创业精神培育体系的建设奠定了基础。

高等学校将创业教育纳入教学设计，把精神培育确立为人才培养目标，贯穿于人才

培养过程始终。通过创业课程、创新竞赛、互动式专题讲座、学术沙龙、主题文化节、创业实验计划和创业训练计划等活动培养学生创业精神和创业能力。对现有课程体制进行调整和改革，积极整合各种校内外资源，为大学生开展内容丰富、形式多样的创业教育活动，创建实践基地。近年来，北京航空航天大学实现了"对创业素质全覆盖、对各个专业全覆盖、对所有年级全覆盖、对校内校外全覆盖"的创业人才培训模式，超过4 000名学生从中受益。上海交通大学始终坚持"面上覆盖"和"点上突破"的原则推进创业教育，注重学生创业精神和创业品格的培育，依托"创业学院"面向全体学生提供创业教育平台与培训。在开设创业通识教育课程的同时，对重点群体展开专业辅导、创业资金等方面的支持服务工作。

第三节 当代大学生创业精神培育存在的问题及原因

新时期，我国形成了以爱国主义为核心的民族精神和以改革创新为核心的时代精神，引导我国的改革和发展。大学生群体是一个身体成熟、心理半成熟的群体，他们富有理想，充满激情，敢冒风险，却缺乏承担风险的勇气和能力；他们思维活跃，善于实践，崇尚标新立异，却缺乏艰苦奋斗和坚韧不拔的意志品质。转型期社会政治经济环境使大学生出现了忽视精神价值的现象，但总体而言，当代大学生创业精神现状的主流是积极向上的。

2011年，全国首份《大学生创业调查报告》发布，数据显示：49.1%的受访者表示有创业的打算，81.5%的受访者对创业表示"感兴趣"，对开创新事业有理想和有兴趣是创业精神的重要表现。除此之外，大学生积极参与创新创业活动，职业生涯规划思路越来越开阔，灵活就业人数增加，在工作岗位上艰苦奋斗、积极开拓进取都凸显了我国大学生的创业精神风貌。2014年大学生就业质量报告显示，之前3年我国大学毕业生自主创业比例逐年增高，从2011年的1.6%上升到2013年的2.3%。

我国自20世纪末开展创业教育和创业精神培育工作以来，取得了一定的成果：创业精神培育得到国家和教育体系的重视；各高校积极开展创业教育，培育创业精神，提高创业能力；大学生树立正确的就业创业观念，积极参加创新创业活动，在工作岗位上发扬创业精神。我国创业教育和创业精神培育工作发展态势良好，但是与我国快速发展的政治经济还有一定的差距。

一、当代大学生创业精神培育存在的问题

我国大学生创业精神培育尚处于起步阶段，在学生的教育目标中并没有把创业精神作为一种需要学生在大学教育中获取的意识和行为特征，也就是在意识层面上，国内大多数高校对其重视不足。在创业教育研究中，重能力培养、轻精神培育，研究对象忽视个性化和主体化，培养目标和内容不明确，培养路径缺乏系统性和整体性。我国相对落后的创业教育和创业精神培育体系难以满足"创业者"个体需求和社会发展的要求。

（一）高校对创业精神培育工作落实程度参差不齐

我国对现代创业精神和创业教育的认识迟、起步晚。自 2002 年我国开展"创业教育"试点工作以来，中国人民大学、北京航空航天大学等高校将创业教育和创业精神培育纳入教学体系，在机制保障、政策鼓励、课程体系、丰富教育活动、搭建创业实践平台等方面成效显著。大学生在这样的教育目标和教育环境下，创新创业意识不断增强，实践活动能力得到提升，创业精神在就业创业活动中得到了很好的体现。其中，山东大学高度重视培育创新创业文化，通过各项制度、多种举措，切实为学生创新创业培育肥沃的土壤，1999 年至 2013 年创新创业大事共计 31 项。上海交通大学努力"使创新成为凝结在交大学子血液中的一种精神，使创业成为交大学子生命中的一种力量的迸发"。

但是最近一项针对 20 所高校发放的近 2 000 份调查问卷显示：25% 的受访青年希望进入体制内工作，青年对体制内趋之若鹜的首要原因是能够拥有稳定的"铁饭碗"。其中，分别有 71.1%、39.4%、38.3% 的青年将"稳定""亲朋好友建议考，同学都考""就业难，找不到更好工作"作为考虑因素，这些数据反映出青年求稳怕输、盲目从众、创新精神不足。参与调查的同济大学、复旦大学学生公务员报考率分别为 11% 和 16%，远低于高校平均值 25%。2014 年的一项调查显示，我国"211"高校的毕业生在就业过程中最关注的单位形式前四名为央企、外企及港澳台资与合资企业、民营企业、国企比例分别是 246%、18.2%、16.5% 和 14.7%。通过横向比较，"211"大学毕业生就业更倾向于民营企业和科研机构，其比例均显著高于其他学校类型。依据各高校近两年的就业质量报告，在创新创业方面，"211"大学与其他类型高校差距较大，我国精神培育工作缺位的现象普遍存在，高校对创业精神培育认识不足、重视不够、落实不到位，创新创业教育发展极为不平衡。

2014 年中国大学生就业质量报告中显示，2013 届大学毕业生自主创业最主要的动力是创业理想，加强创业精神的培养是提升大学生创新创业的有效途径。

（二）高等院校创业教育缺乏制度化体系

目前，大学生创业精神培育和创业教育尚未被纳入正规的教学体系。在科研方面创新创业教育科研力量严重不足，创业教育和创业精神培育缺乏坚实的理论基础，难以上升到理论学科层面。笔者通过中国期刊全文数据库及读秀图书学术搜索，从 1978 年至 2014 年，以"创业精神"为主题进行精确检索，得到文献共计 6 386 篇；以"大学生创业精神"为主题进行精确检索，得到论文 171 篇；以"大学生创业精神"为书名，经读秀图书学术搜索得到相关著作 2 部。现有关于创业精神培育的文献显示，我国创业精神发展现状和培育状况并不乐观。面临全面深化改革的重要战略机遇期，我国发展创新型国家需要创业精神的支撑和指导。现有教育体制下的学生知识结构和综合素质难以满足开展创新创业实践的需求，创新创业实践的综合性与大学生知识结构的专业性相矛盾。高等学校创业教育涉及教学体制和学生培养模式的改革，需要一个漫长的探索过程，在探索过程中亦需创业精神作为支撑。创业课程体系建设处于起步阶段，课程内容局限于

"大学生创新创业基础""大学生创业教育理论与实践"等综合类基础课程，缺乏专业化、系统化专门教材；授课过程注重理论知识的传授，忽视学生创业意识和创业能力的锻炼；创业教育师资力量严重不足，教师积极性不高、专业水平低，在大学生职业生涯规划指导中注重就业、忽视创业。国内大多数高校忽视创业精神及其培育工作，在相关教育活动的开展中重能力培养、轻精神培育，重知识灌输、轻社会实践。我国创业精神培育的规范化、学科化、体系化还很薄弱。

创业实践活动是大学生创业精神培育的重要途径，众多高校通过开展"挑战杯"等科技竞赛、搭建创新创业平台和孵化基地等方式激发大学生的创业精神，夯实大学生的基础知识，提高大学生的综合技能。2011 年，由中国青少年网络协会、腾讯网、中国传媒大学调查统计研究所共同发起完成的《大学生创业调研报告》显示 88.9% 的受访者缺少参加创业辅导或创业大赛的经历。可见，我国高校开展创新创业实践活动虽然得到了重视，但尚处于起步阶段，有待进一步普及和深入发展。我国高等教育创业精神培育与创新创业教育发展势头良好，但是在科学研究、教育内容和教育路径等方面还有很大的提升空间，没有形成制度化、系统化的培育体系。

此外，国家社会在创业精神培育保障条件方面也存在很多不足之处。2014 年全国大学生就业质量报告显示，大学毕业生自主创业的资金来源于父母或者亲友的投资、个人储蓄和借贷（本科为 81%，高职高专为 80%），而来自商业性风险投资和政府资助的比例不足 2%。虽然国家在政策保障方面投入较大，但是在政策落实过程中困难重重，收效甚微。

二、当代大学生创业精神培育存在问题的原因

（一）我国政治经济体制束缚创业精神培育工作

我国古代实行专制统治的中央集团，发展小农经济，"重农抑商"的思想根深蒂固。1949 年以后，我国长期实行计划经济体制，"铁饭碗"的存在使人们对国家社会滋生了依赖心理，形成了求稳怕输、不敢冒险的价值观念和思维方式。改革开放以来，我国开始实行社会主义市场经济体制，处于转型期的社会经济体制使人们的思想观念和思维方式发生了巨大的改变，脱离体制、自主创业越来越得到社会的接纳、包容和支持，国家也出台相关政策鼓励创新创业，培育创业精神。当前我国政治体制改革滞后于经济体制改革的现状，不仅阻碍了社会主义市场经济的发展，也束缚了创业精神及其培育工作的开展。我国不断深化政治经济体制改革，释放制度红利，为创业精神的发展及其培育工作创造了条件。

（二）传统观念根深蒂固，禁锢创业精神发展

古代中国虽不乏创业精神，但作为一个封建传统国家，人们的思想深受儒家传统文化的影响，"学而优则仕"的观念深入人心，寻求稳定的传统意识根深蒂固。与国家社会因素相比，家庭因素在大学生创业精神落实中明显地发挥了更重要的作用。《大学生创业

调研报告》显示,受访者的创业想法30%来源于家庭影响,24.2%来源于朋友影响,21%来源于传媒影响。家庭是大学生的第一课堂,对大学生创业精神培育有重要的启蒙作用。众多家长对稳定、安逸环境的强烈偏好,对独生子女的"呵护"式教育,不利于大学生创新精神、艰苦奋斗精神、坚韧不拔意志品质的养成,也对高校开展创新创业教育造成了阻碍。在高等教育阶段,我国传统教育理念和教育体制也束缚了创业教育和创业精神的培育工作的开展。我国经济、政治、教育等方面的体制机制影响着我们对创业教育和创业精神的认识,更决定着我国创业教育和创业精神培育工作的未来。

(三)高等教育资源有限、分配不均

创业精神培育是一个系统化工程,通过开展创新创业教育,培育创业精神需要一个漫长的过程。在创新创业教育过程中涉及经济、管理、心理等众多学科领域,需要综合性的理论知识。开展创业精神培育工作,需要众多学科领域的专家学者共同合作进行科学研究,需要创业教育和创新创业实践活动的积极开展,更需要国家社会的政策、资金、技术支持。我国创业精神培育和创业教育中所具备的人力、物力、财力资源有限,难以支撑创业教育的学科化发展和创业精神的宣传和培育工作。虽然我国部分高校重视创新创业研究,积极开展创业教育和创业精神培育工作,锻炼学生创新思维,鼓励学生形成创业意识,以创业精神面对今后的生活和工作。但是优势资源主要集中在重点高校,普通高校、职业院校、民办院校等高等院校在资金、技术、师资等方面资源有限,很难满足开展创业教育和创业精神培育工作的需要。当前,中国独特的转型经济背景为大学生开创事业创造了无限的可能性,我国经济结构优化调整、发展方式转变、产业结构升级等因素派生出众多新职业、新行业和新阶层,为大学生多渠道、多元化就业创业创造了条件,为大学生创业精神培育提供了契机。国家重视创新创业精神培育,出台政策法规鼓励大学生创业精神,但是形成对创业精神接纳、支持和积极参与的社会环境需要长期积淀。高等教育实现跨越式发展,造就基础宽阔、具有创业精神和创业能力、能够适应未来社会经济发展的创业创新型人才是高校义不容辞的责任。

第四节 国外大学生创业精神培育的经验及启示

一、国外创业精神培育的实践经验

在美国、英国、加拿大和澳大利亚等西方发达国家创业精神无处不在,它作为一种生活方式和生活状态融入人们的生产和生活。为激发和培育学生的创业精神,各国教育系统致力于使大学生树立创业意识、提高专业技能。创业教育在欧美的发达国家历史久远,发展至今已颇具规模并取得了令人瞩目的成绩。

(一)美国:以冒险精神为核心的创业精神

美国的创业教育背景和历史与其商业意义上的创业和商品经济发展同步,其创业精

神以冒险精神为核心，培育工作始于 20 世纪 40 年代哈佛大学开设创业精神的课程。早在 20 世纪 60 年代初，美国就建立了一整套培育体系，60 年代后期开始进行创业学教育研究，80 年代进入知识经济时代，大学的创业教育和大学生的创业活动开始活跃。美国有鼓励青年创业的传统，崇尚冒险的社会环境、完善的社会保障体系、社会风险投资参与都为青年创业精神的培育奠定了基础，为创业活动创造了良好的社会氛围。

美国从小学到研究生都具备正规的创业教育，创业类课程覆盖了从小学到研究生的所有阶段。大学阶段的创业教育采用体验式教育模式和分层次模块化课程结构，以教学对象的需求为依据进行课程设置，在基础学习阶段都要参与创业教育的通用模块；针对不同情况和要求，对学生进行分类指导，并制定了相应的评估原则、评估类型和评估方法。这种极具个性化的教育模式，无疑极大地促进了美国创业精神的发展。此外，美国创业基金机构、企业等社会组织以赞助形式支持创业教育师生组织的活动，通过提供经费、开发课程、提供众多的体验式教育的实习机会等形式为创业教育的发展和完善提供了动力。在这样开放的社会环境和教育模式下，很多大学生选择创业都是出于"专注于所长"的精神，为此不惜冒险辍学创业，这种情况普遍存在。

（二）英国：以政府为主导的创业精神培育工作

在英国，创业精神无处不在，它是一种生活方式和生活状态，引导着学生从不同的角度观察世界。英国注重创业精神培育工作，提出"青年创业计划"，以政府为主导，主要体现在设置商业课程和成立创业中心。政府从中学开始就开设商业课程，并于 2005 年起要求所有 12 岁至 18 岁的中学生必须参加为期两周的商业培训课程。此外，为推动大学生创业精神培育工作，英国政府实施创业技能计划、创立科学创业中心、启动重要项目。创业中也有政府出资设立负责管理和实施创业教育。该中心旨在将创业融入大学传统教育之中，通过开展创业教育、加强与产业界联系、支持创办企业、鼓励技术转化等方式革新大学文化和科研环境，培育创业精神。

英国高校普遍注重创业教育，认为大学有义务担负起培养大学生创业精神和创业能力的责任。根据英国国家大学生创业促进委员会研究与教育部主任 Paul d. harmon 提供的数据，英国有 96% 的高校开展了大学生创业教育，以英国的诺丁汉特伦特大学为例，该校学术开发和研究常务副校长 Peter Jones 认为"培养大学生的创业精神，这是大学的责任"。学校重视学生的创业教育，设立了商业孵化器并在当地企业家的支持下使 140 个大学生创业项目落地。为了培养学生的创业精神，学校不提倡为学生提供创业资金，旨在引导学生树立创业主体意识，在创业过程中自我摸索。为进一步推动高校创业教育和大学创新创业，英国高校注重和美国、丹麦等国家相关机构开展合作。

（三）日本：以危机为契机的船业精神培育工作

日本摆脱危机成为经济大国很大程度上依靠创新创业能力，其中很重要的一条经验就是注重创业精神培育、普遍开展创业教育。早在 20 世纪末日本国会就提出从小学开始实施就业和创业教育，将高等院校视为培育的主阵地。自此，从学校到国家层面，各类创新创业竞赛方兴未艾，教育系统将创业竞赛中的经验进行总结提炼，并将其融入高等学校创业教育。日本将创业教育相关课程设为必修课，课程依据众多公司的能力框架设置，在一定程度上实现了产学的良性结合；注重创业过程教育，倡导体验式教学；注重家庭教育在孩子自主意识方面的重要作用，为孩子提供创业精神培育的启蒙教育。此外日本的创业精神培育体系还有大学普遍设立的创业支援机构、大学风险企业计划为支撑，为日本摆脱经济危机、培育创业精神和创业能力提供了有力的支持。

（四）印度：从问题出发的"自我就业教育"

与我国同为发展中人口大国的印度，在创业精神培育与大学生自主创业教育方面亦有很多突出特点。1982年，印度政府成立了"国家科技创业人才开发委员会"，全面实施科技创业人才开发计划，将大学生创业精神培育作为工作重点。印度于20世纪90年代提出"自我就业教育"的概念，注重大学生创业精神培育，鼓励学生独立自主开创新的事业。印度创业精神培育从问题出发，依靠课堂教学开展素质教育，直接采用国外原版教材，教育内容涉及创业过程中的所需各方面知识，教育过程突出自主性，学校和政府参与较少，基本由教师组织。学生积极成立各类创业社团，组织创业和创新活动。印度发达的软件行业和强大的自主研发能力，与其注重创业精神培育和创业能力培养关系密切。印度的竞争激烈程度和印度市场上原创品牌的数量，都是世界上任何一个国家难以比拟的。

此外，德国的"模拟公司"、瑞典注重实践教学的创业教育等创业精神培育工作，虽然都是基于本国的政治经济实力和社会背景开展的，但同样值得我国在探索创业精神培育工作的过程中进行学习。

二、国外大学生创业精神培育的启示

创业教育在西方发达国家由来已久，基于西方的政治经济环境和社会条件，大学生普遍具有创业精神。高校鼓励在校大学生的创业精神，并创造条件营造有利于创业精神培育的校园环境，例如：开设有关课程，配备优良的师资队伍，搭建创业平台。通过全社会的共同努力，他们的创业精神培育工作取得了良好的效果，并积累了宝贵的经验，对我国创业精神培育有很好的启示。

（一）教育系统重视学生创业精神培育工作

创业精神是以改革创新为核心的时代精神的重要组成部分，也是中国精神在大学生群体中的具体体现。提高大学生创业精神，培养更多创业创新型人才，促进科研成果向社会生产力转化，不仅有利于我国素质教育的发展，而且对经济结构调整和经济体制改革的进一步深化有深远的影响。因此，教育系统要更新教育理念，重视学生创业精神培育工作。美国科学院院士、麻省理工学院教授莱斯特·瑟罗（Lester C. Thurow）认为，美国经济发展实力和科研能力在世界立于不败之地，关键在于对创业精神的重视和创新创业人才的培养。高等学校作为创业精神培育的主阵地，要将创业精神和创业能力的培养纳入学生培养目标，制定各教学环节的质量评估标准，使其融入思想教育和专业教育，制定创业创新型人才培养方案；同时加大教育宣传力度，提高全体师生对创业精神培育工作的重视，营造浓厚的创业教育氛围。

（二）高校建立健全创业教育和创业支持服务体系

为了提高青年学生的创业精神，欧美等发达国家已经将创业教育纳入国家教育体系之中，并逐渐形成了完整的教学研究和教育实践体系，在中学到大学形成了正规创业教育体系。

从教育模式看，美国实行"学分制"和体验式的教育模式，根据学生的情况将课程分类设置，对学生进行分类指导。此外，美国的社会组织和企业为大学生创业提供资金、课程以及体验式教育实习机会等赞助，为创业教育的发展创造了条件。新加坡将创业教育视为专业教育，在应届毕业生和有志创业的在校生中招收学生，实行文凭式教育。印度则围绕解决就业问题，开展素质教育，提高大学生的综合素质和就业创业能力。

在课程设置方面，欧美国家重视对创业学的研究，众多大学培养创业学的博士、设置首席教授。在教育内容方面，他们十分注重学生创造力的塑造，充分调动学生的积极性和主动性，训练学生的想象能力和标新立异的思维方式，激发学生潜在的创造力。日本凭借高新技术产业成为经济大国的一个重要原因就是注重青年学生创业精神的培养、普遍开展创造力开发教育。为了提高创业教育质量，欧美各国十分注重创业教育教师的选拔与培养，创业学教师大多曾经有过创业或多年从事企业管理工作的经历，有着丰富的创业实践经验。

高等学校完善的创业支持服务体系为发达国家创业精神培育作出了突出的贡献。发达国家特色鲜明的创业教育机构专注于创业教育和知识技术的转化，设置专项资金，开展创业教学，提供专业咨询，为大学生创业优质服务。例如，成立于1978年的美国第一个创业研究中心——百森商学院创业研究中心，主要致力于创业教育研究、课程研发和师资队伍建设。因企业孵化运作和科技园计划而出名的德克萨斯大学的创新创造与资产研究院（IC2）和仁斯利尔理工大学的创业教育中心。名目繁多的创业计划大赛和鼓励开放、创新的校园文化环境，亦在大学生创业精神培育和创业能力培养中发挥了重要作用。

曾经有调查数据显示：我国对创业教育工作认识迟、起步晚，与欧美发达国家差距大，为了培养适应经济时代发展需求的青年学生，我国必须对现有教育体制进行调整和改革，逐渐建立健全学校创业教育体系，促进大学生创业精神培育工作。

（三）全民参与的创业行动

高校创业精神培育是一个受多个内外因素影响的有机统一整体，不仅涉及高校内部教育管理活动，还涉及政府、社会、家庭和学生等多个因子。国家在全国范围内鼓励创业，出台优惠政策，提供专项资金，建立完善的创业保障体系。例如，成立专门的管理机构管理大学生创业教育和创业精神培育工作，促进工商业、学校、社会组织和学生之间的联系，提高学校内部的创业文化建设。由美国的高校、公司、非营利机构和政府机关合作开展的"卡迪拉克计划"在美国700多所院校展开,约有25万大学生参加,让在校大学生定期到机构中参加工作实践,使学生在课堂上所学到的理论知识在实践中得到应用和检验。政府倡导创业精神,通过制度建设创造条件,家庭、企业及其他社会组织能够营造宽松的社会环境。社会环境对创业失败的宽容态度能够鼓励大学生创业并愿意尝试创业的挫折和失败,用实际行动提升了创业能力。

第五节 当代大学生创业精神培育的优化策略

培育大学生的创业精神并不是要求人人都去创办企业,而是要教育、引导大学生树立创业意识,以敢于冒险、善于实践、追求卓越的精神面貌和坚韧不拔的意志品质面对生活和工作。我国的创业精神培育工作认识迟、起步晚、发展慢,与世界发达水平有很大差距。高等学校作为人才培养的主阵地,承担了我国创业精神培育的重要任务。高等教育通过开展创新创业教育、完善创业支持服务体系等方式培育大学生的创业精神。培育创业精神既是创新创业教育的重要组成部分,也是推动创新创业教育发展的智力支撑和精神保障,两者相互促进。优化大学生创业精神培育路径,要明确培育目标、内容与方法,建立健全教育支持服务体系,逐渐形成全民参与创业精神培育体系。

一、国家层面:完善支持服务体系弘扬创业精神

创业精神的培育工作是一个系统工程,在我国现有政治经济体制下,要实现"大众创业、万众创新"的目标,需要全社会的积极参与和大力支持。国家大力弘扬创业精神,全面深化政治经济体制改革,是创业精神培育的基础;国家重视创业精神和创业教育,是创业精神培育工作发展的前提条件。在此基础上,国家建立健全创业精神培育支持服务体系,为高等教育开展相关教育实践活动清障搭台,是大学生创业精神培育工作顺利开展的关键环节。

因此,我国要从国家战略高度上予以重视,大力宣扬创业精神,通过政府完善支持服务体系,为大学生创业精神培育工作提供优质的服务。

(一)完善政策服务体系

国家重视创业精神首先要"身体为行",必须在完善和发展中国特色社会主义制度,推进国家治理体系和治理能力现代化的过程中坚持和发扬创业精神;在弘扬和培育社会主义核心价值观的过程中秉承创业精神,在社会主义精神文明建设中更加注重创业精神培育;以敢为人先的创新精神、艰苦奋的实干精神、知难而进的坚定信念面对国家全面深化改革中的困难和问题,并在实践中发现问题、解决问题、积累经验。

国家推进创业精神培育工作要从问题出发。目前,国家鼓励创业精神培育的相关政策措施,除教育外的其他领域涉及较少,在银行信贷、工商税务等领域缺少扶持创新创业活动开展的优惠政策,各级政府机关虽然也根据国家政策制定了相应规定,但是相关

政策需进一步精细化,跟踪落实需进一步强化。国家重视创业精神和创新创业能力的培养,需要加强调查研究,针对大学生创新创业中遇到的困难与阻力、暴露出的问题,在政策制定中明确鼓励措施、完善规章制度、强化跟踪反馈,为大学生创新创业活动提供更多优惠政策;在政策执行中,要进一步加大简政放权的力度,加强事中事后监管,为大学生创业营造宽松、公平、公正的市场环境。

国家党政机关相关部门重视创新创业实践活动的开展,致力于在实践中培育和践行创业精神,充分发挥好共青团中央在大学生创业精神培育中的主导地位和中宣部的宣传导向作用,组织好科学技术部、教育部、人力资源和社会保障部、文化和旅游部部等国家机关的团结协作。地方各级政府机关根据国家政策精神,结合区域经济的发展与地方产业结构的调整,制定相应的创业精神培育细则,建立相关事务的兼职或专职管理部门,组织社会力量参与创新创业活动,出台鼓励政策激励大学生创新创业,通过教育机构、实践基地等社会组织加强社会层面创业教育与培训。

(二)建构社会信用体系

社会信用体系是社会主义市场经济体制和社会治理体制的重要组成部分,是完善社会主义市场经济体制、加强和创新社会治理的重要手段,对促进社会发展和文明进步有重要意义。当前我国社会信用体系建设与社会经济发展水平矛盾突出,为大学生开展创新创业活动制造了很多"后顾之忧",抑制了大学生创业精神的发挥与培养。国家注重大学生创业精神培育工作必须建立和完善社会信用体系,保障社会主义市场经济健康运行,为创新创业活动开展创造良好的市场环境。首先,国家要在制度层面起草建立个人和企业信用档案的相关政策法规。2014年7月公布的《国务院关于印发社会信用体系建设规划纲要(2014—2020年)的通知》,为我国信用体系建设提供了纲领性文件。其次,国家要建立健全社会信用等级评定制度,建设社会信用网站,建立个体及企业的信用记录数据库。对企业、银行等市场主体从资金信用、经营管理、投诉情况等方面进行评定,个人信用则从消费、贷款记录等方面予以评定。通过政府和社会组织掌握征信数据,建立和完善信用数据库,在网站上曝光"失信黑名单"。再次,制定社会信用管理的法律法规,规范信用征信、整理、披露等工作程序,制定相应的奖惩措施,严厉打击假冒伪劣、侵犯知识产权、窃取商业机密等违法行为;给予信用记录良好的个体在创新创业实践中更多的资金、技术支持和服务,鼓励社会主体树立诚实守信的思想观念。

(三)完善社会组织体系

大学生创新创业活动的顺利开展、实现从创新方案到社会生产力的转化需要社会力量的支撑,这就要求我们要完善社会组织建设,为创业精神培育提供全方位的服务。一是成立有效的服务平台,大力发展创新创业培训实践基地等社会组织和网络平台,加大政府财政对相关机构的资助和财政补贴,完善社会组织的管理,优化互联网政务服务环境。通过服务平台为大学生提供信息和技术等专业咨询服务和跟踪式扶持,反映大学生创新创业诉求,进一步推进组织建设的发展。二是加强枢纽型组织的建设,充分发挥其在高校创新创业教育、企业资金技术支持和社会基金服务中的桥梁纽带作用，汇聚社会力量、优化组织结构，提高大学科技园和孵化器等创业服务平台的专业能力和社会公信力，提高社会资源利用率和经济效益。三是政府设立专门的创业基金，鼓励和支持大学生创新创业活动。

此外，在构建创业精神培育体系中要坚持贯彻落实十八届四中全会精神，进一步完善创新创业相关法律规定，严格依法规范体系内部管理，对扰乱市场经济秩序的行为加大查处和打击力度。为创业精神培育工作创造良好的法治环境，提供完善的法律服务，将法治精神贯穿于创业精神培育工作的始终。

二、社会层面：营造大众创业的社会舆论环境

大学生创业精神的培育与弘扬需要良好的社会环境，当前发展中的社会主义市场经济环境、受传统观念影响的社会舆论环境和家庭环境，在某种程度上抑制了大学生的创业精神的发展。我国要培育大学生创业精神，就要营造争相创新的社会环境。

（一）开放的经济环境

经济环境指的是国家或地区的整体经济状况，包括经济发展水平、社会经济结构、经济体制、宏观经济政策和劳动力情况等。我国实行社会主义市场经济体制，在国家宏观调控下，使市场在资源分配中发挥基础性作用，创业创新活动在这样的经济条件下发展取得了显著的成绩。但是行业垄断、地方保护和非法牟利等现象的出现抑制了创业精神和创新创业活动的发展。十八届三中全会报告提出，经济体制改革是全面深化改革的重点，致力于协调好国家对经济的宏观调控和市场自主发挥竞争机制的关系问题，完善市场经济体系，改善政府干涉越位、监管缺位的现象，为市场优化资源配置创造条件。

这些改革方向就是培育创业精神所需要的相对开放、自由竞争的经济环境，有利于打破行业垄断、实现公平竞争。国家应鼓励大学生积极整合校内外资源开展创新创业活动，发扬并传承创业精神。创业精神指引人们以敢为人先的创新精神、艰苦奋斗的实干精神和坚韧不拔的意志品质，推进全面深化改革的进步发展。除此之外，国家要更加突出社会保障体制、金融体制和企业所得税的改革，为创新创业主体解除后顾之忧，提供鼓励政策。

（二）兼容并包的思想舆论环境

我国早在先秦时期就有鼓励创业的优良传统，自强不息、积极进取、艰苦奋斗的创业精神源远流长，但是传统文化中的"中庸"思想却抑制了敢于冒险的创新精神。建国初期我国高度集中的政治经济体制对人们思维方式行为习惯的影响根深蒂固，就业过程中进入体制拥有"铁饭碗"的思想至今在广大人民群众中普遍存在。中国传统文化中这些"不利因素"抑制了创业精神的发扬。这就要求我们加强创业精神的宣传工作，大力弘扬中国传统文化中自强不息、艰苦奋斗、积极进取的创业精神；吸收国外敢于冒险、勇于打破常规的创业精神，逐渐建构中国特色社会主义创业精神；通过网络、报纸、电

视等传播媒介在全社会倡导创业精神，保护创新创业热情，鼓励创新创业实践；努力营造宽容失败的社会氛围和鼓励创新创业的思想舆论环境，使民众的创造能量充分释放，使创新成果不断涌现，使创业活动蓬勃发展，使创新创业实践得到全社会的广泛认同和接受。

（三）创业型家庭环境

家庭环境在大学生成长成才过程中发挥着启蒙教育的作用，家长的思维方式、言行举止、教育方式对孩子人格特征的形成至关重要，为大学生开展创新创业活动奠定了基础。一方面家庭环境塑造了孩子对创新创业的基本理念和人格特征，这是创新创业活动顺利开展的关键因素；另一方面，大学生创业精神落实程度取决于家庭的精神支持程度。因此，我们要着力营造创业型家庭环境。在教育理念上，克服过强的回报心理，尊重孩子自主选择的权利，重视孩子的德育教育与全面发展。在教育过程中坚持科学的教育方法，调整心态，形成客观的期望值；学会倾听，建立平等的亲子关系；以身作则，帮助孩子塑造健康人格；学会欣赏与宽容，鼓励孩子的创新精神。鼓励家长更新教育理念，践行科学的教育方法，别让家长因为"害怕伤害"禁锢了孩子的思想、捆绑了孩子的手脚。努力营造相互解、充分沟通、民主和谐的家庭氛围，鼓励孩子独立思考、敢于创新、勤于实践、坚持学习，锻炼孩子知难而进、坚韧不拔的意志品质，以创业精神面对生活。

三、学校层面：建立健全大学生创业精神培育体系

要全面提升大学生创业精神和创业能力，实现大学生以创业精神面对新问题、以创业能力打开新局面的目的，必须对创业精神培育工作进行规范化、系统化管理，对高校体制机制进行调整和改革。高校教育体制创新是其他一切革新的重要保障，体制改革和建设具有根本性、稳定性和长期性。我们要大力推进高校教育体制机制革新，不断适应社会主义市场谨记发展需求和全面建设中国特色社会主义的要求，进一步解放和发展创业理念，使创业精神进一步适应时代发展要求。高等院校要通过完善教学科研体系、组织体系、支持服务体系，努力营造宽松的创业环境，致力于构建集教学、科研辅导、实训、孵化为一体的创新创业体系。

（一）明确大学生创业精神培育目标和内容

大学生创业精神培育是指高校通过教育、培养、锻炼，帮助大学生树立正确的创业观念，激发大学生的创业精神，培养大学生的创业品质，从而引导大学生不断提高创业能力，创造新价值的教育过程。高等教育创业精神培育以全面提升大学生综合素质为出发点，通过知识传授、团体实践、个别指导、环境熏陶等多渠道，积极引导学生有针对性地参加培养锻炼活动，着力培养学生敢为人先、善于思考的创新精神，勤于实践、艰苦奋斗的实干精神，追求卓越、永不止步的学习精神和坚韧不拔、知难而进的坚定信念。通过优化知识结构、提高实践能力，培养面向未来的研究型、创新型、管理型、国际型的高水平创业人才。

根据大学生创业精神培育的目标，主要从以下几方面对大学生进行教育和引导：

1. 树立正确的就业创业观念

将创业精神培育纳入高等学校教育目标体系，通过开展创业精神和创业教育的宣传活动，使全校师生转变观念，对创业精神培育工作有全面客观地认识：创业不仅是创办企业，开展创业教育也并不是要求每位学生都去自主创业，在自己的工作岗位上创造新价值就是创业；创业精神培育工作是帮助学生树立创业理念，具有企业家思维的过程。高校教育工作者要充分认识创业精神培育工作的重要性和必要性，树立正确的人才观和教学观，改变传统以成绩论优劣的人才评价观念和教学考核标准，对大学生进行价值塑造、能力培养和知识传授。引导学生树立正确的学习观和就业观，在学习过程中不仅要扎实掌握书本知识，还要向社会实践学习，不断学以致用、积累社会经验，使学生学会学习，为终身学习奠定基础；在生涯规划中树立正确的就业观，确立就业形式多样化的观念，既不能等待、依靠社会、学校、家长的给予，也不能违背个人实际随遇而安。大学生要有创业意识，敢于挑战，敢于实事求是地确立奋斗目标，并为之付出努力；将自己的职业兴趣和职业发展结合起来，形成"创业是最高水平的就业"的观念，通过艰苦奋斗、勤于实践，努力实现自己的职业理想。

2. 培育健全人格

人格包括稳定的人格心理特征和人格倾向，是每个人区别于他人的差异性部分，人格特征决定着一个人是否心理健康和有所成就，决定着一个人的价值观念。培养大学生健全人格是学生全面发展的需要和时代发展的要求，是大学生开展创新创业活动的前提条件，因而成为大学生创业精神培育的重要内容。大学生健全人格主要表现为：自我悦纳，接纳他人，即大学生内部心理和谐发展；人际关系和谐，指在人际关系中实现自尊与他尊、理解与信任、同情与人道等品质；独立自尊；能够发挥自己的潜能，即能够使自身的思维优势和专业技能最大限度地发挥作用。培育大学生创业精神尤其要在大学生人格培育过程中突出创造型人格的培养。创造型人格是开展创新创业活动的重要因素，是指具有创造性智慧和创造精神的人格类型，从本质上看就是培养大学生的创新思维和创新能力

3. 优化创业知识结构

知识的积累是开展创新创业活动的前提条件。通过创新创业活动培育大学生创业精神，要求大学生具备创业型知识结构，并不断优化重组，与时俱进。

首先，大学生创业者要用中国特色社会主义理论武装头脑，坚持辩证唯物主义的思维方式分析问题、解决问题，这就要求进一步落实高校思想政治理论课的教学效果。其次，开展创新创业活动不仅需要扎实的专业知识，还需要经济、管理、法律等综合性的知识体系，并且随着实践的发展不断实现知识内容的与时俱进和结构的优化组合。这就要求大学生要具备较强的适应能力和学习能力。

4. 增强创业能力

大学生创业精神培育的目的在于理论指导实践，引导学生以创业精神开创事业，这

就要求学生具备基本的创业能力践行创业精神。大学生应具备以下几方面的能力：学习能力是对知识和信息的接收、转化和应用能力。大学生经历20余年的知识学习，不仅要积累知识更要养成良好的学习习惯，树立终身学习的观念，学会学习。社会交往能力是交往过程中运用的交往技巧，包括沟通能力、社会活动能力、亲和力和协调能力等内容。创新能力是创业活动中最重要的能力，是指大学生在创业过程中创造性地提出问题、分析问题、解决问题，主要表现为具有创新意识、创新思维和创新技能。创新是一个打破旧事物创造新事物的过程，一直处于探索状态，遇到困难在所难免，需要大学生具有较强的心理受挫能力和较高的逆商。

（二）坚持大学生创业精神培育的基本原则

高等学校在创业精神培育过程中应坚持以下基本原则：

1. 普及化原则

创业精神作为时代精神的重要组成部分，对中国特色社会主义文化建设尤其是文化创新有重要作用，在高等教育阶段开展创业精神培育工作是建设创新型大学、实现高等教育可持续发展的内在要求，也有助于大学生群体的全面发展和个人价值的实现。开展创业精神培育工作不是要求人人去创办新企业，而是要引导大学生以创业精神去面对生活和学习。因此，培育创业精神应该作为一种理念贯穿于高等教育始终，被纳入正规教育体系，在全体学生中普及创业精神相关理论，在通识教育中融入创业、管理相关课程，在全校范围内开展创新创业活动以激发大学生创业精神，让创业精神在大学校园遍地开花。

2. 专业化原则

在大学生创业精神培育过程中坚持专业化原则主要表现在三个方面：一是科学研究和学科发展的专业化，加强具有中国特色的创业学研究，逐渐建构本领域的理论体系，为学科专业化发展奠定坚实的理论基础。二是在创新创业活动中，坚持组织建设的专业化，针对理论研发、教育方案实施和反馈教育支持服务体系设立专门的组织机构，进行专业化管理。三是强调教师专业水平和业务素质的专业化，要培养和选拔既有理论高度又有社会深度的"双料"教师，对大学生理论学习、创新创业活动的开展进行指导，提供咨询服务。

3. 主体性原则

主体性原则即在创业精神培育过程中明确大学生的主体地位，具体表现为：一是强化学生的主体意识。主体意识是学生在学习过程中积极探索的内在动机和根本力量，无论是在理论学习还是创新创业实践中，教师都为学生创造独立学习的环境，最大限度地激发其内在动力。二是尊重学生的主体意识和个性化特征。在教育过程中，每个学生都是独特的个体，存在差异化的个性特征，尊重和重视学生的个性化。并针对社会需求多元化的现状推进个性化教育。通过职业性向测评和全面客观的综合分析对学生进行定位，通过职业咨询为学生提供精细化、个性化的职业发展指导和支持。

4. 理论与实践相结合原则

理论与实践是辩证统一的，缺乏理论指导的实践是盲目的，缺乏实践的纯理论是空洞的，在创业精神培育过程中理论与实践的结合尤为重要。创业精神培育需要理论知识作为基础，更需要实践活动的激发和强化。这就要求大学生要掌握扎实的创业基础理论知识，并积极投身于创新创业实践中去，在创新创业活动中学以致用，检验并进一步发展创业学知识，积累经验教训，在不断探索中打开新的局面，丰富和发展原有知识体系。在创新创业过程中，大学生只有理论联系实际，才能将所学内化为自身的素质和能力。

（三）完善教学科研体系，增强创业精神

要调整和改革课程设置，优化大学生知识结构，将创业精神培育课程纳入正规课题体系。高校开展创业精神培育工作通常非教学活动，虽然使学生的创业精神在实践活动和创业平台中有所提升，但是未被纳入正规体系的创业精神无法得到师生的重视。要在教学方案中明确创业精神培育目标，通过系统教学使学生对创业精神有系统了解，自觉增强自身知识和技能，在学习、生活和工作积极发扬和传承创业精神。一方面设置创业精神相关的通识课程，普及创业精神理念，优化知识结构，引导学生树立创业精神，进行职业生涯规划。另一方面开设相对专业化的创业培育课程，对有创业兴趣和创业意向的学生重点教育，通过理论知识的学习、案例分析、创业计划和孵化等内容的系统学习和实践，不断培养学生的创业兴趣、增强学生的创业能力。在专业教育中，一方面在教育内容中融入创新、实干等创业精神理念；一方面增加课程实践环节比重，引导学生学以致用，在实践中体验树立创业意识的紧迫性、检验自身创业能力、体会失败的苦涩和成功的喜悦。此外，要注重专业课程与创业教育相关课程的统一性。调整和改革课程的设置并非要打破原有的课程体系，重点是在现有的课程体系中融入创业精神培育内容。在科研方面应加强创业学研究。学者们对创业精神的研究更多的是借鉴国外先进的理论成果，迫切需要从中国的政治经济情况出发，探索出一套适合中国政治、经济和文化环境的战略导向理论体系。只有有了坚实的理论基础，才能加强创业学学科建设。在研究方法上，学者们应注重改进和完善研究方法，不断提高研究方法的科学性、严谨性和规范性。当前高校研究体系中，自然科学注重实验研究，一般用数字显示研究的重要性和可行性；而社会科学更加注重理论的先进性和学理性的研究，对社会问题研究方法的研究和使用较局限。

创业教育和创业精神培育研究涉及经济学、管理学、社会学、教育学和心理学等众多学科，在研究过程中要采用科学的研究方法和严谨的研究态度，积极学习和借鉴国外成熟的理论和实践方法，结合快速变化的中国情境，逐步建立起具有中国特色的创业精神研究框架体系。要提高教师创业精神，优化教师队伍结构。高等学校创业精神培育工作需要具备创业精神和创业能力的师资力量，传统教学中专业课教师只注重专业素质，创业课教师只抓理论的现实无法满足我国创业精神培育和创新创业教育的需求。培育大学生创业精神首先要提高全体教师对创业精神的重视程度，国家、学校应对高校教师进行创业精神培训，使教师在教育教学过程身体力行，不断更新教育观念、拓宽教学思路、丰富教学内容、创新教学方法，在教育过程中明确促进人的全面发展的教育目标，形成以教师为主导、以学生为主体、以训练为主线的课堂教学方式。学校应加强与社会组织的联系，鼓励专职创业学教师增加一线实践经验，聘请社会上创新创业典型担任学校创业教育兼职导师，着力打造一支既有理论水平又有实践经验的创新创业型教师队伍。

此外，在教学科研评估中将创业精神作为重要指标，十八届三中全会提出深入推进管办评分离的教育评价方向和完善学校内部治理结构的要求。高校应根据国家要求和本校实际情况逐步完善创业精神培育评价体系。应在学生中针对创业精神培育问题展开调查研究，建立健全毕业生创新创业工作评价体系，完善反馈机制，不断优化教学科学体系。要锻炼学生创新思维，鼓励学生形成创业意识，以创业精神面对今后的生活和工作。

（四）完善组织服务体系，激发创业精神

课堂教学在大学生创业精神培育中发挥着主阵地的作用。将课堂教学内容学以致用需要创新创业实践平台作为支撑。在大学生创业精神培育与创业能力培养中，创新创业实践平台等组织体系亦发挥着不可替代的作用。高校要重视大学生创新创业组织建设，致力于搭建三种组织平台，定期开展创意类活动，调动学生的创新创业热情。一是创新创业理论研究中心，组织国内外创新创业专家，致力于相关理论研究，构建培育的理论体系，努力实现教育的学科化。当前高校开展创业创新教育涉及的理论知识不成体系，缺乏专业性和针对性，高校要逐渐建立和完善具有中国特色的创新创业理论体系，并制定符合高校实际情况的教育计划和方案。二是创新创业孵化中心，依据创业精神培育方案，落实研究中心相关政策，开展创新创业活动和科技竞赛并设置相应的鼓励政策，为大学生创新创业实践提供资金、咨询、培训和个性化辅导，实施创业计划的孵化及后期指导。三是深入社会的交流中心，负责整合资源，搭建学校与企业、协会等社会组织的沟通桥梁，为大学生创造与企业家面对面的机会，不断开拓实习基地、挖掘社会资源为校内创业实践活动提供资金、技术和智力支持。通过组织建设实现"创业学研发—创新创业计划—实地创新创业活动—持续性扶持"一条龙服务，为创业精神培育实践活动提供系统化的支持和服务。帮助大学生积累创业知识和经验、了解和体验社会运行规律，做好艰苦奋斗的心理准备，激发大学生追求卓越的学习动为和敢于冒险的精神。

（五）营造创业环境，传承创业精神

高等院校是创业精神培育的重要载体，具有创业氛围的校园环境，对大学生创业精神的形成和发展有潜移默化的作用，有利于引导和鼓励大学生的创业热情，增强大学生的创业能力，促进教育效益的提高。营造创业文化氛围必须着手于校内外全体师生员工，形成全方位创新创业的文化氛围；必须从生活点滴入手，围绕"创业精神"精心组织丰富多彩的有思想性、学术性、娱乐性的校园文化活动，充分激发学生的创新精神和创造性思维；必须充分发挥好网络等现代媒体和科技成果的作用，创造信息共享的平台，着力构建一种开放、包容的校园文化环境和严谨、踏实的学术氛围。传承创业精神要加大

宣传力度，营造宽松的校园环境。学校应利用报纸、期刊、宣传栏、网站、广播站等宣传阵地，积极普及创新创业知识，宣传创新创业典型、国家鼓励政策、学校实践活动，激发大学生对创新创业的热情。创业精神的培育需要长期的熏陶和积淀，创业型校园环境的打造也要逐步实现。这就要求我们放眼全局、着手眼下，让创业精神融入学生生活、学习的各个方面，遍及校园每个角落。高校围绕创业精神培育的教育目标变革体制机制、完善组织服务、营造校园环境等工作的开展都需要经费的保障。在教育经费有限的情况下，高校要坚持艰苦创业精神，通过开源节流为大学生创业精神培育提供相对充足的资金保障。一方面积极争取社会资源，为学校创新创业活动拓宽经费来源、提供技术和咨询服务支持；另一方面加强组织内部管理，努力实现经费使用的透明化，提高经费的使用效益。

第五章　高校创新创业教育实践教学体系的构建

第一节　我国高校创新创业教育实践教学体系建设现状分析

一、创新创业能力培养与实践教学体系

学术界相对来说，较为重视高等教育中基础教学、科研培养等方面的研究，而实践教学这种培养大学生创新创业能力的教育模式的研究则较为薄弱。总体来看，无论是从研究广度、研究宽度还是研究深度方面，都比较欠缺。多数研究显得零散、单一，局限于传统的视角和领域，一般性、普遍性问题研究较多，缺乏系统性、普适性的探讨。尽管如此，随着近年来学者们的不断探索，创新创业人才培养问题和实践教学中体系的构建逐渐成为研究的热门问题，此领域积累了相当丰富的知识和经验，产生了许多值得借鉴和参考的有价值的研究成果。

（一）创新能力、创业能力的含义

1. 创新能力的含义

创新的社会学解释是，人们为了发展的需要，在前人已经发展或发明成果的基础上，不断突破常规，提出新的见解、开拓新的领域、解决新的问题、进行新的运用、创造新的事物。创新能力是实施创新行为所具备的本领或技能。

对于创新能力的含义，国内不同的学者对其的理解和使用有很大的差异。有的学者指出，创新能力是指利用已积累的知识和经验经过科学的思维加工和再造，产生新知识、新思想、新方法和新成果的能力。有的学者认为，从创新能力表现形式来看，创新能力的本质在于创新，具体表现为产生某种新颖独特、有社会价值或个人价值的思想、观点、方法和产品的能力。还有的学者认为从整合的角度来看，创新能力是个人知识储备、创新思维和创新个性的多维、多层次的综合表征，其中知识储备是创新能力的基础，创新思维是核心，创新个性是保障。尽管不同学者从不同的角度理解创新能力，给出的定义差别也比较大，但它们都有助于人们科学理解创新能力的含义。

综上所述，在本研究中，笔者的理解为：创新能力是指创新主体利用已有的知识和经验，具备能从事创新活动的思维和能力。

2. 创业能力的含义

创业能力，是在1989年12月，联合国教科文组织亚太地区会议期间提出的。会议指

出："要求把创业能力教育提高到目前学术性和职业性教育护照所享有的同等地位。创业能力教育要求培养思维、规划、合作、交流、组织、解决问题、跟踪和评估的能力。"

对于创业能力的含义，国内学者主要有以下几种认识和表述：有的学者认为，创业能力不仅暗含很强的实践性，需要有一定的实践经验，同时也包括了较强的综合能力，需要具备较高的综合素质；它是集创造性和自我开发与实现的一种特殊的创造力；它是三种能力的结合：专业职业能力、经营管理能力、综合性能力。有的学者认为，创业能力是指一种主体的心理条件，它可以影响创业实践活动效率，促使创业实践活动顺利进行。换一种说法，创业能力是一种以人的智力发展为核心，兼具较强综合性和创造性的心理机能；是经验、知识、技能经过类化、概括化后形成的，后在创业实践活动中反映为复杂而协调的行为过程。还有的学者认为，创业能力狭义上是指自主创业能力，即除工资形式就业以外的自我谋职的能力或顺利实现自主创业的特殊能力，包括个体自身的一些特质，例如创业品质、专业技能、信息处理能力、决策应变力、环境适应力。

以上关于创业能力的不少观点都值得我们借鉴。笔者比较赞同的是，创业能力是一种实践性、综合性很强的，有创造性特征，有自我开发、自我实现性质的，以智力为核心的特殊能力。

（二）创新创业能力的培养

1. 创新创业能力的内涵及构成

以"创新创业能力"为主题的学术论文有很多，但是学者们在学术论文中很少提到创新创业能力的内涵，大多数是从创新创业教育角度来分析的，主要有三种看法：

第一种理解，将创新创业能力等同于创新教育中培养的创新能力。

第二种理解，将创新创业能力等同于创业教育中培养的创业能力。

第三种理解，将创新创业能力理解为创新能力与创业能力的结合，是一种兼顾创新能力和创业能力并以创业能力为落脚点的能力。

笔者认为这样理解"创新创业能力"是不够全面的。根据本文的特点，对上述关于"创新能力""创业能力"的含义进行归纳和总结，笔者认为，"创新创业能力"强调的是学生的基本素质、创新精神和创造性思维，同时注重学生的理论知识和实践能力，尤其是自我创业意识和创新操作能力，具备能够独立自主的发现问题、解决问题，并提出自己新观点的能力，同时又具备创业意识、对创业有所追求的能力。简单来说，创新创业能力指的是一种既具有实践能力、创新能力，又具备创业潜能的复合型能力。

人们从事创新创业活动，需要各种能力，绝不是单凭一种能力或某几种能力就能达到预期目标的。要使创新创业主体能发现问题、解决问题，提出自己的新观点构思和创造有价值的东西，就必须使创新创业能力各要素联合成一个整合体，发挥创新创业综合效应。

（1）智力是创新创业能力的基础。

智力是人认识客观事物并运用知识理解解决实际问题的能力。知识是对事物属性与联系的认识，是人们在社会实践过程中积累起来的经验。智力包括很多方面，如观察力、记忆力、思维能力、应变能力和分析判断能力等。这些都是认识活动所必须具备的一般能力。一般的智力转化为创新创业能力，要求主体在创新创业活动中对智力因素实现有机整合，主要包括信息获取能力、创新操作能力和开创事业的能力等。

（2）创新素养是创新创业能力的核心。

丰富的知识要转化为能力，在实践中产生新的成果，关键点就是创新素养。创新素养包括创新意识、创新精神和创新思维。创新意识是创新思维活动的起点，是使个体产生创造行为的内驱力，是创造的意图等思想观念。创新精神指的是创新者所具备的智力与非智力心理品质的有机结合与升华而产生的实际创造动力。创新思维是指一个人在创新过程中，产生的新事物的认识活动，它具有多向性、形象性、突发性等特点。

（3）创业潜能是创新创业能力培养的动力。

创业潜能存在于创业意识和创业精神层面，是在一定社会环境和教育条件影响下，形成的与他人不同的较固定态度和行为特征，是思维和行为相结合的体现。培养创业意识主要包括形成创业需求、动机、兴趣和信念等。培养创业精神，主要包括形成自信心、坚韧性、敢为性、独立性和合作性等心理品质。

2.大学生创新创业能力培养的内容和意义

中共十八大报告明确提出了"建设创新型国家""以创业带动就业，提高创业能力""创业中离不开创新"等内容。大学生是最具有创新创业潜力的群体之一，高校应该深入学习科学发展观和建设创新型国家战略，深化教学改革，培养大学生创新创业的能力，这是落实"以创业带动就业，提高创业能力"，促进高校毕业生充分就业的重要措施。

基于上述创新创业能力的内涵及构成的分析，笔者认为培养大学生创新创业能力应包括以下几个方面的内容：

第一，实践动手能力：自己面对问题时，具备发现问题、分析问题和解决问题的能力。

第二，创新性思维能力：能用专业术语表述新问题，发现事物的规律性的能力，包括发散性思维和非逻辑思维能力等。

第三，能独立思考、独立判断和独立从事科研活动的能力。

第四，学术交流能力：能将研究成果以专著或学术论文的形式表达出来，将新的思想或知识传递给他人的能力等。

第五，创业潜能：在使自身的实践能力和创新能力达到一定高度的时候，具备能激发自身创造力来开辟新事业、新行业的潜在能力。

对于大学生创新创业能力培养的意义，可以概括为以下几个方面：

（1）培养大学生创新创业能力是国家战略的需要。

21世纪，各国竞争的重点已转化为经济和综合国力的竞争，归根到底是科技和人才的竞争。谁拥有创新型的人才，谁才能在这场激烈的国际竞争中取得更大的优势。创新是一个民族进步的灵魂，是一个国家兴旺发达的动力。党中央、国务院做出的建设创新型国家的决策，是事关社会主义现代化建设的重大战略决策。创新型国家的建设需要具有创新创业能力的人才，应培养创新创业人才，大力推进理论创新、制度创新、科技创新，不断巩固和发展中国特色社会主义伟大事业。大力培养大学生创新创业能力是高校的首要任务和关键措施，能够有效地推动创新型国家的建设。

（2）培养大学生创新创业能力是缓解就业压力的需要。

随着高校的扩招，我国大学生就业压力越来越大，就业形势相当严峻。创新创业教育能够有效缓解社会就业压力。高校应全面开展切实有效的创新创业教育，培养大学生的创新能力，激发大学生的创业潜能，引导和帮助越来越多的大学生加入到创新创业队伍中来，使大学生成为为社会创造价值的创业者，由寻求就业岗位的就业者变成提供就业岗位的创业者，有效缓解大学生就业难题。

（3）培养大学生创新创业能力是大学生自身发展的需要。

敢于思考，追求个性，有着强烈的自我意识，渴望实现自我价值，是当代大学生的时代特征。高校应培养大学生的创新创业能力，使他们更加注重自身综合素质和能力的提升，为他们实现自身的发展提供了条件。大学生通过创新创业活动，选择适合自己发展的领域，突破和创新自己的思想，才能够实现自己的人生价值。

二、实践教学体系

1. 实践教学与教学体系

顾明远主编的《教育大辞典》中，对实践教学有一个明确的解释："实践教学是相对于理论教学的各种教学活动的总称。包括实验、实习、设计、工程测绘、社会调查等。旨在使学生获得感性知识，掌握技能、技巧，养成理论联系实际的作风和独立工作的能力。"实践教学的这个定义，是从其内涵和外延来理解的。

按照系统论的思想，教学体系是指为了达到教育目的，由教学活动相关要素构成的，并以一定稳定结构形式存在的，实现特定教学功能的，相互影响、相互作用的有机整体。对于教学体系的构成要素，有经典的三要素说，即"学生、教师和教材"，但是现在大部分学者认为教学体系的构成除了学生、教师和教材外，还应包括教学目标、教学内容和教学环境。

2. 实践教学体系的内涵

实践教学体系是一个有机的整体，大部分学者都认为其有狭义和广义的内涵之分。总的来说，由目标、内容、管理和评估体系等要素构成实践教学体系整体，这是按照其广义层面来描述的。而狭义的实践教学体系是指实践教学的内容体系。本文以广义的实践教学体系内涵作为参照，但并不局限于其设定的目标、内容、管理和评估四大要素。笔者把实验、实训、实习和毕业论文等环节作为实践教学活动，把体系的管理、评估和条件保障作为实践教学体系的环境资源来加以重新认识。所以笔者认为，实践教学体系是以实践教学人才培养目标为核心前提，以实践教学活动为主体内容，并以相应环境资源作为支持条件的一个有机联系的整体。

三、实践教学体系构建的理论基础

实践教学是和社会诸多领域有着紧密联系的实践活动，实践教学体系的构建也涉及各种与之相关的要素。在综合考察实践教学内涵的基础上，笔者认为，实践教学与学习论的思想密不可分。它们不仅为实践教学体系设计提供理论指导，也为人们认识教育本质、确立教学目标、选择教学内容等教育问题提供重要的理论依据。

学者们对学习的探讨从未停止过，无论是行为主义心理学创造的"刺激—反应"学习理论，还是认知主义心理学家对人类认知过程和组成因素的研究，社会因素和个体因素都已经成为学者们关注的焦点，特别是建构主义学习理论对教育思想产生了重大的影响。

建构主义学习理论认为，知识和技能不是被动积累的，而是学习者积极实践的结果。知识和技能的建构必须从激发学习者学习动机开始，而传统的教育模式往往是先理论后实践，实践能力弱的学生在社会上缺乏核心竞争力。因此，必须确立实践教学在创新创业人才培养过程中的主体地位；学习者的学习过程要关注知识和技能的连贯性和教学内容的情境性。应使用情境教学方法，使学习内容具有真实性任务，使学习行为在与现实情境相似的情境中产生。实践教学是符合情境教学要求的，能够使学生通过具体的社会实践、实训、实习等实践环节，在解决具体问题情景中，积极主动地建构自己的理解过程和创造过程。

四、实践教学体系在创新创业能力培养中的重要作用

高校通过实践教学，培养的是学生实践动手能力以及发现问题和解决问题的能力。在 21 世纪创新创业人才培养的要求中，学生创新创业能力的核心就是创新，创业是在具备一定程度创新的基础上升华得到的。实践能力是创新能力发展的基石，高校构建面向创新创业能力培养的实践教学体系是符合现代教育要求和社会人才需求的。

第一，构建实践教学体系是连接学生理论知识和实践能力的重要手段。学以致用是从古至今都崇尚的获取和使用知识的目标，实现学以致用目标的过程就是实践教学。实践教学能够培养学生运用知识、创造知识的能力，使学生真正发挥用理论指导实践的作用，为学生毕业后进入社会工作创造必要条件。

第二，实践教学体系是本科教学体系的重要组成部分。高校本科教学的培养目标和专业人才的培养目标的实现，都离不开实践教学这一关键环节。实践教学培养的是学生的实践能力、创新能力和创业潜能，而只有通过实践教学体系才能更加系统化地实现实践教学的作用，这是学生能力发展的必要条件。

第三，实践教学是学生创新能力培养的基石。学生创业潜能的激发离不开创新能力的积累，创新能力的积累离不开实践能力的提升。没有实践能力，创新能力是不可能得到发展的。学生在实践中不断积累自己的实践能力，形成良好的创新意识，无形中就会

使自己的创新能力逐步提升。

　　第四,实践教学更深远的意义在于学生个体的全面发展。21世纪,国家的发展靠人才,人才综合素质的提升是一个国家综合国力提升的表现。国家培养学生的综合素质,正是在学生进入社会前,通过实践教学逐步使学生获得全面发展来实现的。

第二节　高校创新创业教育实践教学体系建设策略

一、面向创新创业能力培养的实践教学体系模型构建

当前高校实践教学体系存在的问题分析

　　近年来,我国各大高校纷纷加大对实验室的建设投入以改善实践教学条件,积极开展实践教学改革,这不仅有效促进了学生实践能力和创新能力的提升,还为实现创新型人才的培养目标奠定了坚实基础。然而,在高校实践教学改革的探索阶段,仍然存在着一些问题。

　　1. 对实践教学的充分认识和重视程度还有待进一步提高

　　目前一些高校受传统教学模式的影响,重理论、轻实践,重知识传授、轻能力培养,实践教学长期处于高校教学活动中的次要地位。高校的人才培养方案一般以理论课程的知识能力培养为主,以实验环节的实践能力培养为辅。这种实践教学定位和人才培养模式已经难以满足学生实践能力和创新能力培养的需求。实践教学活动一方面能够使学生将理论知识联系到实践中解决实际问题;另一方面能够锻炼学生发现问题、分析问题和解决问题的能力,这些是理论教学难以替代的。因此,高校需要尽快转变教学观念,确立实践教学在创新型人才培养过程中的主体地位。

　　2. 高校实践教学改革缺乏整体规划

　　很多高校把实践教学体系构建的重点放在了实践教学活动上,虽然开设了实验、实训和实习等多种实践教学环节,且各个环节具有一定的时间保证,但是各环节之间缺乏有效的内在联系和有机结合,这种无序的状态与创新型人才培养目标有较大的差距。实践教学体系作为相对完整的教学体系,具有相对独立性。在建设和实施的过程中,应避免孤立性和片面性,需要紧紧围绕专业人才培养目标,运用系统性思维和整体优化思想指导实践教学体系的构建。

　　3. 实践教学体系构建需要挖掘与之相适应的环境条件

　　与高校理论教学相比,实践教学活动的开展需要投入更多的人力和物力,不仅受到实验设备、实验场所和实践教学师资等条件的限制,而且还需要得到社会和企业的支持,操作起来难度较大。在师资队伍培养方面,高校缺乏具有过硬操作和技术经验的实验老师;在实践教学硬件设施的建设方面,实验室建设、设备更新和实验条件改善都需要大量的资金投入,一些有能力的高校虽然建设好了实验室,但是缺乏合理的运行和共享机制;

在实践基地的建设方面，许多高校建立的校外实践基地数量不足，而且其中有相当一部分稳定性不高，难以使实践基地发挥最大的效用。

二、实践教学体系的理论构建原则

实践教学体系的高效运行必须考虑多种要素间的相互作用。在综合了创新创业人才培养范畴和实践教学体系特征的基础上，笔者提出了构建实践教学体系过程中需要遵循的一般性原则。

1. 目标性原则

高校实践教学体系的建构必须紧紧围绕培养大学生创新创业能力这一人才培养目标来进行，要把培养既具有扎实的理论基础，又具有较高创新素养和较大创业潜能的人才作为实践教学体系的出发点。实践教学体系人才培养目标应该根据高校人才培养规格、专业学科特点和发展规律以及社会对人才的需求，来进行明确的、有针对性的具体设定。

2. 系统性原则

高校实践教学体系的构建，应该根据高等教育的规律和人才培养特点，按照各个实践教学环节的地位、作用及相互之间的内在联系，运用系统科学的方法进行统筹安排。实践教学环节的时间安排上要保持连续性，要处理好实践教学与理论教学的关系，合理分配课时比例，保持整个教学过程的系统性。实践教学与理论教学的相互衔接、相互渗透，使体系内的各个环节协调统一，贯穿于高等教育的全过程。

3. 层次性原则

大学生能力的发展是一个循序渐进的过程。遵循这一客观规律，实践教学体系也应分阶段、分层次逐步深化。实践教学目标要由易到难，实践教学环节要由简单到复杂，实践教学方法要由单一到综合，分阶段、分层次，循序渐进的加以构建。

4. 实践性原则

实践出真理。对实践教学体系的构建要有利于学生实践能力的培养，主要体现在实践教学目标要符合社会发展和人才需求，除培养学生的应用实践能力外，还应注重学生的创新创业能力的培养，以满足学生自主发展的需要。在教学内容上，应突出知识更新的要求，以实践、实训活动为主导，模拟真实的环境来开展实践教学。

三、面向创新创业能力培养的实践教学体系

（一）实践教学体系的结构

实践教学体系的构建是以实践教学人才培养目标为核心前提，以实践教学活动为主体内容，以相应环境资源作为支持条件的一个有机联系的整体。所以在构建面向创新创业能力培养的实践教学体系时，将培养大学生创新创业能力作为实践教学人才培养目标，与实践教学活动和配套的环境资源构成了体系中三大要素。这三大要素各有内涵又相互联系、相互促进。具体的体系结构图如图5-1所示。

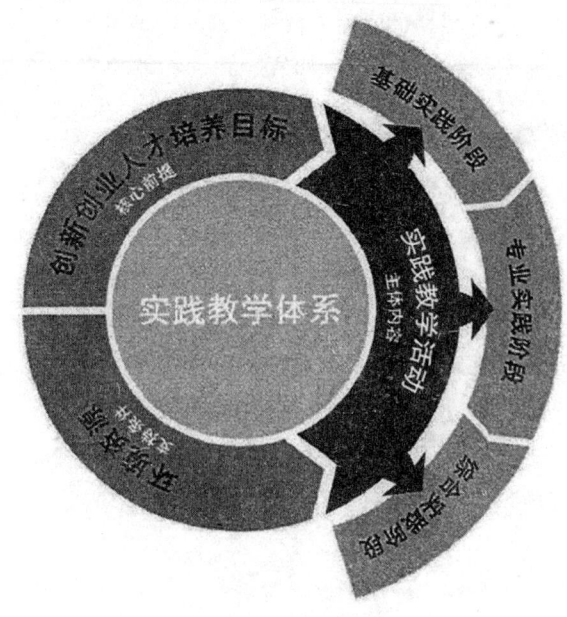

图 5-1 实践教学体系结构图

（二）实践教学体系构建的目标导向

创新创业人才培养目标是高校实践教学体系构建的目标导向，也是其核心前提。这指的是在实践教学体系的构建中，要把培养学生创新创业能力作为实践教学人才的培养目标，把创新创业人才培养目标贯穿于实践教学体系的每个环节中，通过实践教学活动培养学生的实践能力、创新素养和创业潜能，使学生实际问题的解决能力和综合素质得到提高，使学生做到德、智、体、美全面发展。

1. 培养学生理论联系实际的能力

实践教学的首要任务就是要求学生能将理论知识与实践动手能力相结合，将课堂教育与社会实践相结合。这样，学生在进入工作以后，就能够学会理论联系实际，充分利用理论知识、指导思想，去观察、处理问题，解决实际工作中遇到的现实问题。

2. 培养学生发现问题和解决问题的能力

在用人单位看来，现在的大学生发现问题和解决问题的能力并不理想。学生缺乏实践经验，在工作中很难发挥高学历知识教育的优势。因此，应通过实践教学，努力提高学生的观察力、理解力和思考力。

3. 培养学生创新能力，激发学生创业潜能

创新，对 21 世纪人才培养具有重要意义。在不断变化的世界环境中，只有具备创新能力的人才才能发挥举足轻重的作用，为社会发展作出贡献。通过创新能力的不断提升，使学生富有创造力，激发学生的创业潜能，使学生能够开辟新的行业和领域。

高校要依据自身的学校定位，适当调整各学科教学计划，以培养学生创新创业能力的教学理念为指导，突出实践教学体系各环节的连贯性和整体性，完善实践教学内容，

积极培养学生的实践能力,以满足新时期学科专业发展对专业人才的需要,力争实现创新创业人才培养目标。

四、实践教学体系构建的主体内容

如实践教学体系结构图所示,按照不同的教学目标,遵循实验内容深度的递进、实践技能层次的递进、综合应用水平的递进原则,实践教学活动主要包括基础实践阶段、专业实践阶段和综合实践阶段三个层次阶段。通过这三个实践阶段,学生可以合理地、循序渐进地安排实践教学活动,将创新创业人才培养目标和实践教学内容具体落实到各个阶段中,达到学生实践能力、创新能力的培养要求。其中每个层次阶段有不同环节的实践教学活动,如图 5-2 所示。

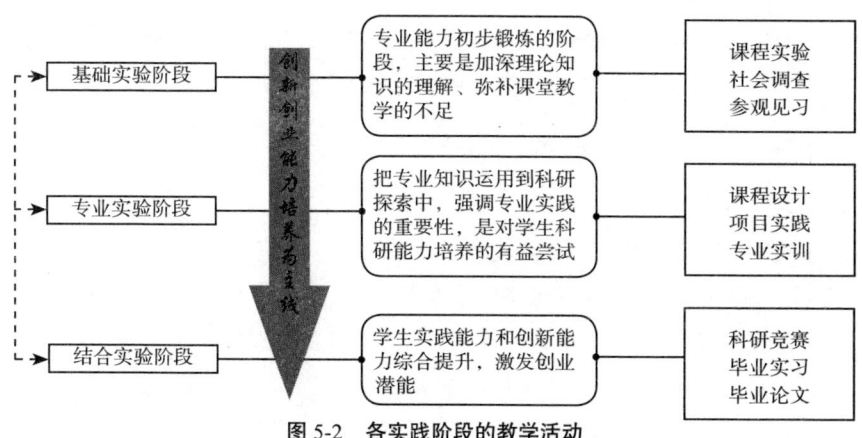

图 5-2　各实践阶段的教学活动

基础实践阶段是专业能力初步锻炼的阶段,对加深理论知识的理解、弥补课堂教学的不足起着重要作用,是专业实践阶段的前提。基础实践阶段主要包括课程实验、社会调查和参观见习三部分,重点培养学生基本技能和基础实验能力。课程实验的教学目标是以理论知识为支撑,使学生具备以操作能力为主的基础实践能力,通过实际操作和应用来发现和解决问题;社会调查通过实地调查研究,促使学生去验证和解决课程中遇到的理论性问题;参观见习的目的是增长自身专业知识的见识,主要通过老师带团参观与专业相关的校外单位等方式进行。

专业实践阶段是在经过专业知识的系统学习之后,开始把所学知识运用到科研探索中,强调专业实践的重要性,是对学生科研能力培养的有益尝试。专业实践阶段主要包括课程设计、项目实践和专业实训三个部分。课程设计对培养学生提出、分析和解决问题以及初步形成科学研究的专业综合能力起着重要的作用,是巩固所学理论知识的重要途径。学生在课堂的学习时间有限,不可能完全掌握学科专业知识,所以项目实践环节可以使学生根据自己的特长,选择感兴趣的某一专业项目,在教师的指导下,以项目小组的形式组合在一起学习和研究,通过互帮互学,培养团队精神和融汇多学科知识的能力,培养学生设计实验的能力。专业实训主要采用校企结合的形式,由学校老师和企业老师带队，走到实际的工作环境中去，让学生亲身体会到未来的工作状态，帮助学生及早地适应工作环境，使其满足行业需求，是连接校内学习和企业需求的桥梁，是毕业实习的一个提前模拟。

综合实践阶段主要包括科研竞赛、毕业实习和毕业论文三个部分，重点培养学生综合实践能力和创新能力。在科研竞赛中，学生在学校指导教师的辅导下，参与老师的课题研究、科研立项和大学生创新性实验项目等学术活动，也可以参加本专业的各项竞赛活动等，锻炼学生把理论知识与实践能力相结合的能力。为了能让学生在毕业实习的时候尽快进入工作状态，适应真实的工作环境，毕业实习是学生自己参加到相关企业部门中去，并没有教师从旁指导，学生真正地投入到实际工作中，发挥自己的综合能力，解决问题，给企业创造经济效益。学生在毕业实习中，积累工作经验，为就业做准备。毕业论文是和毕业实习相辅相成的一个实际活动，毕业论文的主题来自于学生对毕业实习过程中专业知识的总结和升华，体现出学生的科研能力和创新能力。

五、实践教学体系构建的环境资源

实践教学体系的构建必须有一系列教学硬件和软件的提供，才能保障实践教学的顺利开展，这些软件和硬件就构成了实践教学体系的资源环境。实践教学体系的构建前提主要包括条件、环境保障、质量保障等多个方面。

1. 完善实践教学管理机制是高校实践教学体系构建的前提条件

适合创新创业型人才培养的实践教学体系必须要有与之相适应的实践教学管理机制作为其前提条件。其管理机制包括以下内容：

第一，分级组织管理。高校实践教学管理实行校、院二级管理体制，由学校负责对实践教学制定相应的管理办法和措施，各二级学院作为办学实体负责实践教学的组织和实施。

第二，教学制度管理。大部分高校的学生必须按照专业教学计划，接受与其他专业同学相同的教学内容，而不能自主选择个性化的课程，这样并不利于大学生实践创新能力的培养。完善实践教学制度，需要实行"弹性学分制"，保证学生获得学分途径的多样性和灵活性，促进学生创新能力的最大化发展。

第三，运行评价管理。建立起包括学科专业资源、软硬件条件、校内外实训实习基地等实验教学资源有效利用和共享开放的机制，保证实践教学资源得到最大地有效利用，为实践教学活动的开展提供可靠的保障。同时，需要对实践教学的各个环节制定相应的评价反馈机制，利用这种机制来促进实践教学质量的提高，通过评价反馈保证实验教学改革的机制对实验教学资源的有效配置与利用起到良好的监督与指导作用。

2. 实践教学基地建设是高校实践教学体系构建的环境保障

实践教学基地建设可分为校内实训基地建设和校外实习基地建设两个方面。校内实训基地主要是指面向本校师生，采取校企结合的模式，在校内开设企业培训课程，进行企业模拟实践项目,能体现学校管理和专业特色的实训场所。校外实习基地需要依托企业的教师,按照企业生产实践的真实需求,参与学生的校外实习教学环节的管理和指导工作。良好的实践环境是培养学生实践能力和创新能力的重要基础,所以高校应该确立以校内实训基地发展为核心,稳定与扩展校外实习基地建设,采取校内与校外共建相结合的思路,来为推进高校实践教学改革的基本环境建设提供保障。

3.高素质的实践教学师资队伍是高校实践教学体系构建的质量保障

近年来,很多高校开始认识到,实践教学人员已不再是传统观念中的教辅人员,而是教学活动的主体。实践教师队伍素质的高低,直接关系到学生实践能力和创新能力培养的好坏。因此高校要加强实践教学师资队伍的建设,以适应新的实践教学体系要求。高校要抓好"双师型"实践教学师资培养工作,通过各种培训和培养途径,使教师既具备扎实的基础理论知识、较高的教学水平,又具有很强的专业实践能力。同时,高校要建立完善的考核体系,鼓励教师参加实践教学工作。

第三节 "互联网+"背景下大学生创新创业支持体系构建

一、基本思路与原则

在信息时代,在"互联网+"快速发展的今天,大学生创业遇到了许多困难,有资金方面的、有政策方面的、有技能方面的,还有服务方面的等等。虽然一些高校开展了大学生创业培训,但是仅靠这些是不能很好地为大学生成功创业服务的。支持服务高等学校毕业生创业是一项系统的工程,需要一个完整、成熟的教育服务支持体系。我国尚未形成一个完整的创业支持体系,而在发达国家尤其是美国除了有先进的创业教育体系和完善的理论支持外,还有一套比较系统、完善的支持大学生创业的政策,为大学生创业提供了有力的保障。因此,我们可以借鉴发达国家的经验,结合我国大学生创业服务体系中存在的不足来完善创业支持体系。完善大学生创业体系是一个漫长艰辛的过程,绝不能为了求快、求方便而照搬、照抄国外先进的创业支持体系,忽视我国的具体国情。我们应该本着实事求是的原则,吸收他国经验,在实践中不断完善大学生创业体系,以切实保障和落实大学生创业相关服务工作。

二、大学生创业支持体系的构建

应建立一个以家庭、社会、国家为基础的,适合中国国情,符合大学生当下要求的,较为全面的创业支持体系,以帮助大学生更好地认识创业的方方面面,帮助大学生克服在创业过程中所遇到的困难,全面支持、鼓励大学生充分发挥自己的主观能动性、创新思想、突破自我、积极创业,为展现我国大学生自身的真正价值、促进我国经济快速腾飞而努力。

（一）构建完善的创业政策支持体系

我国自改革开放以来，经济增长速度保持在10%左右。在这样良好的经济环境中，存在着潜在的、巨大的创业机会。然而，在我国现行的市场经济体制仍然有许多不完善的地方，大学生创业如果一味地像美国一样靠市场去主导，那么初出茅庐的大学生企业势必会举步维艰，从而将影响大学生再创业和其他大学生创业的信心和积极性。我国政府和社会组织应该从各个方面制定一系列政策和措施来鼓励大学生创业，方便大学生创业，保证大学生创业，使大学生企业今后真正成为我国经济前进的重要力量。

1. 创业鼓励

政府、高校和社会组织在制定各项政策鼓励大学生创业的同时，要让尽量多的大学生了解和知道这些政策的存在。以前的情况往往是政策虽在，但无人知晓，有些大学生会因此放弃创业的念头。社会各界应该通过各种媒介深入宣传鼓励大学生创业的基本政策和措施，让广大有潜在创业想法的大学生通过了解这些鼓励政策来产生其心灵上的共鸣，从而将创业理念转化成创业现实。同时，要深入报道大学生创业成功的典型案例，树立创业者在大学生心中的典型形象，建立一个十分轻松、友好的创业氛围。社会各界也应该加强合作，开展一些适合大学生创业的社会活动，给予大学生一些创业奖励，增强他们的创业积极性。

2. 税费减免

政府和社会各界要方便大学生创业，就要在税费上下功夫，简化大学生创办企业和企业运营中的各项程序，减免相应的行政管理费用，减轻大学生企业的负担，同时在各项税收中给予大学生企业更高比例的优惠。

3. 技术支持

大学生企业在创办后很可能会遇到一些核心的技术问题而阻碍其进一步发展，这时候政府需要制定相关的法律法规保证大学生企业核心技术的获得，特别是要求国有企业和知名企业在条件允许的范围内尽量和大学生企业进行技术交流，在技术层面给予大学生企业一定的援助。而高校的科研力量也可以成为帮助大学生企业改良技术的有力平台，像日本经济产业省那样将高校老师和同学的科研成果转化成产品。同时大学生企业在产品获利后可以反哺学校的科研力量，进一步促进高校的科研水平，从而形成一个教学—科研—产出的良性循环。

4. 项目支持

大学生企业在创办之初尽管有好的发展前景和运营模式，然而如果没有好的项目，不能盈利，那么仍然不能长久地生存发展。大学生刚刚毕业，必然没有足够的关系网和社会网，市场渠道的不畅也会导致大学生创业的失败。政府和社会组织应该正确、合理、积极地引导，分配一定比例的政府采购项目和社会采购项目给大学生企业，帮助其顺利拿到订单和合同。

(二)构建完备的创业教育支持体系

高校作为大学生创业前期理论学习的基地,对于培育大学生相关的专业理论知识、创业基本技能以及大学生的艰苦奋斗、持之以恒、敢于创新的企业家冒险精神有着十分重要的作用。尽管我国政府相关部门对高校的创业教育十分重视,1999年1月教育部就颁布了《面向21世纪教育振兴行动计划》来构想适合我国国情的高校创业教育,并且教育部高教司于2004年确定了清华大学、中国人民大学、武汉大学等全国9所高校作为创业教育的试点学校来真正实施我国的创业教育。然而由于各方面的原因,这些举措都没有很好地执行和推广下去,导致我国大学生创业积极性不高,创业理论知识储备不够,创业者基本素质没有得到很好的锻炼。创业教育是成功创业的重要因素,有必要大力开展创业教育,为大学生创业奠定理论基础。

1. 纳入学分

高校要把创业教育纳入学分体制,使创业教育成为如同专业课一样的必修课,使尽量多的大学生接触到高校的创业教育。对创业教育任务进行评估也会使高校的创业教育更加灵活丰富。各种创业技能、创业培训和创业活动的开展都将是大学生拿到学分毕业的必要环节。将创业教育纳入学分是高校进行创业教育的有效前提,有利于创业教育的普及。

2. 课程设置

在成功将学生拉到创业课堂里后,如何让参加创业相关课程的大学生保持兴趣、积极投入从而能够真正掌握相关的创业理论、创业想法就成了高校创业课程设置所要关注的问题。课程设置的核心问题一方面是在各个高校的各个特色专业和相关专业开设渗透性的创业课程,使类似于化工、机械、生物等理工科的专业和法律、文史、会计等文科性的专业都有可以创业的切入点,并能够有机地结合文理专业,使学生和老师能够充分地交流,释放全面特别的创业理念;另一方面考虑到在调查问卷中绝大多数大学生更在意的是创业相关课程的内容和形式,可以摒弃以前传统应试教育老师讲课、学生听课的死板模式,借鉴如美国百森商学院的圆桌会议、麻省理工学院的创业课程试验、斯坦福大学的模拟商业谈判等创业课程形式,使学生充分地了解和模拟今后的创业流程,并在此过程中结合灌输相关的创业知识,使学生在模拟试验中自觉地克服创业困难,培养冒险精神和创业品质。这不仅仅使高校的创业相关课程更加灵活、生动、有趣,也起到了培育大学生创业者素质的作用。

3. 创业竞赛

美国百森商学院和德州大学奥斯汀分校最早于1984年在高校内开展创业计划大赛(Business Plan Competition),后来美国的多所高校如纽约大学、斯坦福大学、芝加哥大学等都开展了相应的创业计划大赛,来鼓励大学生创业。我国清华大学于1998年开展"清华大学创业计划大赛",之后的"挑战杯""大学生创业求实杯"等多项创业大赛也相继开展,并取得了一系列成果。

（三）构建强有力的创业资金支持体系

企业的创建、运营、维系都需要资金的注入，资金链状况的良好对于一个企业正常健康的发展有着相当大的作用。资金困难是大学生创业的第二大难题，只有有效地通过各种渠道来引入资金，才能支持大学生将创业构想转化成创业成果。因此，建立和完善以家庭、学校、政府、社会为基础的资金支持体系对于大学生创业有着极其深远和实质性的影响。

1. 家庭支持

从对大学生创业基本状况的调查来看，超过70%的大学生的创业原始积累，也就是我们常说的"第一桶金"是来自于家庭、亲戚、朋友。这一方面说明在现行的金融市场上，想要通过商业信贷来支持创业还十分困难；另一方面也说明相关的法律法规和优惠大学生创业的资金政策还不完善，亟待出台。家庭资金支持除了指大学生的自有资金和通过亲戚朋友的帮忙所获得的资金和物资外，还包括家庭对于大学生创业的精神支持。精神支持是指家庭成员赞同大学生的创业行为，能够减轻大学生毕业后对其成家立业、赡养父母等经济负担的精神压力，能够容忍创业所抛弃的机会成本和创业失败的损失，相当于减轻了大学生创业负债的压力。这两方面的结合对于大学生创业初期生理和心理的压力有极大的缓解作用。

2. 学校支持

高校的资金支持可以有效地减轻大学生创业的时间成本，缩短创业周期，使大学生在高校内专心于理论知识的学习、创业技能和创业品质的培养以及创业计划和创业构想的实施。高校的资金支持可以从三个方面去实施完成：一是将科研成果商业化；二是举办高品质的创业竞赛进行创业奖励；三是直接设立创业种子基金。我国很多大学也相继设立了创业基金，这都使其成为创业教育和创业支持工作的示范学校，有力地支持了大学生创业。

3. 政府支持

大学生在创业初期遇到困难时最希望得到高校和政府的援助。政府对大学生创业的资金支持可以从以下几个方面入手：第一，相应的资金政策。除了对大学生创业减免相关的税费之外，降低大学生创业的门槛、提供相应的资金政策也是很好的减轻其创业负担的办法。第二，银行贷款。政府可以硬性规定国有商业银行设定一定比例的商业贷款给大学生企业，贷款利率在各地做相应的调整，同时建立适合的担保预约制度，保证大学生可以相对容易地进行融资。第三，政府设立创业基金。

4. 社会支持

社会的资金支持主要是指通过市场上的一些民间组织和市场力量来帮助大学生企业融资，这是对大学生创业融资的一个补充。整合各方力量，对大学生企业进行融资援助，具体有以下三个方面内容：第一，我国的民间非营利组织（NPO）可以联合一些专门的机构投资者对项目较好的大学生企业进行风险投资，这也是国外比较常见的一种投资方式,尽管是带有股权性质的投资,但机构投资者会在咨询、财税等各方面对大学生企业进行援助,这也是本章比较推荐的融资模式,增强了大学生企业的存活率。第二,我国民间非营利组织可以组织一些企业来投资与其发展方向相关的大学生企业,作为加盟公司、旗下公司、技术联合等,这将对双方的发展起到积极正面双赢的效果。第三,民间非营利组织直接资金援助或者直接贷款,但是可能由于资金数量小、利率高,所以贷款的大学生需要反复斟酌,有一定的局限性。

(四)构建完善的创业服务支持体系

助力大学生创业获得成功需建立一套完整的服务支持体系,这为大学生创业起到润滑剂的作用。

1. 创业基地

大学生在获得了创业资金、创业项目之后,往往需要一个固定的办公场地进行日常的管理办公、生产办公、科研开发办公等,而创业基地,有时候我们也称"孵化基地""孵化园"就能够满足大学生这样的需求。这种创业基地往往固定建在大学校园或经济产业园中,在起到很好的作用之后,需要将自己的创业构想转化为创业产品并在市场上销售,如果不能将创业构想进行盈利化、市场化,那么大学生创业的失败则不可避免。由于缺乏市场经验和营销渠道,大学生创业需要政府、高校、社会的市场导向支持,除了在政策支持中提到的政府要拿出一定数量的政府采购合同给大学生企业,帮助其拿到订单外,还需要广大的社会力量将大学生企业所在领域的相关信息进行资源共享,最大程度降低信息不对称的程度。大学生创业者要在政府、高校、市场的引导下更好地了解自己从事的相关行业信息,确认自己的客户资源,完成市场细分,对自己核心的领域有的放矢,成功创业。

2. 管理服务

创业支持体系不仅要让大学生企业成功地建立,更重要的是如何让大学生企业健康成长,不断壮大。管理服务水平的高低将直接影响大学生企业的后期存活率和发展状况,本文也从以下三个方面进行概括:第一,在创业基地、大学创业园等设立专门的管理服务部门,对大学生企业所遇到的法律、财税、会计等相关的企业基础常识提供咨询与援助,使大学生企业尽量少走弯路。第二,内部管理,要让大学生创业者了解企业的产权结构和现行的企业组织结构,在合理的分配和设计下,能够让企业避免产生一些不必要的纠纷和问题,从而让企业在创办后能够较为良好地运转。第三,对大学生企业的相关人员进行再培训。培训的内容不再是创业的相关问题,而是关于行业内的基本问题,包括在企业内任职不同的员工应该承担哪些相应的权利和责任并具备怎样的素质和能力,努力提升企业的核心竞争力,使大学生企业能够尽快做大做强。创业集群辐射效应使创业的大学生都在这个孵化基地进行创业,相互交流,提高了大学生企业的存活率。

三、"互联网+"背景下大学生创业支持体系的对策建议

这些年来,从中央到地方,政府对大学生就业创业给予了高度关注,纷纷出台了各种措施鼓励和引导大学生就业或创业,这也是一项民生工程,关乎千家万户,关系每个毕业生家庭的幸福,关系社会的和谐稳定。随着政策效应的产生,大学生创业的热情不断高涨,这为政府、高校和社会完善和实践大学生创业支持体系提供了实践平台。

(一)"互联网+"背景下创业形势分析

互联网能使创业成为一种生活方式,让创业教育成为一种思维,具有开发性、包容性;利用互联网技术平台可以实现不受时间、空间约束的立体式教育。

1. 政府政策制度体系的支持

随着社会经济的发展,国家越来越重视创业和创新,正在加快改革科技成果产权制度、收益分配制度和转化机制,让科研人员取得更多股权期权等合法权益,更好体现知识和创造的价值;不断简化创业行政审批手续,降低创业门槛,提高对创业和创新的扶持力度;大力破除技术壁垒、行政垄断的藩篱,营造公平竞争的市场和法治环境,构建支持创业和创新的制度体系。

2. 经济发展的内在需求

大众创业、万众创新是经济增长的新引擎。当前,我国经济从高速增长阶段进入中高速阶段,传统依靠丰富廉价的劳动力发展经济的方式已经无以为继,经济增长动力不足是经济发展最为核心的问题,必须要为经济找到新的引擎。随着经济向形态更高级、分工更复杂、结构更合理的新常态过渡,增长驱动力必须由要素驱动、投资驱动转向创新驱动,这既是经济发展的阶段性特征,也是现实选择。

3. 全民创业的文化环境

受过高等教育的年轻人正在成为社会劳动的主力军,他们思想上更开放,更具有国际化的视野,也深受互联网的影响,创新创业文化已经深入到他们每一个人的内心深处。创客文化成为年轻人中流行的文化。随着国家的鼓励和推动,全民创业的文化氛围正愈发浓厚。

4. 个人价值实现的重要方式

创业创新为每个人提供了一个以勤劳致富、实现梦想的公平机会。创业创新正在成为实现个人价值的重要方式。

(二)"互联网+"背景下大学生创业方向建议

1. 利用电子商务线上创业

"互联网+"为大学生创业提供了巨大的、方便的平台,大学生可利用网络平台创业。大学生开店,一方面可充分利用高校的学生顾客资源;另一方面,由于熟悉同龄人的消费习惯,因此入门较为容易。

2. 利用网络技术、技能创业

大学生群体中不乏网络高手，其身处科技前沿，有近水楼台先得月的优势，百度、网易、腾讯等大学生创业企业的成功，就是得益于创业者的网络和技术优势。有意在这方面创业的大学生可积极参加一些创业大赛，获得更多的机会，以便吸引风险投资和慈善投资的关注，包括软件编程、网络服务、动画开发等。

3. 利用互联网进行在线智力服务

在智力服务领域创业，大学生游刃有余。智力是大学生创业最丰厚的资本。智力服务创业项目门槛较低，投资较少。比如家教、程序检测、设计、翻译等，一张桌子、一台电脑就可以开业。

4. 连锁加盟领域

据调查，在相同的经营领域中，个人创业的成功率低于20%，而加盟创业的成功率则高达80%。对创业资源十分有限的大学生来说，借助连锁加盟的品牌、技术、营销、设备优势，可以以较少的投资、较低的门槛实现自主创业。比如快餐业、家政服务、校园超市、数码快印等。

（三）"互联网+"背景下大学生创业支持体系对策建议

大学生创业的培育和引导是一个长期的过程，除需要政府、社会等各个方面的共同努力外，更需要充分利用当下互联网经济发展势头，以"互联网+"思维促进大学生成功创业。

1. 以"互联网+"为载体构建高校创业教育体系

一是利用"互联网+"技术构建适合各区域的创业教育课程体系。创业教育课程是创业教育理念的主要载体和实现创业教育目标的重要手段，是创业教育实施的主要途径之一。需根据高校所在区域学生的特点和需要，利用"互联网+"技术构建立体式、全天候、高覆盖的自助课程体系，如开发专门的创业教育网站，网站涵盖创业经典故事、创业网络课堂等；制作"碎片式"手机软件（APP）移动创业课堂，给予一定的流量补贴，鼓励学生随时随地学习创业课程；建立校方创业微信群，让创业者有问题随时得到解答等。

二是基于"互联网+"技术构建高校创业教育实践体系。创业是一种实践性强的活动，要利用"互联网+"技术设置一系列创业实践活动，改变传统的实践方式。如构建线上线下创业实践平台体验、网上模拟创业；校方可利用"互联网+"技术建立网上大学生创业园，组建虚拟学生创业公司，线上线下实战经营；建立远程创业视频系统，与创业教育专家和创业成功人士互动交流，创业实践活动要突出"创造性、实践性"特色。

三是以"互联网+"技术为支撑建立高校创业教育评价体系。创业综合素质、创业能力的提高、创业学生的数量等指标不能全面反映创业教育状况的实际，为更好地确定创业教育实施情况和最终效果，需利用"互联网+"技术建立以创业率、创业成功率、创业教育影响力等因素为核心指标的创业教育评价体系；建立相关模型，用大数据分析法得出科学结论，以推进创业教育健康持续发展。

2. 强化学生创业教育和指导，培养大学生创业理念和创业能力

在传授专业知识的同时，应将创业教育纳入高等教育的课程体系，改革人才培养方案，使创业教育成为大学生的必修课程，进行系统的传授，培养大学生的创业意识和创业能力。在大学生实习阶段，对有创业意愿和创业能力的大学生，高校就业指导部门应及时将其推荐到大学生成功创业的企业或其他创业型企业中进行学习交流和实习实践，增加大学生对创业的感性认识，积累创业经验，增强创业自信。

3. 为大学生创业提供个性化扶持，提高首次创业成功率

政府部门在简化大学生创业审批程序，放宽对创业的注册资金和场所的限制，减免创业行政收费，落实税收优惠政策等基础上，结合大学生文化水平高、综合素质高、社会经验少的特点，引导其从事与所学专业或兴趣对口的创业项目，将个人兴趣、专业与创业方向结合起来。并成立由高校专业教师和创业企业家组成的"创业导师团队"，对刚起步的大学生创业企业进行一对一的帮扶。

4. 大力开展创新创业竞赛活动

社会和科技部门应通过开展"大学生创业创意大赛"和"大学生创新创业分享沙龙"等活动，鼓励和引导大学生将创新创意转化为创业项目，营造大学生创业的良好氛围，并以此活动为契机，搭建大学生与创业伙伴及创业投资人的线下沟通交流平台。高校或相关政府部门应针对大学生缺乏社会经验、人脉资源、企业管理经验和销售渠道等情况，根据不同创业大学生的专业优势和性格特点，积极组织协调多个大学生进行共同创业，各司其职，优势互补。政府应开展创业实训、模拟运作和孵化培育等公共服务，并鼓励和引入民间和社会力量组织专门的创业指导机构，为创业者提供法律、投资和财会等专业服务。

5. 充分运用"互联网＋"新理念，打造大学生创新创业新模式

对大学生创业企业，特别是传统产业的企业，应充分运用"互联网＋"新理念，将传统企业与互联网完美融合，走信息化与工业化相融合的路子。对于大学生创立的小微科技企业，应充分利用互联网优势，为企业打造一个开放式创新平台，采取"众包"模式，汇聚全社会的创新力量，并以此为载体，为客户提供各类个性化的服务和体验，加快企业创新和个性化发展步伐。

6. 基于互联网技术搭建众创服务平台

政府应适应新型创业型孵化平台的特点，简化登记手续，对"众创空间"的房租、宽带网络、公共软件等给予适当补贴，尽量降低搭建平台的成本；让青年人特别是大学生的兴趣与爱好转化为各种创意，通过网上"创客联盟"、网下"众创空间"等平台将其汇聚起来，逐渐把孕育于移动互联、根植于创业草根、适用于创新创意的空间，打造成培育各类青年创新人才和创新团队的空间，在创意者、创新者、投资人之间实现信息对称、项目对接、资本对接的创新型创业孵化综合服务平台，努力把各种创新创意转变为现实；鼓励科技创业企业充分发挥网上"创客联盟"和网下"众创空间"平台的优势，集中开展技术难题攻关和创新创意研发,这样不仅能降低企业科研成本,而且有利于营造"万众创新"的社会氛围。

7.积极搭上互联网经济发展势头,引导大学生开展电子商务创业

开展大学生网上创业模拟实训,提高创业人员的操作能力;打造大学生电子商务创业实践基地;积极引导大学生电商企业进驻电商创业园,为大学生电商企业提供电商培训、电商企业孵化和运营的一体化服务;对大学生电商创业实行以奖代补,并对创业初期的小微电商企业实行社保补贴和场地租金补贴。

8.加大资金扶持力度,创新创业融资形式

目前,我国高等学校毕业生创业的特点决定了毕业生们更需要风险投资,因为他们缺乏资金。我国的风险投资体系不够完善,信用制度很不健全,融资是高等学校毕业生必须要解决的问题,不然创业就无法进行下去。为此,政府应该主动牵头,搭建大学生创业的融资平台,为其融资创造有利的环境,建立大学生信用体系,加快和完善资本市场体系建设,为大学生创办的中小企业建立成熟的融资、投资体系。另外,政府可以对帮扶大学生创业的社会企业给予一定的奖励,引导社会力量支持大学生创业发展。

首先,各级政府应设立专门的大学生自主创业储备基金,重点资助本地区具有一定科技含量和良好发展前景的大学生创业项目。其次,政府可考虑将下岗失业人员小额担保贷款的申请对象扩大到创业的大学生,增加大学生创业扶持资金的来源渠道。再次,充分发挥"种子资金"的带动效应,由政府出少量资金,带动社会和民间资金,成立"大学生创业风险基金",再由第三方专业机构对申请资金的创业项目进行风险评估,通过评估后的创业企业可获得基金支持。最后,政府和金融系统应支持大学生创业企业通过成熟的金融市场获得更多的资金,发展多种融资渠道,如以大学生申请的专利或其他知识产权来进行融资,为大学生创业提供更多资金支持。

在推进小额贷款公司时要明确小额贷款毕业创业贷款的比例;制定政策规定各商业银行对高校学生创业贷款计划单列,加强贴息贷款力度;建立中小企业信用担保体系,促进银行贷款向高校学生创业企业的倾斜;设立高等学校毕业生投资机制,形成大学生创业的助推器。

9.整合社会创业政策,提高大学生创业的服务保障能力

梳理政府对社会各类群体的创业优惠政策,实现政策的普惠性,放宽对大学生创业的注册资金和场所的限制,落实税收优惠政策;加强大学生创业园建设,建立创业园人才信息库,提供园内创业大学生的信息交流平台;建立定期为创业企业提供与园外企业学习交流的机制,全方位、多层次地为大学生创业服务;依托大学生创业园和创业孵化基地,为有创业意向的大学生免费提供创业指导、创业培训、税费减免、小额贷款等"一条龙服务",切实提高对大学生创业的服务保障能力。

10.建设创业实践基地,激励和满足大学生创业需求

创业环境通常指的是围绕创业成长发展而变化的,并对企业实时产生影响的一切因

素的总和。创业环境具有区域性,不同的地方的社会结构、经济发展水平不一样,给予的优惠帮扶措施也不一样,这些因素都将对创业企业产生重要影响。

大学生创业基地具有社会公益事业性质,政府应在资金和政策上给予支持。但从国家和目前一些地方财政的承付能力看,大学生创业基地不能完全依赖于政府的支持。创业基地要通过探索和开发满足市场需求的服务产品和服务方式,不断提高创业基地的自我生存能力和自我发展能力;要把承担政府政策性、公益性目标与基地的自主发展结合起来,积极寻求自主经营和可持续发展空间。

政府要加强大学生创业基地建设和高科技创业孵化器的建设;要建设专门的创业园,通过集聚效应降低大学生创业风险,提高其创业成功率,在大学生创业园区内建立完善的帮扶机制,引导社会力量和民间资本参与大学生创业;要通过孵化科技产品,加快项目转化,从而帮助大学生成功创业,促进大学生创业;要整合有限资源,有针对性地支持创业项目,形成规范的、科学的支持体系,从而为大学生创业搭建一个合理、公正的支持帮扶系统。

11. 提供完备的创业指导咨询服务

建立与完善中小企业社会化服务体系是《中华人民共和国中小企业促进法》的规定。中小企业社会化服务体系是以服务社会各类中小企业为宗旨,以营造良好的经营环境为目的,为中小企业的创立和发展提供多层次、全方位、网络化、社会化服务。大学生创业支持体系就是这个网络的一部分。只有构建一个好的网络,才能够提供好的服务。

构建高校学生创业支持体系,一是要树立以人为本的服务理念,从大学生创业的实际需求出发,不断完善和创新服务内容。服务的重点包括:为有意创业的大学生提供创业咨询、创业指导与策划、创业培训等服务;为注册登记两年内的新创办的大学生创业企业提供财税、法律、劳保、外贸等代理服务,以及政策与信息服务、管理咨询服务、技术服务、融资指导服务、人员培训服务等。二是鼓励各类服务机构多渠道征集、开发创业项目,建立"创业项目信息库"和"创业者信息档案库",及时为大学生创业提供服务,帮助大学生掌握基本创业技巧,指导制定创业计划书,规划创业项目,帮助其实现创业。通过多方面的指导帮助,采取多种形式来帮助大学生创业,构建合理的支持服务体系,使大学生能成功创业。

建立高素质的创业教育培训的辅导员队伍是创业教育服务支持工作的基础。各级政府和相关职能部门要把当地各行各业有经验的人组织起来,比如,优秀的企业家、法律专家、管理咨询专家等,为高校学生创业服务;要创立创业辅导员选聘及管理制度,使其成为地方创业服务的重要力量。有条件的地区可以组织"专家咨询学生""创业服务志愿学生"深入实际开展高校学生创业服务。

12. 多措并举提升大学生创业能力

长期以来，由于传统的观念，大学毕业就是读研、就业、出国等，这样的培养模式束缚了大学生的创业思想和行为，创业教育和培训严重缺乏。为此，对大学生进行创业教育培训势在必行。创业培训教育是激发和提高大学生创业能力的重要环节，家庭教育同样缺乏对大学生创业进行教育。因此，为培育大学生的创业精神和理念，使其树立一种创新意识，高等学校必须改变传统的教育模式，转变职业观念，加大创业教育的力度，不断根据变化的形势，实时设置创业教育课程，把创业教育纳入教学计划，形成一个完善的创业教育课程培养体系，使学生的创业能力和潜力充分得到发挥，形成良好的创业教育氛围，促成大学毕业生积极创业。学校应该设立有关创业教育的激励机制，把教师的积极性也充分调动起来，不断指导帮助大学生创业，建立一套合理的、有效的目标体系，保障创业教育的顺利进行。

大学生创业教育是多方面的，仅靠高校本身是远远不够的，还必须得到政府的大力支持、企业的鼎力相助。企业家可以走进校园为学生授课，讲授实战经验，对大学生创业进行指导。政府应整合有限资源，有针对性地帮助大学生创业。只有在全社会营造良好的创业支持氛围，从支持大学生创业中受益，才能真正建立起社会的支持体系，高校学生创业教育才能得到长足发展。

13. 为大学毕业生创业配备"师父"

大学毕业生刚创业，一个很重要的方面就是缺乏实践经验，给他们配备创业导师是十分必要的。导师是校外的有实战经验的企业家或职业经理人等，能够及时解决大学生创业过程中遇到的问题，使大学生少走弯路，这样能提高大学生创业成功率。具体措施包括举办拜师会、学校聘请相关项目的企业家、学生和导师相互了解、学生和导师双向选择，这样就可以加强对学生创业实践的针对性指导。

14. 建立挫折"发泄坊"

学校不仅要对创业成功的学生进行表彰，大力宣传，也要为创业受挫的学生营造包容、鼓励的良好氛围，这样学生才不会害怕创业，不会恐惧创业，会把创业当作一件平常的事情来做，这样压力就更小了，更有利于学生全心投入到创业项目中。只有这样，才会有越来越多的人加入到创业的大军中来。如举行创业经验座谈会、创业失败总结会，对创业失败者进行"把脉"，疏导其情绪，加强再培训等；建立创业受挫"发泄坊"，让创业失败者在一定范围内充分释放情绪，然后再重新整装出发，改进不足，完善手段，继续创业的项目。

第六章　高校创新创业教育师资体系建设研究

第一节　我国高校创新创业教育师资体系建设现状分析

2012年8月，教育部办公厅发布《普通本科学校创业教育教学基本要求（试行）》，要求各高校将创业教育"融入人才培养体系，贯穿人才培养全过程"。我国高校创业教育开始步入"全校性创业教育"的发展方向，高校创业教育的发展热情迅速升温。部分高校开始将创建"创业型校园"作为未来的发展目标。同时，创业师资队伍建设问题日益凸显。

从总体来看，我国高校创业教育师资建设现状可概括为以下四个方面：

一、队伍初步形成，结构比例失调

随着高校创业教育的广泛开展，创业教学从过去的自发教学，转变为有组织、有目的的教学活动，初步形成专门的教师队伍。以上海交通大学、温州大学、华南师范大学三校为例说明。

1. 上海交通大学

2010年6月，上海交通大学设立虚拟创业学院，明确了"面上覆盖、点上突破"的指导思想，以及"使创业学院成为培养未来产业巨子的摇篮"的发展愿景。在师资队伍上，学院设立了由17人组成的战略专家咨询委员会、由14人组成的教学指导委员会和完善的行政机构，构成了系统的三级管理体系。

2. 温州大学

温州大学将"培养德智体美全面发展，具有创新精神、创业能力和社会责任感的高级应用型人才"作为学校人才培养目标定位，通过创业教育与专业相融合，拉动全校教师参与创业教育教学。2009年6月成立的创业人才培养学院，负责全校创业教育规划与实施。学院有专职工作人员8名，同时组建由校内外专家、教授、教师等构成的师资队伍70余人，其中企业家创业指导师32人，KAB项目师资41人。

3. 华南师范大学

2009年，华南师范大学成立创业学院，秉持"开放、实操、效果、可持续"的工作理念，面向全校研究生、本科生开展创新创业教育。现有师资百余人，其中40人具备KAB、创业培训资格证书，聘任50余名企业家作为校外创业导师。

我国高校创业师资研究结果显示，现阶段我国高校各类师资框架初现端倪。但是，由于师资队伍建设工作开展不久，缺乏明确的建设目标作为指导，呈现出师资结构比例失衡的状态。主要表现在以下两点：

1. 师资课程比例失衡

高校创业教育课程通常有三个层次：学校层面的创业教育通识课，学院层面的创业与专业教育相结合的融合课程，专业层面的创业学专业的专业课程（包括从本科、硕士到博士的创业教育体系）。对应的师资为通识课程师资、融合课程师资、专业课程师资。对浙江省高校进行调研发现，创业通识性课程师资通常为高校团委、学工部人员，此类师资数量严重不足，缺口尤为明显。以浙江某一高职院校为例，全校数千名学生，但从教创业通识课程的师资仅有7名。由于师资不足，课时也由过去的8个课时缩减为6个课时。在另一所综合性大学，全校层面学制内的创业通识课程师资仅有1人。融合课程数量较少，到目前为止并未出现专门的教材，多由非专业教师施教。这些师资既没有受过相应的师资培训，也没有相应的教材作指导，数量不足与质量偏低状况并存。专业创业课程多由商学院、管理学院师资实施。现在仅有极少数高校提供了创业学位课程师资。

2. 不同师资类型比例失衡

创业师资按照教学领域不同可以分为企业师资、专业师资、创业辅导员三类。创业教育导向的差异决定了创业师资配置的差异。通常研究性高校和普通高等院校师资以"专业师资"为主，高职高专院校以"企业师资"和"创业辅导员"为主，师资缺失或极为薄弱的情况普遍存在。

二、组建方式多元，准入制度缺失

从师资选拔方式上看，我国现有的高校创业师资组建方式，较为典型的有以下三种：

第一，以创业教育项目为媒介，吸引师资参与创业教学或创业研究。例如，2012年温州大学推出"创业人才培养模式创业实验区"项目，各实验区自己组建教师队伍，以创业教育与专业教育深度融合为目标，探讨在专业教育中深入融合创业教育的途径。首批通过的3个实验区各获得6万元的项目资助。以服装设计与工程专业实验区为例，该实验区组建了由8人构成的教学队伍，包括1名副教授、1名高级经济师、2名讲师和4名企业指导师。这一改革方式不仅调动了全校教师的创业教学积极性，还促进了创业教育的深入改革，提升了学校创业教育教学的水平。

第二，按照课程体系设置，从全校范围内为创业教育试点班级选拔优秀的创业导师。温州大学的创业教学团队由校内优秀教师、校外企业导师和校友构成。创业学院根据各学院推荐的优秀教师，参考历年来学生对教师的评价分数，进行择优录取，最后由创业试点班学生确定最终人选；校外企业教师集中聘请优秀的职业经理人或知名企业的财务、人事、营销和理等部门具有丰富实战经验和讲课感染力的一线精英为主。

第三，学校行政人员、教师和辅导员等各类群体通过参与KAB、SYB等创业培训，提升创业教育教学能力，承担创业教学任务。

然而，多元化的师资选拔方式仍无法弥补师资准入制度上的制度漏洞。现有高校鲜有设置专门的创业师资准入制度。教育部虽然已就加强高校创新创业师资培养提出了指导性意见，但对"高校如何选择创业教师""创业教师应当具备哪些条件，才能指导大学生的创业活动"等问题，并未形成一个明确的标准和规范性文件。我国大部分高校，无论是对创业师资的专业类型、学历层次和从教年限，还是培训要求，都没有做出明确规定，师资准入制度不健全。尽管少数学校有相应的选拔制度，但是迫于创业师资匮乏的现状，也只能依据教师专业教学水平的高低，而非创业理论或实践水平的高低选拔师资，呈现出"校外创业师资选聘标准不完善，已有师资利用标准不明"的怪象。

当前，我国部分高校已经从社会各界聘请企业家、创业成功人士、专家学者等作为创业教育兼职教师。但是，一方面，这些兼职教师多缺乏教学经验，教学效果有待提高；另一方面，这些师资多采用短期培训班、讲座、临时创业指导等方式参与创业教学，并未形成长期有效的教学关系。

三、创业学位初现，培训平台不足

在创业学位体系建设方面，我国部分高校取得了一定进展。浙江大学管理学院在2006年实施了"教育部专业人才培养教学改革项目"——多通道、阶梯式、复合型高层次管理精英人才培养模式探索与实践，从三个不同层次（本科生，MBA，硕士研究生）组建"创业管理精英班"，成为全国首个获得国务院学位办授权的创业管理硕士点和博士点的办学单位，创业管理博士是全亚洲第一个创业管理博士点。2009年，浙江大学管理学院在创业管理精英班级的基础上，与创业管理全球排名第一的百森商学院、欧洲排名第一的里昂商学院合作建立全球创业管理培训的硕士学位项目（Global Entrepreneurship Program，GEP），引入国际顶级的教学资源与经验。

温州大学创业学院在2010年3月发布首届创业管理双专业、双学位班招生计划，从120个报名学生中选拔出50名学生参加创业专业学习。创业管理辅修双专业、双学位的学制为两年：辅修双专业为50学分，辅修双学位为60学分。修满50个学分并且考核合格的，颁发温州大学工商管理（创业管理方向）辅修双专业毕业证书；在此基础上，完成相应的创业管理方向毕业论文符合学校学士学位授予条件的，授予工商管理（创业管理方向）辅修双学士学位。

中南财经政法大学和共青团湖北省委于2011年12月联合创立湖北青年创业学院，设立湖北省首个创业学位班级，首批有10余名学生入学。参与学生在修满相应学分后可获得中南财经政法大学创业管理方向的双学位证书。

高校内从事创业教学的师资群体，根据师资群体的主动性不同，可以分为"自下而上"的创业师资和"自上而下"的创业师资。前者是指对创业教育感兴趣或从事创业教育研究的教师。这类师资自主、自发地参与创业教育教学的实施，具有较强的创业理论背景，但缺乏创业实践知识,人数不多,是高校创业教育中的小众。后者往往是根据学校的教学要求,将创业教育知识或理念融入专业教育的师资。此类师资多是未受过任何创业培训的专业教师,对创业教育的认识仅停留在肤浅的表层,对框架性、层次性的创业知识知之甚少,对创业实践没有深刻的认识,市场意识和实践运作能力等明显不足,对政府、学校的各项创业政策尤为陌生,极大地制约了高校创新创业教育服务能力的提升。

由于专业的创业学位建设仍在初始阶段,教授创业课程的大部分是非专业师资。创业师资的成长主要依赖于KAB、SYB、中国青年创业国际计划(YBC)、清华大学DMC创新创业研修班等各种创业培训。与全国高校创业教育的需求相比,这些项目提供的师资培训机会显得杯水车薪。即便是走在浙江省创业教育前列的高校,每年参与此类培训的教师数量也十分有限,教师成长平台明显不足。

四、组织化程度提升,协调管理有限

我国高校创业教育在经历了10余年的发展后,制度化程度逐渐加强,师资管理稳步提升。高校创业师资队伍的专业化有赖于创业教育相关的组织的制度化。综观我国高校创业教育,可以划分出三类主要的组织形式。

第一类:以创业人才培养为主的组织类型。主要负责学校的创业教育课程实施、师资管理和举办各类创业讲座。如温州大学的创业人才培养学院、义乌工商职业技术学院的创业教育学院等。

第二类:面向创业实践,以创业培训和创业实训为主要方式的组织类型。此类组织又可以分为:一是以社会人员创业培训为重点的创业学院。此类创业学院,面向社会上的各类有志于创业的青年。学院力图通过完善平台、降低青年创业成本、铺设绿色通道等途径,为社会人员提供创业服务。如"中国青年创业学院""蒲公英青年创业学院"等。二是提供创业实战的大学生创业园、创业中心、创业基地和科技园等,主要负责为大学生提供相应的创业场地、资助和物质支持。如我国现有的28个国家级大学生科技园,各大学设立的大学生创业园,以及各类大学生创业实践中心。

第三类:以创业研究或创业指导为核心的组织。一是创业研究中心,如浙江大学管理学院成立的"全球创业研究中心",南开大学设立的"创业管理中心",吉林大学设立的"创业研究中心"等。二是创业指导中心,如宁波大学的创业指导中心,浙江海洋学院机电工程学院于2006年成立的以创业团队扶持、创业师资指导的方式推动大学生创业的"大学生创业中心",宁波大学科技学院的"家族企业接力研究咨询中心"等。

总的来说,第一类具备统筹全校师资的职能;第二类以提供物质资源为主,师资调配能力有限;第三类以研究和创业实践指导为主,师资提供和管理受到限制。

调查发现,除了极少数高校通过建立创业学院等方式统筹管理全校创业师资外,大部分高校都存在不同程度的师资管理混乱、师资力量运用不足的情况。从横向上看,创业教育本身涉及经济学、教育学、管理学、社会学和心理学等多个学科;从纵向上看,创业教育包含了全校层面、学院层面和专业层面的创业课程。以浙江大学为例,仅参与创业教育建设的学院和相关部门就达十几个单位,但是并没有设立专门的机构对全校的创业教育活动和资源进行统筹管理和规划。

第二节 高校创新创业教育师资建设策略

科学的理念是保障行动质量的基础。创业师资与传统师资在教学技能和知识类型要求上存在根本差异,组建创业师资队伍本质上是一个破旧立新的过程。特殊的创业师资类型框架和目标要求,决定了创业师资队伍建设要避免随意性,必须以明确的目标作为指导,以一定的理论架构作为支撑。

一、设立分层推进的师资建设框架

(一)形成由企业、专业和创业辅导构成的师资框架

高校创业教育指的是高校利用课堂内创业课程和课堂外创业活动,培养学生创业精神和创业技能的教育。"实践性与理论性并存"是创业教育区别于普通教育的典型特征,促进自主创业又是创业教育的结果之一。因此,创业师资选拔与培养必须兼顾创业实践、创业理论和创业指导三方面的内容,对应师资为企业师资、专业师资和创业辅导员。

"全校性创业教育"是未来我国高校创业教育发展的总体方向。本研究结合国内外创业师资建设经验,从全校创业师资建设出发,提出如下师资结构图(见图6-1)。

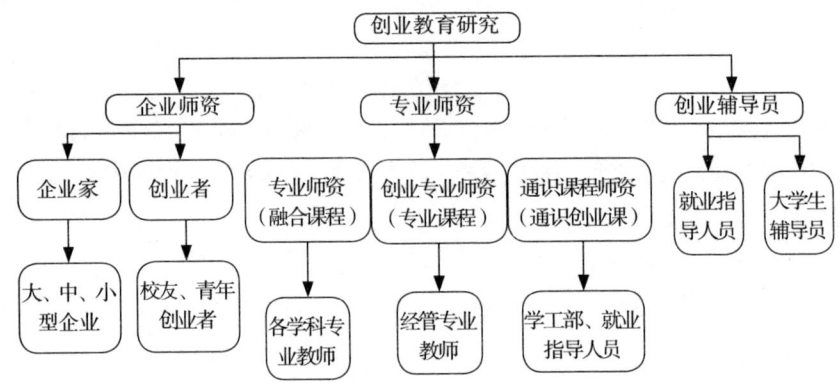

图6-1 高校创业师资结构图

(二)制定实践型、双师型和咨询型的师资培养目标

目前有关创业师资培养问题的专门研究不多,缺乏前瞻性指导。面对创业学位体系尚未形成的客观现实,创业师资队伍建设主要依赖于引入外部师资和师资培训。

鉴于创业教育实践性和理论性的特征,"双师型"教师是能够同时驾驭创业教育理论课和实践课的中坚力量,是师资培养的重点目标。"双师型"教师最早出现于职业教育领域。对"双师型"教师内涵首次做出明确规定的是1998年国家教育委员会发布的《面向21世

纪深化职业教育教学改革的原则意见》："要采取教师到企事业单位进行见习和锻炼等措施，使文化课教师了解专业知识，使专业课教师掌握专业技能，提高广大教师特别是中青年教师的实践能力……重视教学骨干、专业带头人和'双师型'教师的培养。"1999年，《中共中央国务院关于深化教育改革全面推进素质教育的决定》中进一步明确指出：必须"加快建设兼有教师资格和其他专业技术职务的'双师型'教师队伍"。与职业教育相似，创业教育最终要回归创业实践。科学有效的创业技能培育离不开创业实践经验，急需同时具备创业实践和创业理论的创业师资。

具体到三类师资，企业师资以提供创业经验为主，需具备基本的教学技能以满足创业教育需求；专业师资需要将专业与创业融合，必须具备理论性和实践性的双重知识能力，即"双师型"教师；创业辅导员以创业咨询为主要任务，需要对创业法规、政策拥有基本认识，能够为学生提供创业支持。不同类型师资对应的具体培养目标应有所区别，如图6-2所示。

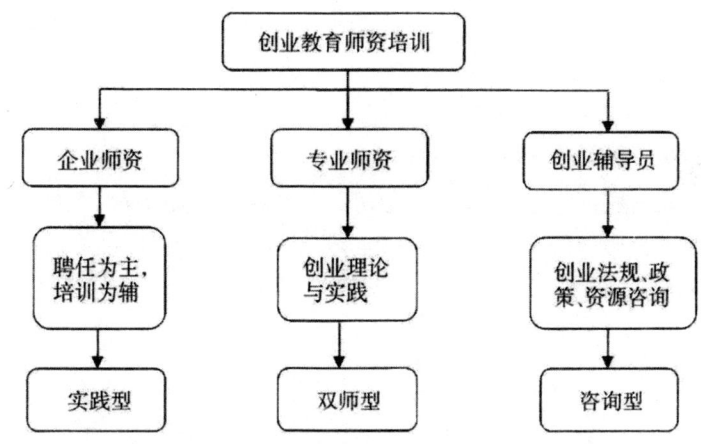

图6-2 创业师资培训目标

二、建立数量充足的高素质师资队伍

（一）弥补师资缺口

依照教育部《普通本科学校设置暂行规定》的规定，高校专任教师的师生比不能低于1:18的标准，兼职教师人数不超过专业教师总数的1/4。根据教育部《普通高等学校基本办学条件指标（试行）》对高校师生比的要求，各类院校的标准分别为工科、农、林院校1:18，医学院校1:16，语文、财经、政法院校1:18，体育、艺术院校1:11；高职学校中，综合、师范、民族院校1:18，工科、农、林院校1:18，医学院校1:16，语文、财经、政法院校1:18，体育、艺术院校1:13。

依据法规规定，普通高等学校师生比例最低标准为1:18。2012年，教育部网站公布的数字显示，2012年我国高校本科在校生人数为2 391万余人，研究生在校人数为171万余人。师资需求数量由受教人群决定。根据"全校性创业教育"的发展计划、师生比例的最低要求、高校在校生现有人数需求、创业师资的发展能力等因素，目前我国创业教育的师资缺口很大。

（二）建立创业教育协调机制

加强创业教育，管理是高校全面推进创业教育不可或缺的要素，更是创业教育制度化建设的一个重要标准。我国高校创业师资缺口大、质量低，存在师资管理混乱现象。扩建创业师资队伍、提升创业师资质量的首要任务就是完善创业教育协调机制。借鉴国外已有经验，我们必须着力于加强管理，加强顶层设计，将创业教育规划融入高校整体发展战略，提出明确的师资队伍计划。

高校要组建有效的创业教育管理委员会等协调机构，统筹全校创业教育师资队伍的管理和分配；全面指导全校创业课程、创业教育项目、创业竞赛、创业训练营以及各种类型创业活动的开展等。

高校要成立由校内外人员构成的创业教育咨询委员会，着力于解决创业教育实施过程中遇到的师资聘用、师资企业挂职、创业资金运用等实际问题。

（三）兼顾理论与实践的师资遴选标准

创业教育在本质上是一种素质教育，具有普适性。1999年6月，《中共中央国务院关于深化教育改革全面推进素质教育的决定》，表明了素质教育包括提升"创新精神和实践能力"在内的两大核心，这与创业教育培养具有首创精神和创业能力的目标是一致的，创业教育反映了素质教育的核心和重点。实施创业教育，目的不只是帮助学生走上独立创业或自谋生计的道路，更重要的是帮助学生将创业精神和能力迁移到各项工作与活动中，适应瞬息万变的社会。

素质教育理念下的创业教育，要以创业理论知识为基础，以创业实践知识为重心，要求教师具备先进的创业教学理念和实践导向的教学素养。在师资选拔上，要避免过去单纯以高学历、高职称作为选择标准，树立以教师素质与创业人才培养相契合的选聘导向，避免将"纯粹知识教学"的教育痼疾带入创业教育。

（四）制定灵活的兼职师资选聘制度

制定灵活的企业师资选聘制度，提升企业师资的参与力度和质量，对专业需求、教学任务、薪金制度、项目参与需求、企业师资与专业师资合作做出合理安排。

企业师资选聘应兼顾创业教学的多层次需求。以不同教学时长的教学任务为例，第一个层面是学校层面的创业通识课，应采用以校内辅导员、研工部、学工部等教师为主，以兼职教师为辅的师资组成结构。每门课程选配一位或数位能够担任短期课时的兼职教师，采用讲座、互动、专题讨论的方式开展创业教学，作为入门创业知识的补充。第二个层面是学院层面的创业融合课程，应采用专业教师与兼职教师一对一的协作模式，选聘能够担任半个学期或一个学期时长的校外兼职教师，与专业教师共同授课，结合理论和实践提供系统的创业课程。第三个层面是专业层面的创业课程，应选用兼职教师独立教学的组织方式。根据创业学课程人才培养的需要设立专门的创业课，选聘创业学领域的专家，专门开设一门或数门相关的创业课程。

高校要着力完善企业师资选聘制度，根据三个层次课程的不同需求，真正将校外兼职教师融入创业教学中来，改变过去蜻蜓点水式的教学辅助，真正对学生的教学和创业实践起到有效地指导。

三、形成结构合理的师资结构

（一）组建结构合理的教师队伍

创业师资由企业师资、专业师资和创业辅导员三部分人员构成。各高校应根据国家规定和实际课程的教学需求，建设师资规模与结构合理的教师队伍。

鉴于现阶段创业师资严重匮乏的现状，在实际操作中，高校一方面要坚守师资选择标准的原则底线，扩大师资选择的范围，从参与 KAB、SYB 等培训人员扩大到创业教育的实践者和研究者，乃至各院系不同专业的专业人才，不拘一格地选拔人才，形成稳定的校内教师队伍。另一方面还要设立一条或多条优秀师资的绿色通道，广泛吸引海内外创业学专家，建立创业教席。与此同时，高校还应当与当地产业相结合，吸引成功的企业家、风险投资商、律师、政府官员等不同领域的人才系统地参与高校创业教育，并根据教学层次的需求建立结构合理的教师队伍。

（二）统筹优化现有师资资源

院系壁垒成为阻碍高校内创业师资相互沟通与成长的主要障碍。各高校可以结合现实需要，参照三个层次的创业课程设置，开展不同层次的创业教育，打破学院的制约，重新整合师资力量，形成通识教学、融合课程教学和创业学教学三种不同的教学模块。通过课程体系的构建，将创业师资组合成密切联系的教师网络。

根据完整的实际创业过程，形成不同的师资合作模式。第一，组建一主多翼的师资团队。此类型师资团队以一次完整的创业项目或创业活动为依托，能够满足整个创业过程需求，由不同专业的专家构成的师资队伍，推举一位贤才作为统筹者，组织相关教学活动的讨论、教学内容的选择，制定阶段性的发展目标。第二，根据创业不同阶段或专业领域的需求组建师资队伍。高校可以将不同领域的专家根据创业不同阶段或专业领域的需求，形成特定的师资队伍。学生根据自身能力需求与创业发展需求，选择相应的师资咨询。

统筹优化现有的师资资源，形成不同形式的师资团队合作方式，最终目的在于充分发挥每一位成员的优势，更好地为创业教育发展服务。

（三）制定科学的教师协作教学制度

大量引入高校外部兼职教师是我国创业教育发展的现实需求。专业师资主要依赖校内师资，师资流动稳定。而企业师资主要依赖于高校外部的企业人士的引进，流动性大。

随着"全校性创业教育"理念的推广，专业教师的人数在大幅度增加，而且不同师资类型、不同课程专业类型、不同课时长度的兼职教师也使得师资管理工作变得更为烦琐。

在此状况下，没有完善的师资衔接制度作为保障，一旦出现教师离职的状况，必定导致师资链条断裂，破坏教育教学的整体性。为此，高校必须在创业教育管理部门的统筹规划下，在紧密联系社会、主动挖掘不同领域的优秀人士的同时，制定严密的师资衔接制度，做好短期、长期师资聘任规划，与应聘师资之间保持密切联系。

（四）完善创业师资的激励机制

忽视以人为本的师资管理模式，必然导致选人、用人、育人和留人各环节衔接的断裂。在创业师资管理方面，高校应明确树立"以教师为本"的管理理念，确保教师在创业教学中的主人翁地位，帮助教师树立正确的创业教育价值观，认识到创业教育对教师自身和学生成长的重要作用，建立能够促进教师个体发展的激励体制和管理体制。

具体到实际操作层面，高校要努力将教师的个人发展目标与创业教学发展目标相统一，引导教师根据学校创业教育发展的定位和实践型人才培养需求组织开展教学活动。对教师在科研、教学和实践等不同领域所取得的成绩，给予科学的评价和合理的回报，努力实现管理方式从压力的传递向内在激励方式的转变。

成立创业师资发展基金，奖励在创业课程建设、教学方法革新、创业实践和创业研究等领域做出显著成绩的教师。一方面，制定符合教师劳动投入的薪酬制度，落实创业师资的工资和福利等各项政策，切实保障创业师资的利益。另一方面，努力营造一种宽容失败，推崇创业、鼓励冒险的宽松、自由环境，为教师提供良好的创业教学氛围。

四、建立形式多样的师资培养体系

（一）加大创业学学位体系建设

高质量的创业师资短缺已经成为阻碍我国高校创业教育发展的主要瓶颈。短期速成的创业师资培训既不能达到较高的质量标准，也无法满足不断膨胀的创业教育师资需求。解决这一问题的根本在于构建系统化的创业学学位体系。通过创业学学位体系培育大批创业教育师资，迅速提高创业师资的素养，达到提升创业教育质量的目标。

创业学学科的发展和创业学学位的设立，不仅有利于吸引优秀的企业和管理人才加入创业研究的阵营，提高创业研究的质量和效果，而且有助于创业师资的长期发展，形成师资供给的良性循环。近年来，我国在创业学学位体系建设方面已经取得初步成效，有的高校已经设立了本科阶段的创业学学位，甚至出现了创业学的硕士和博士学位。但现有的教育资源远远无法满足创业教育的教学需求，必须继续加大创业学学位体系的建设力度。有条件的高校必须加强创业学学位建设，有计划、有步骤地开发创业课程，逐步设立完整的创业学学士学位、硕士学位和博士学位培养体系。

（二）提升双师型教师培养力度

加大"双师型"创业师资培养力度，必须保障充足的培训资金和合理的师资培训平台。各高校应设立专门的创业师资培训基金，吸引资金赞助。以产学研为依托，将高校的知识优势与企业的实际操作优势相结合，制定校企合作师资培训计划。培训内容要以企业管理、项目运营和危机处理为核心,强调师资的创业感受与体验,提升师资的创业认知。此外,高校还应逐步制定"双师型"职称认定制度,积极引入具备"双师型"条件的创业人才。

在"双师型"创业师资培养过程中,还应秉持以下原则:尊重师资职业发展意愿的原则、师资专业领域与企业领域相匹配原则、兼顾高校与企业双方利益原则、理论与实践相协调原则。

(三)拓展创业师资培训渠道

政府可以开展"千人创业师资项目"等培训项目,大力推进创业师资培训工作。高校在经过10余年的创业教育发展历程后,已经积累了相当的师资培训经验,形成了一定数量的优秀创业教育团队和创业研究团队。未来高校可以尝试将市场竞争机制引入高校创业师资培训,增强高校在师资培训方面的主动性,提供多样化的培养方案。培训过程要着重采用体验式、活动式的培训方法,在改善教师创业知识结构的同时,更要提升教师的创业能力。

培训渠道要与相关国际机构结合。有条件的高校应当有目的地选拔部分优秀教师参与国际上声誉较好的师资培训项目,学习先进的培训理论和内容,了解国际创业教育的前沿动态。除了参与创业师资培训外,高校应鼓励并支持教师参与创业教育国际交流,与世界顶尖学者充分沟通,吸收先进的经验,促进全国高校创业教育理念和方法的发展。

(四)构建创业学习平台

建立创业网络学习平台,加强经验交流与资源共享。尝试在区域层面建立统一的创业学习网络虚拟平台,鼓励各所高校潜心学习、研究和借鉴各种培养模式,拓展创业教育师资培养渠道。

五、组建适应区域发展的创业师资

(一)适应区域市场发展的师资培养导向

金融危机之后,世界产业格局表现出两大特征:一是国际产业转移向纵深进行;二是新兴产业的重要性日益凸显。2011年,我国国家发展与改革委员会发布《中华人民共和国国民经济和社会发展"十二五"规划纲要》,强调一方面要改造提升制造业,培育发展战略性新兴产业,另一方面要营造环境,推动服务业大发展。2012年,我国国务院印发《服务业发展"十二五"规划》,要求"到2015年,服务业增加值占国内生产总值的比重较2010年提高4个百分点,成为三大产业中最高的产业",推动各省形成以服务业为主的产业结构,产业重点从传统的第二产业转向第三产业。2013年,转移和升级传统制造业、培育和发展新兴产业、提升服务业规模和效率成为我国各省产业结构调整和发展的三条主线。

区域产业结构变化势必引起经济发展重心的转移,必然需要创业者对社会环境的变化保持高度敏感。创业师资培养必须考虑区域未来市场发展需求,基于"三二一"的产业格局，调整专业"双师型"创业师资的培育重点，尤其要注重结合各地区的重点发展产业、带动产业需求。

（二）利用区域企业优势选聘企业师资

在创业定位上，高校创业教育主要面向中小企业。各高校要充分利用区域优势，尤其要结合不同区域的企业优势选聘企业师资。

以浙江省为例，浙江已经形成四大经济发展模式："民营经济为主，公有经济为辅的'温州模式'；变小公有经济为民营经济的'杭州模式'；国有、集体、民营、外资经济四轮驱动、混合发展的'宁波模式'；以及市场先发、商贸主导的'义乌模式'。"其中，区域性与国际性并存是义乌中小企业的一个显著特征。该地区拥有全球领先的小商品批发市场和遍布世界的商贸经销网络，以及由此带来的巨大商流、物流、资金流和信息流。10多个本土企业的销售范围涉及中东、欧美等多个地区。伴随中小企业成长起来的本土企业家，不乏国际化的视野和气魄，是最佳的创业师资来源。高校要充分利用区域企业所能提供的企业家优势，采取多种措施，吸引企业家参与创业教学。

在高校与企业之间建立长期的、制度化的合作机制，力求在师资训练、专业互助、产业转化、资金和创业咨询等方面达成共识，重点强调学术型教师参与挂职，深入高新技术企业体验创业过程，研究创业案例，提高创业能力。

（三）运用产业集群开展师资培训

产业集群是一组在地理上靠近的相互联系的公司关联机构，它们同处或相关于一个特定的产业领域，由于具有共性和互补性而联系在一起。其主要特征表现为：第一，相关产业在空间上高度聚集，形成网络化的空间联系；第二，集群内核心产业与辅助产业相互促进、学习、竞争和合作的经济功能联系。

产业集群的产生为创业师资培育带来了极大便利。一方面各产业呈块状分布，高校教师可以依据产业分布，划分不同专业的师资培训模块，提升不同专业师资培训的区分度。另一方面，产业集群的集聚标志着相同企业专家的集聚，企业家资源的集聚标志着知识集聚，为同类师资培训提供了大量知识和技术支持。

我国不乏结构完善、资源充足的产业集群。政府和高校可以发挥这些产业集群在创业师资培训中的统领作用，分专业、分模块、分区域统一开展高校创业师资培训。

第七章　高校创新创业教育外部环境建设研究

第一节　高校创新创业教育外部环境支撑体系现状分析

自从1998年清华大学科技创业者协会引入麻省理工学院创业竞赛模式，成功举办我国首个创业计划大赛以来，我国高校创业教育事业呈现出蓬勃发展之势。然而，由于受到多种因素的影响，高校创业教育外部支撑体系的构建仍面临着诸多现实困境。

高校创新创业教育外部支撑体系的构建需要考虑该体系构建的供应方的意见和需求方的意见。高校、政府及其他社会组织是该体系构建的供应方，而高校大学生是主要的需求方。只有兼顾双方才能正确并顺利地建构该体系，缓解供需矛盾。因此，本研究选取了若干高校创业教育负责人、专业师资和研究学者，以及创业成功的大学生、正准备创业的大学生和正接受创业教育的大学生作为访谈对象（共10人），访谈时间为2013年5月，本次访谈均采用半结构访谈方法。在吸收创业投资者、创业教育专门师资、不同类型创业学生等相关利益者对高校创业教育外部支撑体系发展现状所提出的合理建议的基础上，采用NVivo 8.0软件对质性访谈材料进行分析。在对高校外部支撑体系发展现状进行开放式编码的过程中，共得到了4个主题，30个开放式编码。围绕4个主题对30个开放式编码进行轴心式编码，并建立树节点和关系，得出高校创业教育外部支撑体系发展现状的轴心节点，如表7-1所示。

表7-1　创业教育外部支撑体系发展现状访谈的轴心节点

轴心节点	参考点	陈述举例
创业氛围	9	●华东区域创业文化氛围比较浓，尤其在温州、宁波地区，有很多创业案例 ●创业文化氛围很好，不仅体现在创业商业传统、政府政策支持，还体现在前卫的、开放的创业文化创业观念 ●与全国其他地区相比，东南沿海一直有着浓厚的经商文化和创业传统 ●不利因素是部分人的问题，他们眼光比较短浅，诚信度不够 ●创业的目的不能简单归结于对财富的追求，更应聚焦于社会效益

续表

轴心节点	参考点	陈述举例
创业协作	6	●在技术创新上还不够，对政府来说吸引力也不强，这就造成了双方没有合作的基础 ●目前还没有形成大学—企业—政府之间紧密联系的创业教育合作网络，创业教育基本上还是依托高校展开，没有形成社会不同组织之间的合力 ●以10分为限，给这个协作力度打6-7分 ●在科技园等方面的协作程度非常好，可以说是无缝对接。有个科技园即将和我们有合作，通过设立团队孵化基金等实现资源共享；但也要看到其他地方，比如企业想和我们合作，不同的企业有各自的想法，很多时候并不利于学生
创业政策	10	●只知道政府政策会在贷款和税收方面给大学生提供便利，但也只是模糊了解，说不出具体政策 ●觉得政策对大学生创业的支持力度仍然不够大。更希望接下去的政策更关注资金这个方面，切切实实帮助大学生解决这方面的问题 ●知道政府对大学生创业是出台过一些政策的，主要是贷款免息、免收税三年等，对其他不是很了解。不过据说程序比较复杂，要出具各种证明才能真正拿到政策优惠 ●高校大学生创业扶持力度合适，对于有志创业的大学生已有较多优惠和便利 ●政府的政策扶持力度很大，但是在实际推行过程中效果却不明显
创业政策	10	●还是靠自己比较多，政府政策条条框框比较多，比较难申请 ●对创业的重视不够，创业政策约束力较弱，落实不够，缺少评估环节 ●政府支持资金少，省里没有相关支持，市里更少。学校没有专项资金支持，缺少相关政策支撑 ●今后，政策应该向鼓励、培训和服务方面倾斜，而不是资金 ●政府出大量的资金是不太可能的，出一部分还是有可能的，但是即便如此，大学生面临真空环境这个现状并不能被扭转 ●创业和创业教育不能由政府牵头主导，政府更应该坚持无为而治的思想
创业基金	5	●身边的创业者很少会去考虑创业基金，无论是风投还是天使投资，对初创团队进行投资的可能性都不大 ●创业基金有很多，比如赛博也会提供，其他的诸如真格基金等。主要是觉得这个不是很靠谱。据了解，申请难度挺大的，以后创业自己主动去申请的可能性不是很大，就算申请了，成功的概率应该也不会很大 ●稍稍了解过创业基金，如果可以，还是会去申请这个基金。因为如果能申请成功，那说明别人对我的创业项目是认可的，是有前景的，也是一种肯定。觉得申请这个天使基金或者风投应该是比较难的，流程也比较复杂 ●想过申请，但是没实践过。天使基金投钱的目的是盈利，想要获得天使基金比较难，因此，主张更多还是靠自己努力

一、亟须完善的创业政策

在将轴心节点进行数节点关联之后，运用 NVivo 的模型功能（mode）将创业政策这一轴心节点的核心进行可视化呈现，具体见图 7-1。

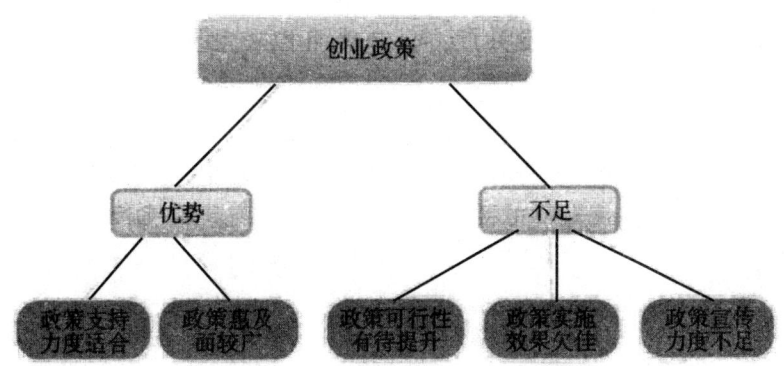

图 7-1　高校创业教育外部支撑体系——创业政策现状图

创业政策这一轴心节点的可视化呈现清晰、明确地勾勒了当前创业政策的发展现状：具有一定的优势，然而也面临可行性不足、效果较差、宣传力度小等问题。这些问题在不同的省份都有不同程度的映射。下文将以两个省份的创业政策为例，分析我国创业政策实施效果不佳的现实原因。

广东省相继出台了《关于贯彻落实（广东省人民政府办公厅关于促进普通高等学校毕业生就业工作的通知）的意见》《关于鼓励创业带动就业工作的意见》《关于进一步做好小额担保贷款推动创业促就业工作的通知》等创业政策。此外，自 2009 年开始，广东省财政每年安排 5 000 万元专项资金，支持科技型中小企业发展，其中大学生创业项目作为重点支持专项，也被列入支持项目。另外，广州、深圳、佛山、东莞、中山等城市也分别在部分免费服务、申请小额贷款、财政贴息贷款、成立创业园等方面享有社会保险补贴，对高校毕业生在自主创业咨询的服务、相关登记、证件费用减免等方面给予了优惠政策。然而，创业政策之间不成体系，没有形成良好的联动与配合效应，加之存在成果转化等方面的政策空白，广州这一经济大省的学生创业率并不高。

再以浙江省为例，关于创业教育的微观政策在各地市、各高校都存在差异，宏观的引导性政策可以追溯到 21 世纪初。2000 年，浙江省制定颁布了《浙江省教育现代化建设纲要（2000—2020 年）》，其中明确指出，高等教育要重视培养大学生的创新能力、实践能力和创业精神，在随后的 2001 年，《浙江省教育事业发展"十五"计划》提出"转变教育思想、教育观念，改革教学方法，采取多种形式培养学生的创新意识、创新能力、创业精神和实践能力"，创业精神的培养再一次得到强调。这些政策为后来各项创业教育事业的开展指明了方向。2006 年以来，浙江省有关大学生创业的政策梳理如表 7-2 所示。

表7-2 近年来浙江省出台有关大学生创业政策梳理（政策的主要内容详见附录）

时间	政策名称
2006年4月	《关于加快提高自主创新能力建设创新型省份和科技强省的若干意见》
2006年6月	《关于引导和鼓励高校毕业生到农村和社区工作的实施意见》
2007年1月	《关于切实做好2007年普通高等学校毕业生就业工作的通知》
2007年11月	《中共浙江省委关于认真贯彻党的十七大精神扎实推进创业富民创新强省的决定》
2008年1月	《关于做好就业工作促进社会和谐的实施意见》
2009年4月	《关于积极应对当前经济形势做好稳定和促进就业工作的实施意见》
2009年6月	《关于对普通高等学校毕业生从事电子商务（网店）进行自主创业认定的通知》
2010年1月	《关于促进中小企业加快创业创新发展的若干意见》
2010年6月	《关于实施高校毕业生就业推进行动大力促进高校毕业生就业的通知》
2011年5月	《浙江省促进就业资金管理办法》
2011年8月	《关于进一步做好普通高等学校毕业生就业工作的意见》
2013年7月	《浙江省人民政府办公厅关于促进普通高等学校毕业生就业创业的实施意见》

从上表可以发现，浙江省扶持大学生创业的政策较详细。通过对政策文本的详细研读，可以发现，该省的鼓励措施较多，优惠力度较大，在创业教育政策支持方面走在我国前列。然而，通过访谈还可以发现，很多学生由于没有创业计划，对创业政策关心不够，即使有计划创业的学生也仅仅了解政府政策给予大学生在税收和贷款方面的优惠，对于减免力度、年限范围、申请手续等知之甚少。教师一般认为创业政策扶持力度合适或较强，为有志于创业的大学生提供了较多便利，如免征企业所得税和支持贷款项目。然而学生一般认为创业支持力度远远不够，政府会因为某些创业项目有风险，或是创业项目不能创造丰厚社会价值而不扶持，对知识产权的政策不够明朗等。这从另一个侧面反映出创业政策在潜在创业学生群体中的宣传力度不够。

二、褒贬不一的创业基金

在将轴心节点进行数节点关联之后，运用NVivo的模型功能将创业基金这一轴心节点的核心进行可视化呈现，见图7-2。

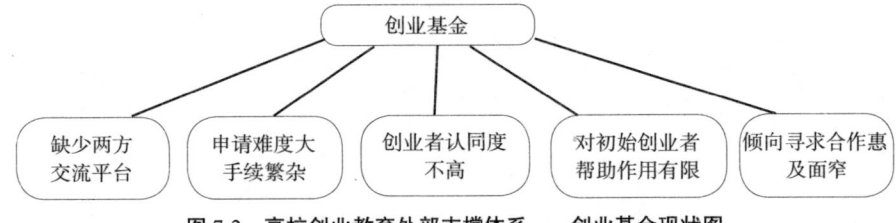

图 7-2 高校创业教育外部支撑体系——创业基金现状图

该图体现出目前创业基金的发展现状：由于申请难度较高、认同度低以及基金提供方与申请方信息不对称等原因，导致创业基金发展面临窘境。

申请创业基金的门槛较高，所以大学生对其认同度较低。相比于创业政策，访谈者体会到受访者对创业基金更为陌生，较多人表示对创业基金只有间接了解，只能说出创业基金的主要功能，而对于创业基金的种类、申请流程和成功概率等了解不足。这从一个角度说明了目前创业基金的市场覆盖面不大，支持大学生创业的项目并不多见。另外，学生对创业基金已经形成一种共识：基金的利益导向非常明显。即使是天使基金，在大学生中口碑也并不好。大学生往往认为申请这些基金的门槛较高，通常只有互联网领域中有较好创业前景与潜力，或者是该行业即将迎来行业高峰的项目才会得到创业基金的青睐。

以浙江省为例，目前活跃度较高、知名度较广的创业基金主要有浙江省青年创业就业基金、浙江省大学生科技创新基金、西湖——星巢天使投资基金等（见表7-3）。浙江省不同地区都有出台相关政策，提供创业资金，一些高校也与企业建立合作关系，获得部分资金支持。表7-3列出了其中较有代表性的几项创业基金。综观浙江省的创业基金，可以发现较多的创业基金具有一些共同之处：一方面是官方色彩浓厚，缺乏市场活力，大部分创业基金受政府和党委、团委管辖，相比较而言，市场气息体现不足；另一方面是起点较高，偏爱高科技研究型创业项目，普通项目难以获得创业基金的青睐。

表 7-3 浙江省出台有关大学生创业政策梳理

创业基金名称	设立时间	主管（办）单位	主要特征	主要投资措施
星巢青年创业基金	2006年	飞耀控股集团	与共青团浙江省委、省政府、省学联、共青团杭州市团委等多家单位联合管理	◆无息借款形式发放创业基金，不超过一年返还，额度不超过30万 ◆提供创业导师、媒体支持、法律等各方面资源
浙江省大学生科技创新基金	2008年7月	浙江省政府	青睐科技创业团队和高水平创新研究团队	每年500万元用于： ◆600个大学生科技创新项目遴选 ◆200个大学生创新项目进行孵化 ◆200个大学生科技创新推广项目

续表

创业基金名称	设立时间	主管（办）单位	主要特征	主要投资措施
浙江省创业风险投资引导基金	2009年3月	浙江省政府	扶持创业投资企业，即引导创业投资基金的基金	已参与投资合胜基金、赛康基金、浙大创新等10个项目
浙江省青年创业就业基金	2009年12月	共青团浙江省委	由浙江省青少年事务所发起，原始基金由15家企业共同出资	◆"创业浙江"青年创业创新项目竞赛 ◆浙江青年创业创新行动扬帆工程 ◆建立大学生创业实践基地 ◆设立浙江省供销创业合作发展基金
西湖—星巢天使投资基金	2010年1月	共青团浙江省委、杭州市西湖区人民政府	浙江省首个大学生创业天使投资基金	◆投资有比较好的商业模式，科技含量高，并且有良好市场可行性的项目 ◆推荐资深的创业导师担任营运辅导工作
杭州市科技创业种子资金	2010年4月	杭州市政府	资助经市级以上科技行政部门认定的科技企业孵化器内的孵化项目	每年度1-2批科技创业种子资金发放

上海市大学生科技创业基金会是扶持大学生创业的公益机构。自2006年成立以来，一直秉承"鼓励创新创业，完善创新环境；推动成果转化，促进教育改革；激发创新潜能，造就创新人才"的宗旨，运用专业化团队，汇聚社会资源，在创业文化、创业研究、创业教育和创业项目等领域开展重点工作。通过"创业雏鹰计划"和"创业雄鹰计划"，目前已经资助创业项目700余项。该基金允许在校生和毕业5年内的学生申请。但是，700余项的天使基金仍难以满足众多创业团队的资金需求。据该基金会官方统计，资助项目不到受理项目的1/4。

从该基金投资的项目行业来看，互联网技术与互联网行业最受青睐，相对于贸易等传统行业，新能源、新农业、新材料和生物医药等行业更容易获得天使基金。目前私募股权投资（PE）和风险投资（VC）对大学生创业项目几乎不感兴趣。众多大学生创业者希望创业基金能够降低门槛，兼顾科技创业与非科技创业、互联网领域与传统领域。

总之，创业基金的发展境遇不尽如人意。创业基金与大学生创业团队之间存在着无形的障碍，例如大学生创业者对创业基金的途径和申请流程不熟悉，对创业基金的价值认同度小，创业基金的市场活力尚有提高的空间，创业项目的档次和水平与创业基金的准入条件不匹配等。大学生创业团队面临着创业基金的真空环境，能看到上面的空气却难以呼吸到。事实上，最终能够获取基金的团队并不多，很多大学生创业项目就因为呼吸不到这能看到的空气而失去了生命力。无论是政府、高校还是创投，都应该去思考如何打破瓶颈，为大学生创业团队提供更多机遇。

三、优劣并存的创业文化

在将轴心节点进行数节点关联之后，运用 NVivo 的模型功能将创业氛围这一轴心节点的核心进行可视化呈现，具体见图 7-3。

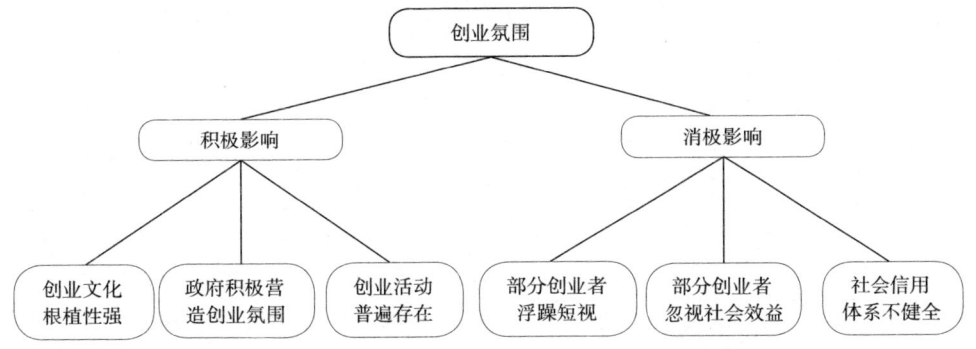

图 7-3　高校创业教育外部支撑体系——创业氛围现状图

创业文化氛围的浓郁主要体现在创业传统文化的积淀、开放创新的观念、自力更生的民企和政府政策的支持。此外，也有少部分受访者谈到资金扶持和创业孵化支持是创业文化氛围浓郁的重要因素。从访谈材料中可以发现，创业文化氛围的现实障碍包括：较多的大学生创业将视野锁定和局限在物质层面，注重个人收益，忽视社会效益；创业项目缺少技术支撑，创业总体水平较低给整个文化氛围降低了层次；社会信用体系不够健全，知识产权保护力度不够。

创业文化氛围对创业教育体系的构建与高校创业教育发展的支撑作用并没有达到最大效益。整个社会对创业的风险性不能认同，对创业的认知度严重不足。相较于稳定、安逸的公务员岗位，众多的家长和学生都不会将创业作为毕业后的选择。据统计，高校学生对公务员岗位十分热衷，国家公务员报考人数从 2003 年的不到 9 万猛增至 2013 年的 112 万。整个社会过多鼓励成功，不提倡对失败的容忍。而创新与创业意味着"创造性破坏"（creative destruction），承受风险与遭遇失败是"兵家常事"。一面是创业的风险和艰辛，另一面是公务员的稳定和权力，从一冷一热的现象便可对当下盛行的社会观念略窥一二。

我国传统文化强调"学而优则仕"，而商人的社会地位并不高。《管子》一书中就记载着春秋时期齐国军事家、政治家和思想家管仲及管仲学派关于"四民"的言行事迹，将商排在四民中的末位。世人对商人的贬低在传统文化现象中也俯拾即是，"无商不奸""见利忘义""唯利是图""商人重利轻别离""老大嫁作商人妇"等文学语言均表达出抑商思想。不过，不同地区受到这种文化影响的程度不尽相同。比如，华东部分地区相比于其他地区，较早地冲出了这种传统文化的桎梏。尤其是改革开放以来，以温州为代表的浙南"艺商"在人多地少、抢工分的历史时期下搭建了一个民间自发的遍及全国的小商品大市场，直接在生产者和消费者之间建立起一个无孔不入的流通网络，活跃了整个小商品市场。然而，在现代社会发展进程中，区域型的创业文化与商业精神并没有辐射到更广泛的范围，比如有"丝绸之府，鱼米之乡"之美誉的浙北地区，以享乐和安逸为代表的地区文化在一定程度上阻碍了奋斗拼搏的创业商业文化的发展。

校园是大学生学习和生活的主要场所，校园文化对大学生价值观的形成具有重要意义。校园文化是以校园为空间，以育人为导向的精神环境和文化氛围，例如学校建筑景观、校史校歌校训和学生活动等。校园文化潜移默化地影响着大学生的世界观和人生观。完善校园文化建设，引导形成团结合作、开拓进取、乐于奉献、鼓励创新和容忍失败的文化氛围，将有助于校园创业文化的建设。校园创业文化是校园文化中有关于创新创业活动的有机部分，包含创业物质文化、创业行为文化、创业制度文化和创业精神文化四个部分，对于塑造主体追求创新的品格、促进主体的社会化、培养主体富于开拓的精神风貌以及健全积极的心理、培育主体的风险承担意识、增强主体的社会责任感等方面都有着独到的作用，对于培养主体的创业精神、创业意识和创业能力更是有着不可替代的功用。然而，我国高校并未充分认识到这一点，校区的物质建设往往考虑实用性较多，考虑文化性较少。校园文化的建设也往往处于高校治理中极易被忽视的边缘区域。

总的来说，东部沿海部分省市的创业氛围相比较于其他省份具有天然优势和传统优势，思想开放、敢于接受新鲜事物的创业精神也给这些地区的创业文化氛围奠定了雄厚的社会背景。但从总体上来说，贪图安逸、追求稳定、缺少拼搏精神与吃苦精神的社会文化普遍存在，高校对学校的创业文化氛围重视不够，并且整个社会的诚信度也不尽如人意，这些都不利于全社会创业风气的形成。

四、有待深入的创业协作

在将轴心节点进行数节点关联之后，运用NVivo的模型功能将创业协作这一轴心节点的核心进行可视化呈现，如图7-4所示。

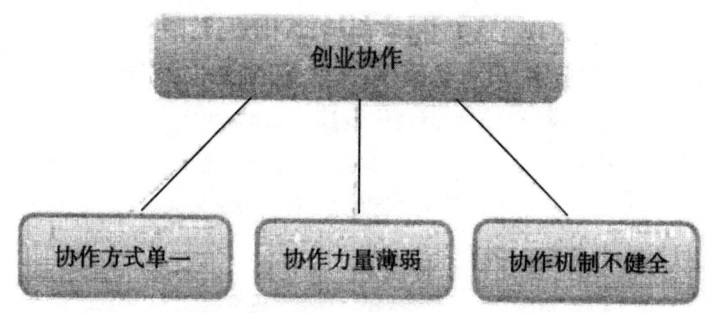

图7-4 高校创业教育外部支撑体系——创业协作现状图

探讨创业协作网络的视角主要集中于高校与企业、高校与政府、高校与校友资源、高校与创业园的协作。高校与社会力量之间合作薄弱，没有形成合力，从某种程度上来说是有形而无质的合作。

创业教育是一个需要全社会共同参与,社会组织与个体之间合作共存、共生演进的系统。高校创业教育已有企业力量的介入,学生一般通过创业讲座和创业沙龙等社团活动,以及暑期见习等途径获得企业资源,但这免不了具有间断性、偶然性和不确定性。相对来说,浙江大学"求是强鹰实践成长计划"采用"师徒行"和"兄弟行"并举的措施,邀请浙江省内外知名企业家和浙江大学10年来走在创业路上最前列的校友,分别担任浙江大学学生创业实践导师(求是强鹰导师)和求是强鹰会员的做法较为成熟,效果明显。但这种培养方式和协作方式并未推广到更大范围。

合作形式单一是指高校与社会的合作基本以"创业人物进高校"的方式为主,缺少多元的合作模式,在美国和日本比较常见的基金会、非政府组织与高校的合作在浙江省还尚未崭露头角。如果能充分利用基金会的资金资源和非政府组织的人力物力资源,以设立创业基金、建立技术转让机制、设立创业指导中心等形式展开与高校的有机协作,更多的创业大学生将受益,高校创业协作也将更上一个台阶。

协作力量弱小是指高校与企业、孵化器等的合作还只是零星的、不系统的,并未形成固定的模式或常态的机制。企业与高校的合作一般仅限于提供实习岗位或邀请企业领导举办校园讲座、沙龙,而且这种合作很大程度上是基于人际关系而形成的。这种往往由高校负责创业教育领域的教师,或创业类社团学生与企业形成的不稳定合作关系,很有可能因为人际关系的紧张或是人事调动等其他原因而破裂。由于协作力量的弱小和形式的单一,协作机制的建立健全恐怕尚需时日。

有的学者概括我国当下高校创业教育整体上面临的问题有校外热,校内冷;课外热,课内冷;研究热,实践冷;氛围热,教师冷;外在压力多,内在动力少;社会价值多,教育价值少;文件多,实施少。"几多几少"与"几热几冷"深入浅出地描绘了当下创业教育面临的窘境。综观对高校创业教育外部支撑体系发展现状的研究,高校创业教育所遭遇的困难本身具有复杂性,图7-5表现出了高校创业教育外部支撑体系中四个维度所面临的共性与个性的阻碍因素。

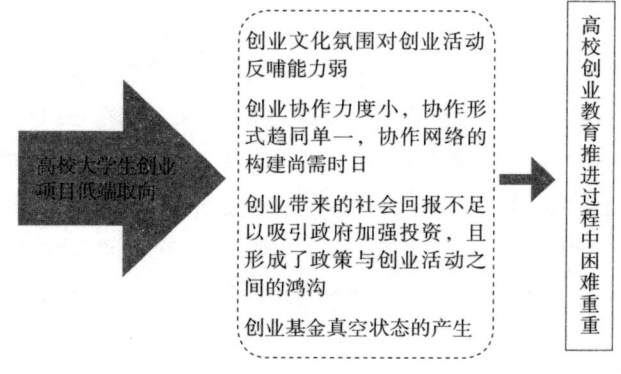

图7-5 四个维度所面临的共性与个性的阻碍因素

可见，创业政策和创业基金等不同高校创业教育外部支撑体系的维度面临着各自不同的困难，然而高校大学生创业项目的低端取向给整个体系造成了巨大的影响。由于高校大学生的创业项目多选择教育培训、餐点饮品和书报快递等生活类行业，很难体现大学生的素养和特色；创业文化氛围不浓，从而削弱了创业文化氛围对创业活动的反哺效果。高校大学生创业项目低端化，还体现在科技和创新含量低、社会回报小、项目生命力不强等方面，难以博得政府、企业和投资人的青睐。这也是造成当下创业基金活跃度不足，政府政策与现实需求之间产生距离等问题的关键因素。

第二节 高校创新创业教育外部支撑体系的构建

依据高校创业教育事业发展趋势，以及高校大学生对其创业活动扶持的需求和国际经验，我国高校应当建立具有三重目标，能够发挥三元主体和二维内容作用，并且各主体间互相协作的高校创业教育外部支撑体系，这对推动高校创业教育的发展具有重要的现实意义。

一、建立三重目标

高校创业教育外部支撑体系的目标是多重的。

从宏观上看，作为整个高校创业教育体系的一部分，高校外部支撑体系的目标要与整个高校创业教育体系的目标保持高度一致。体系的构建与完善旨在推动创业教育自身发展并缓和我国高校创业教育供需矛盾，充分发挥创业教育在新的历史时期下特有的教育价值、经济价值和社会价值，助力创业型大学和创新型社会的建设，缓解和克服产业转型升级带来的问题，以及民营企业创新力度不足和人口老龄化等诸多现实社会发展问题。

在中观层面，高校外部支撑系统的构建需要明确参与角色的主次关系，解决矛盾的主体力量和客体力量。在高校创业教育外部支撑体系构建中，主要参与者是高校、政府和市场。高校创业教育外部支撑体系是依据高校需求、为高校服务的，因而高校必定是该体系的主体；在公共治理视野下，转变政府角色已成为许多国家高教管理改革的重要内容，政府应该成为为高校创业教育保驾护航的使者和坚实的后盾力量；高校创业教育的市场导向要求创业教育外部支撑体系必须和市场保持良好的共生关系，应该将市场视为高校创业教育的伙伴。因此，在高校创业教育外部支撑体系的构建过程中必须坚持以高校为主体，以政府为后盾，以市场为伙伴，形成合力，协同创新。

从微观上说，高校外部支撑体系的目标是体系中各个要素的协调发展。根据对国内外经验的分析，创业文化氛围还需要进一步营造和优化，发挥社会文化的引领作用；在创业政策制定和维度上，尚需进一步减少大学生获取政策支持的障碍；在创业基金方面，需要走出对大部分大学生创业项目和团队来说"近在咫尺却难以获得"的尴尬境地；在协作网络的建设上，建立适切的机制，满足各方需求，协同创新，共同致力于将知识技术转化为社会资本。因而，当前微观意义上的目标应该是构建具有"创业文化转浓郁、创业政策减障碍、创业基金添活力、协作网络建机制"等特征的高校外部支撑体系。

二、发挥三元主体与两维结构作用

（一）三元主体

大到整个创业教育的发展，小到高校创业教育外部支撑体系的构建，都离不开高校、政府和市场这三个主要角色。其中，高校是实施主体，政府是责任主体，市场是供给主体。

高等教育机构是培养人才，为社会输送人才的重要部门，培养创业者和具有创业精神的大学生是高校在世界发展新形势下的天职。高校是创业教育的实施主体，应该掌握创业教育发展的主动权，在完善创业教育师资、课程等内部系统工作的同时，主动承担高校创业教育外部支撑体系构建的组织工作。高校承担这方面的责任还具有天然的优势，师、生、课程作为创业教育教学的主要元素都来源于高校，高校自然是高校创业教育内部体系的主体，这种双主体身份能够大大加强高校工作的能动性和高效性。

政府通过政策和资金支持等途径为高校创业教育提供有力保障，进而成为责任主体。显然，如果没有政府长期支持而光靠市场经济的推动，高校创业教育的普及和成效恐怕都要大打折扣。政府的这种支持一般包括政策倾斜、税费减免、基础建设和环境营造等，如果说高校为创业者埋下了创业的种子，那么政府就为这颗种子的出土和成长营造了一个温室。诚然如此，政府并不能代替高校在创业教育外部支撑体系中的角色。因为关于政府职能边界的理论研究表明，政府应该提供那些市场失灵无法有效提供的，但对社会有益的、必需的产品和服务。这种产品和服务体现在教育、医疗和住房等诸多方面，任何一国的政府都是一个有限政府，其对创业教育的支持力度都是很有限的。特别是在大众化高等教育规模迅速膨胀、高等教育经费紧张的情况下，政府在满足正常的高等教育发展方面都有点力不从心，创业教育想获得更多的政府支持是很难的。这表明，政府在高校创业教育外部支撑体系中应该充当大学生创业者的"监护人"，为创业者提供一个适合创业、鼓励创业的温室环境，并为大学生的创业活动保驾护航，从管理者走向服务者，从台前走向幕后，从创业教育的主政者走向创业教育基础设施的建设者、创业信息交流平台的搭建者。

市场导向是创业教育与创业活动的显著特征，市场是高校创业教育的供给主体。大学生创业活动是一种市场行为，只有敏锐地捕捉到市场的需求才有可能取得创业活动的成功。可见，高校创业教育活动的展开不能与市场方向背道而驰，高校创业教育外部支撑体系的构建也不能失去市场的活力。企业、基金会、非政府组织等是高校创业教育外部支撑体系中与市场结合最为紧密的组织机构。市场所蕴藏的资源是巨大的，一方面，高校要利用企业资源，与企业建立密切联系，谋求与优秀企业在人力（企业导师）、物力（资金与设备、场地等）方面的合作；另一方面，对市场力量的利用也体现在高校对社会可利用资源的充分利用。这类资源包括媒体资源、家长资源、校友资源、各种慈善基金和公益团体等。大学与企业的合作已经让双方受益匪浅，增进大学与企业、非政府组织等社会机构的合作与交流，形成伙伴关系与双赢局面，在创业教育外部支撑体系构建过程中也将凸显出其价值。

总的来说，根据不同主体的角色，高校创业教育外部支撑体系的建构应力求各个主体身份特征明显、分工有序。以高校为实施主体，以政府为责任主体，以市场为供给主体，形成合力。见图7-6。

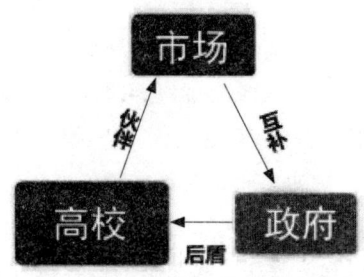

图7-6 高校、市场和政府在外部支撑体系中的角色

（二）两维结构

高校创业教育外部支撑体系应该至少包括两个层面，如图7-7所示。

第七章　高校创新创业教育外部环境建设研究

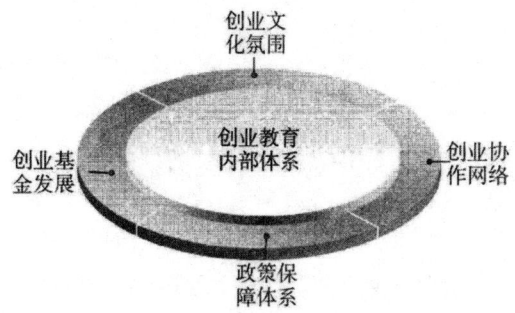

图 7-7　内容视角下创业教育外部支撑体系的结构

首先，通过提供稳定的政策保障、多元的基金支持和营造鼓励创业的文化氛围，为高校创业教育奠定外部环境基础。其次，促进高校、政府和企业间的协同发展，搭建协作网络和平台，促进高校创业教育的有效开展。政策保障体系、创业基金发展、创业文化氛围和创业协作网络四个维度即是在以上两个层面的展开。

高校创业教育外部支撑体系是一个复杂的系统，不仅参与主体多元，涉及的范围广泛，而且主体与内容之间还存在着复杂的对应关系。图 7-8 显示出主体与内容之间的对应关系。例如，创业基金的发展在很大程度上依靠着市场，尤其是基金公司和一些私立非营利性机构；创业文化氛围既需要靠政府在全社会范围内鼓励个人奋斗和追逐梦想，也要依靠高校营造讲创业、尚创业、尊创业的校园创业文化，从而形成创业教育的内生文化环境。

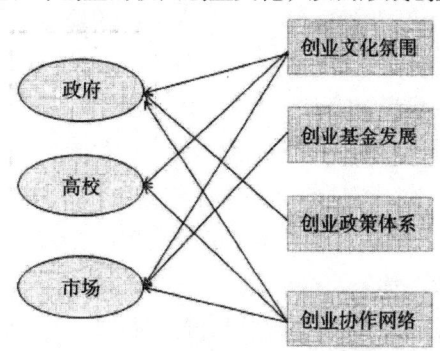

图 7-8　创业教育外部支撑体系主体与内容之间的对应

三、形成协作体系

创业教育正面临亟须破解的难题。我国部分省份的创业文化氛围相对来说较为浓郁，但创业文化氛围中的消极因素遏制着高校创业教育的发展。高校中实际创业的学生人数并不多，许多由学生创办而兴起的企业由于受客观或主观因素的影响，面临举步维艰的局面。政府出台了不少支持政策，但效果仍不明显，推动大学生创业还需要政府做出更多的努力。创业基金作为大学生创业团队最想获得的支持条件，却让大学生"可望而不可即"。因此，要真正发挥创业教育促进经济发展、维护社会稳定的功能，实现创业教育在教育、经济、社会方面的目标，必须构建高校创业教育外部支撑体系，将社会所有力量拧成一股绳，形成合力。

　　高校要主动协调创业教育外部支撑体系建设，优化创业教育模式，促进技术转化，营造良好校园创业文化氛围，反哺社会发展。创业教育外部支撑体系与内部体系目标是一致的，其建设和完善都是为了促进高校创业教育的发展。首先，高校自身应该营造健康积极的创业文化氛围，自上而下地鼓励大学生创业。团委、学生工作部、就业指导中心等职能部门加强创业教育活动的宣传力度，指导学生创业类社团的健康成长，倡导在校园内形成"讲创业、要创业、能创业"的文化氛围，共同助推大学生创业；主动营造鼓励尝试、尊重冒险、不以失败为耻的社会舆论氛围，使更多的大学生放下顾虑，选择以创业作为事业。其次，高校应该积极挖掘和拓展政府和市场资源，努力建设前瞻性的创业教育，反哺社会走向良性发展。高校与外部力量努力构建创业教育不同层面的协作，如创业基金的设立、创业课程的合作、创业师资的"1+1"配置、创新创业奖学金的设立等。最后，设立技术转移办公室，一方面鼓励提升大学生创业项目水平和科技含量，将具有市场前景的创新项目的技术转化发展为创业项目。另一方面，加强对知识产权的管理，保护师生利益。

　　政府应该充当高校创业教育发展的后盾，完善政策长效机制。我国政府高度重视创业教育作用，制定相关创业政策、税收政策和提供创业基金和场地，鼓励和推动大学生创业。中国高校创业教育尚处于起步上升阶段，持续和有力的政府支持显得格外重要。政府要围绕以下几个方面为创业教育的蓬勃发展铺平道路：实现从管理到服务的职能转变；引导积极社会创业文化氛围的形成；完善创业基础设施投资建设；加强相关税收、资金和信用制度建设；提供足够的创业项目经费；建设省、市、校三级联动机制。

　　市场是高校创业教育的伙伴，应该努力营造良性社会创业环境，开放企业与其他各类资源，降低创业基金门槛，推动创业项目尖端化和科技化发展。高校要利用企业资源，有效加强高校与企业之间的联系，使学生真正在市场中"游泳"。

　　高校创业教育外部支撑体系的构建实际上是高校与政府、市场之间协同创新的过程。高校创业教育外部支撑体系的构建关键是如何保障高校、政府和市场力量既各司其职，独立发挥原有作用，又互相配合，形成非加入性关系，创造新质。只有坚持目标趋同，鼓励能量互补，强调运作配合，才能真正促进企业、大学、社会力量发挥各自优势，整合互补性资源，实现各方的优势互补、协同创新、收益共享，持续有效地促进大学生创业，办好社会需要、学生渴望的创业教育。

参考文献

[1] 芮国星. 信息时代高校创业教育体系研究 [M]. 西安：陕西师范大学出版社，2016.

[2] 邢大利，魏东初，梁汉钧. 大学生创业教育体系理论和实践 [M]. 广州：暨南大学出版社，2014.

[3] 徐章辉，刘帆. 中国高校创业教育体系发展研究 [M]. 北京：中国青年出版社，2011.

[4] 韩瑞平，陈立永，叶德成. 高校创新创业教育体系研究 [M]. 延吉：延边大学出版社，2017.

[5] 王俭，孟奇恺. 高校创新创业教育体系的构建与实践 [M]. 哈尔滨：东北林业大学出版社，2017.

[6] 梅红，宋晓平. 大学生创业教育调查报告 [M]. 北京：中国社会出版社，2017.

[7] 陈烈强. 高职创业教育与实践 [M]. 广州：华南理工大学出版社，2014.

[8] 刘海滨，孙洁珺. 创新创业教育实证研究 [M]. 长春：吉林人民出版社，2016.

[9] 党建民，李博主. 大学生创业教育 [M]. 徐州：中国矿业大学出版社，2017.

[10] 陈斌. 创新思维与创业教育 [M]. 长春：吉林文史出版社，2017.

[11] 吕强，张健华，王飞. 创新创业基础教育 [M]. 成都：电子科技大学出版社，2017.

[12] 傅安洲. 大学生创新创业教育的理论与实践 [M]. 武汉：中国地质大学出版社，2015.

[13] 董晓红. 高校创业教育的理论与实践 [M]. 济南：山东人民出版社，2013.

[14] 商应美. 高校创业实践教育体系建设研究 [M]. 北京：人民出版社，2016.

[15] 侯力红，姬春林. 互联网＋大学生创新创业教育研究 [M]. 北京：科学技术文献出版社，2017.